荣获

新闻出版总署优秀畅销书奖
全国优秀古籍图书普及读物奖
第十七届山西省优秀图书一等奖
第二届山西出版政府奖
山西出版集团2008年度十种好书

全套藏书累计销售500万册

诸子百家卷

《诗经》《尚书》《礼记》《楚辞》《论语·大学·中庸》《孟子》
《老子》《庄子》《荀子》《韩非子》《孙子兵法·尉缭子·鬼谷子》
《墨子》《周易》《山海经》《吕氏春秋》《三十六计》

名家选集卷

《三曹诗集》《陶渊明集》《王勃集》《王维集》《孟浩然集》
《高适集》《岑参集》《李白集》《杜甫集》《白居易集》
《刘禹锡集》《元稹集》《李商隐集》《李贺集》《杜牧集》
《韩愈集》《柳宗元集》《李煜集》《欧阳修集》《王安石集》
《苏轼集》《黄庭坚集》《柳永集》《秦观集》《周邦彦集》
《李清照集》《辛弃疾集》《陆游集》《范成大集》《杨万里集》
《姜夔集》《文天祥集》《元好问集》《唐寅集》《张岱集》
《三袁集》《李贽集》《傅山集》《纳兰性德集》《袁枚集》
《郑板桥集》《龚自珍集》

史著选集卷

《左传》《国语》《战国策》《史记》《汉书》《后汉书》《三国志》
《资治通鉴》

综合选集卷

《唐诗三百首》《宋词三百首》《元曲三百首》《千家诗》《古文观止》
《汉魏六朝小赋骈文选》《唐宋八大家文选》《明清小品文选》

笔记杂著卷

《蒙学六种——三字经·百家姓·千字文·增广贤文·幼学琼林·格言联璧》
《颜氏家训·朱子家训》《世说新语》《金刚经·坛经·心经·地藏经》
《曾国藩家书》《菜根谭·小窗幽记·幽梦影》《浮生六记》《闲情偶寄》
《近思录》《徐霞客游记》《古代书信精选》

戏曲小说卷

《元杂剧精选》《西厢记》《牡丹亭》《长生殿》《桃花扇》《今古奇观》
《三国演义》《水浒传》《西游记》《红楼梦》《聊斋志异》《儒林外史》
《封神演义》《话本小说选》《文言小说选》

中国家庭基本藏书 笔记杂著卷

徐霞客游记

〔明〕徐弘祖〔著〕

杨文 李丽〔校注〕

山西出版集团
三晋出版社

博学工作室

修身齊家
讀書是福

來新夏題

·南开大学教授来新夏先生为《中国家庭基本藏书》题词

前言

本书选取《徐霞客游记》中游天台山、雁荡山、白岳山、黄山、武夷山、庐山、嵩山、太华山、五台山、恒山及浙游、楚游、粤西游、黔游、滇游日记，囊括其游记的主要部分。

徐氏终生以旅历为主，其所写《徐霞客游记》名满中外。他以“问奇于名山大川”为志，自22岁起，30馀年间，东游闽海，西登太华，南涉黔滇粤西，北抵秦晋燕赵，一生遍历大江南北，游历了江苏、浙江、陕西、山东、山西、河南、河北、广东、广西、湖南、湖北、安徽、江西、福建、云南、贵州诸省区。备历险阻，饱尝艰辛，遭劫遇盗、绝粮乞食……未挫其志，不畏艰难。游历所经，观察所得，按日记述，虽散佚不少，仍遗存60馀万字的珍贵资料。它是世界上第一部广泛系统翔实探索和记述岩溶地貌的地理学巨著，对祖国广大地区的山川形胜、岩石地貌、生物矿藏、水文气象、民居风俗，加以考察记录。游记以纯朴的科学方法，对祖国西南诸省区石灰岩地貌的特征，如“铮铮骨立”的石山、“攒出碧莲玉笋世界”的峰林、“坠壑成井，小者为眢井，大者为盘洼”的圆洼地、“漩涡成潭，如釜之仰”的落水洞，乃至“伏流潜通”“水皆从地中透去”的伏流现象，以及形形色色的石灰岩洞加以记述，不仅描述其瑰丽景观，而且分析其成因，考察其方位，研究其结构，其目测步量和记述十分准确，同现代测量的数据非常接近。

诚如钱谦益所称许的，《徐霞客游记》是“世间真文字、大文字、奇文字”（《嘱徐仲昭刻〈游记〉书》），是读者了解明朝晚期社会状况的纪实性著作。它既是一部珍贵的地理学巨著，又是一部文辞优美的游记著作。“其笔意似子厚，其叙事类龙门”（奚又溥《序》），被誉为“古今游记之最”。其所描述的山川景色，质朴中见绮丽，雄浑天成，如描写恒山箭筸岭：

> 一逾岭北，瞰东西峰连壁隤，翠蜚丹流。其盘空环映者，皆石也，而石又皆树。石之色一也，而神理又各分妍；树之色不一也，而错综又成合锦。石得树而嵯峨倾嵌者，幕以藻绘而愈奇；树得石而平铺倒蟠者，缘以突兀而尤古。

无须再置一词，已是一幅优美的山石小品。记中无论记山径、岩洞，还是记峻石、险峰，不是“透剔如泥”，便是“层叠凭空”。尽管猛如狮、象、龙、蛇，“与人争道”，却无比亲切可爱；虽然“络绎层分，宛转俱透”，却似“瑶房”“锦幛”，连环贯珠般如“蕊珠宫”，怎能不令人心驰神往。不假矫饰，不事雕琢，处处融会着作者对祖国锦绣山河的无限深情，形成真切自然的独特艺术风格，成为祖国游记文学一枝瑰丽的奇葩，也是对祖国壮丽山河的一曲激情的颂歌。

此次选辑注释付梓，参考各种版本，择善而从。为读者阅读方便起见，前以《中国大百科全书》条目为代序，所选日记每部分都有题解，介绍其游历地点、详细时间及经过，乃至行程、遭遇及友人援助，终化险为夷，完成游历。对文中疑难字词详加注音释义。书后附以“徐霞客年谱简编”“《徐霞客游记》主要版本”及“《徐霞客游记》名言警句”（正文中用着重号标注），供读者参考。本书由杨文和山西大学文学院2005级研究生李丽选注整理而成。仓促成书，不当之处，尚祈方家教正。

杨文

2008年4月

探奇历险落从容（代序）

鲍晶　鲍昌

徐霞客(1586—1641)，明代散文家、地理学家。名弘祖，字振之，号霞客。南直隶江阴(今属江苏)人。徐霞客出身官僚地主家庭，幼年好学，博览史籍及图经地志。应试不第后，感慨于明末政治黑暗，党争剧烈，遂断功名之念，以“问奇于名山大川”为志，自22岁起出游。30馀年间，东涉闽海，西登华山，北及燕晋，南抵云贵、两广，游历了今日的江苏、浙江、山东、河北、山西、陕西、河南、安徽、江西、福建、广东、广西、湖南、湖北、贵州、云南等地。他在旅行中备尝艰险，遇盗被劫、绝粮乞食，均未挫其意志。观察所得，按日记载，除散佚者外，遗有60馀万字的游记资料。

徐霞客是中国以旅行为毕生事业的第一人。其《游记》为卓越的地理学著作，对祖国广大地区山川形胜、岩石地貌、水文气象、生物矿产、居民风俗，均有系统翔实的记述。他以目验的事实，修正了许多古代地志沿误之处，破除了若干迷信臆说。他从朴素的科学方法出发，阐明了地下水压力原理，得出河流流速与流程成反比的分析；观察到地形、气温、风速对植物生态的影响。特别是他实地勘查了100多个石灰岩溶洞，正确指出岩溶地貌的成因和特征。这一发现，早于欧洲人约两个世纪。而徐霞客用目测步量取得的数据，与现代测量结果十分相近，这就使《徐霞客游记》一书，具有重大的科学价值。

《徐霞客游记》还是优美的游记文学作品。明代以前，虽已出现用日记体写的记游散文，但都不及《徐霞客游记》博大宏丽，用《水经注》以来的游记专著与之相比，不啻片玉与昆山。《徐霞客游记》在文学上的特点可概括为以下几点：

其一，写景记事，悉从真实中来，具有浓厚的生活实感。如《楚游日记》中麻叶洞探幽一节，以千馀字篇幅，写其从方圆尺许之穴口入洞，"蛇伏以进，背磨腰贴"，渐次发现洞中各种佳境，曲折上下，凡经一里馀始"穿窍而出"，致使土人奉他为"大法术人"，"顶额称异"。文章将洞中的奇景、爬行的艰辛以及土人心情的变化，据实写出，毫无虚构痕迹。这种写实特色，贯于《游记》全书。

其二，写景状物，力求精细，远较前人游记细致入微。如《滇游日记十》中对腾越州硫磺塘的描写："……溯小溪西上，半里，坡间烟势更大，见石坡平突，东北开一穴，如仰口而张其上腭，其中下缩如喉，水与气从中喷出，如有炉橐鼓风煽焰于下，水一沸跃，一停伏，作呼吸状。跃出之势，风水交迫，喷若发机，声如吼虎，其高数尺，坠涧下流，犹热若探汤。或跃时，风从中卷，水辄旁射，揽人于数尺外，飞沫犹烁人面也。余欲俯窥喉中，为水所射，不得近。"文笔细密，一如工笔藻绘，使对象具有了质感和立体感。

其三，词汇丰富，敏于创制，绝不因袭套语，落入窠臼。如《游雁宕山日记》中对雁宕诸峰之形容，使用了"危峰乱叠，如削如攒，如骈笋，如挺芝，如笔之卓，如幞之欹"，"袈裟伛偻"，"奇巧百出"，"流霞映采"，"亭亭插天"，"重岩陡起"，"环绕回合"，"开张峭削"，"冰壶瑶界"，"下伏如邱垤"，"如行刀背"等等词语，比譬生动，互不重复，致使全书词藻富丽，蔚为大观。

其四，写景时注重抒情，寓情于景，情景交融。如《浙游日记》一节："江清月皎，水天一空，觉此时万虑俱净，一身与村树人烟俱熔，彻成水晶一块，直是肤里无间，渣滓不留，满前皆飞跃也。"像这种托出意境、情景交融的好文字，全书中不时出现，给人以强烈美感。

其五，写景时亦注意表现人的主观感觉。如《滇游日记六》一节："盖兰宗所结庐之东，有石崖傍峡而起，高数十丈，其下嵌壁而入，水自崖外飞悬，垂空洒壁，历乱纵横，皆如明珠贯索。余因排帘入嵌壁中，外望兰宗诸人，如隔雾牵绡，其前树影花枝，俱飞魂濯魄，极罨映之妙。崖之两畔，有绿苔上翳，若绚彩铺绒，翠色欲滴，此又化工之点染，非石非岚，另成幻相者也。"这段文字，表达作者对崖前瀑布的视觉感受，写得相当优美。

其六，写景状物常运用动态描写或拟人手法。如"人意山光，皆有喜态"，"诸峰娟娟攒立，岚翠交流"；"岑上乱石森立，如云涌出"，"山石忽怒涌作攫人状"；"岚光掩映，石色欲飞"，"穿瑶房而披锦幛，转一隙复攒一峒，透一窍更露一奇，至狮、象、龙、蛇夹路而起，与人争道"；"绝顶浮岚，中悬九天，绝崖隤雪，下嵌九地，兼之霁色澄映，花光浮动，觉此身非复人间，天台石梁，庶几又向昙花亭上来也。"凡此描写，都使对象人格化、性格化，成为情趣盎然的"动画"。

徐霞客丰富的描绘手段，使他的游记文章表现出很高的艺术性，具有恒久的审美价值。此外，他在记游的同时，还常常兼及当时各地的居民生活、风俗人情、少数民族的聚落分布、土司之间的战争兼并等等情事，多为正史、稗官所不载，具有一定历史学、民族学价值。他还在记述遭劫被盗、兵匪横行、官府暴虐、小民涂炭等内容时，常表露自己对邪恶势力的憎恨和对人民的同情。凡此种种，使《徐霞客游记》被后人誉为"世间真文字、大文字、奇文字"。

当然，徐霞客仍然有他一定的局限性。《游记》中不时流露宿命论和宗教迷信思想，相信"佛教之神也，于是乎征矣"，等等。但这只是白璧微瑕，不足以掩盖《徐霞客游记》在中国文学史、中国地理学史上的地位。

鲍晶，鲍昌，《徐霞客游记》著名研究专家。以上"代序"选自《中国大百科全书》，个别字句有改动。

目录

附　录

◎游天台山日记　浙江台州府

题解

徐霞客于明万历四十一年（1613）游历天台山。天台山在今浙江省东部，是仙霞岭向东北延伸部分，呈西南一东北走向，是浙东丘陵的主干山地之一，也是我国佛教天台宗的发祥地。主峰华顶山海拔1098米。天台多悬崖、峭壁、奇岩，以“古、清、奇、幽”取胜。这篇游记记述了9天的行程。徐霞客曾两次游历天台山，这是他28岁时第一次游天台山所写。

癸丑之三月晦

自宁海出西门，云散日朗，人意山光，俱有喜态，三十里，至梁隍山。闻此地於菟夹道，月伤数十人，遂止宿。

四月初一日

早雨。行十五里，路有岐[1]，马首西向台山[2]，天色渐霁。又十里，抵松门岭，山峻路滑，舍骑步行。自奉化来[3]，虽越岭数重，皆循山麓，至此迂回临陟，俱在山脊。而雨后新霁，泉声山色，往复创变，翠丛中山鹃映发，令人攀历忘苦。又十五里，饭于筋竹庵。山顶随处种麦。从筋竹岭南行，则向国清大路[4]。适有国清僧云峰同饭，言：“此抵石梁，山险路长，行李不便，不若以轻装往，而重担向国清相待。”余然之，令担夫随云峰往国清，余与莲舟上人就石梁道。行五里，过筋竹岭。岭旁多短松，老干屈曲，根叶苍秀，俱吾阊门盆中物也[5]。又三十馀里，抵弥陀庵。上下高岭，深山荒寂，恐藏虎，故草木俱焚去，泉轰风动，路绝旅人。庵在万山坳中，路荒且长，适当其半，可饭可宿。

初二日

饭后，雨始止。遂越潦攀岭，溪石渐幽。二十里，暮抵天封寺。卧念晨上峰顶，以朗霁为缘，盖连日晚霁，并无晓晴。及五更梦中，闻明星满天，喜不成寐。

初三日

晨起，果日光烨烨，决策向顶。上数里，至华顶庵。又三里，将近顶，为太白堂，俱无可观。闻堂左下有黄经洞，乃从小径，二里，俯见一突石，颇觉秀蔚。至则一发僧结庵于前，恐风自洞来，以石甃塞其门[6]，大为叹惋。复上至太白，循路登绝顶。荒草靡靡，山高风冽，草上结霜高寸许。而四山回映，琪花玉树，玲珑弥望。岭角山花盛开，顶上反不吐色，盖为高寒所勒耳。

仍下华顶庵，过池边小桥，越三岭，溪回山合，木石森丽，一转一奇，殊慊所望[7]。二十里，过上方广，至石梁，礼佛昙花亭，不暇细观瀑布。下至下方广，仰视石梁飞瀑，忽在天际。闻断桥、珠帘尤胜，僧言饭后行，犹及往返。遂由仙筏桥向山后，越一岭，沿涧八九里，水瀑从石门泻下，旋转三曲：上层为断桥，两石斜合，水碎迸石间，汇转入潭；中层两石对峙如门，水为门束，势甚怒；下层潭口颇阔，泻处如阈[8]，水从坳中斜下。三级俱高数丈，各极神奇，但循级而下，宛转处为曲所遮，不能一望尽收。

又里许，为珠帘水，水倾下处甚平阔，其势散缓，滔滔汩汩。余赤足跳草莽中，揉木缘崖[9]，莲舟不能从。暝色四下，始返。停足仙筏桥，观石梁卧虹，飞瀑喷雪，几不欲卧。

初四日

天山一碧如黛。不暇晨餐，即循仙筏上昙花亭，石梁即在亭外。梁阔尺馀，长三丈，架两山坳间。两飞瀑从亭左来，至桥乃合流下坠，雷轰河隤[10]，百丈不止。余从梁上行，下瞰深潭，毛骨俱悚。梁尽，即为大石所隔，不能达前山，乃还。过昙花，入上方广寺。循寺前溪，复至隔山大石上，坐观石梁。为下寺僧促饭，乃去。

饭后，十五里，抵万年寺，登藏经阁。阁两重，有南北经两藏。寺前后多古杉，悉三人围，鹤巢于上，传声嘹呖，亦山中一清响也。

是日，余欲向桐柏宫，觅琼台、双阙[11]。路多迷津，遂谋向国清。国清去万年四十里，中过龙王堂。每下一岭，余谓已在平地，及下数重，势犹未止。始悟华顶之高，去天非远！日暮，入国清，与云峰相见，如遇故知，与商探奇次第[12]。云峰言："名胜无如两岩，虽远，可以骑行。先两岩而后步至桃源，抵桐柏，则翠壁、赤城可一览收矣。"

初五日

有雨色，不顾。取寒、明两岩道，由寺向西门觅骑。骑至，雨亦至。五十里，至步头，雨止，骑去。二里，入山，峰萦水映，木秀石奇，意甚乐之。一溪从东阳来，势甚急，大若曹娥。四顾无筏，负奴背而涉，深过于膝，移渡一涧，几一时[13]。三里，至明岩。明岩为寒山、拾得隐身地。两山回曲，《志》所谓八寸关也。入关，则四围峭壁如城。最后，洞深数丈，广容数百人。洞外，左有两岩，皆在半壁；右有石笋突耸，上齐石壁，相去一线，青松紫蕊，蓊苁于上[14]，恰与左岩相对，可称奇绝。

出八寸关，复上一岩，亦左向。来时仰望如一隙，及登其上，明敞容数百人。岩中一井，曰仙人井，浅而不可竭。岩外一特石，高数丈，上岐立如两人，僧指为"寒山、拾得"云。

入寺，饭后云阴溃散，新月在天，人在回崖顶上，对之清光溢壁。

初六日

凌晨出寺，六七里至寒岩。石壁直上如劈。仰视空中，洞穴甚多。岩半有一洞，阔八十步，深百馀步，平展明朗。循岩右行，从石隘仰登。岩坳有两石对耸，下分上连，为鹊桥。亦可与方广石梁争奇，但少飞瀑直下耳。还，饭僧舍，觅筏渡一溪，循溪行山下，一带峭壁巉崖[15]，草木盘垂其上，内多海棠、紫荆，映荫溪色，香风来处，玉兰芳草，处处不绝。已至一山嘴，石壁直竖涧底，涧深流驶，旁无馀地。壁上凿孔以行，孔中仅容半趾，逼身而过，神魄为动。

自寒岩十五里，至步头，从小路向桃源。桃源在护国寺旁，寺已废，土人茫无知者。随云峰莽行曲路中，日已堕，竟无宿处，乃复问至坪头潭。潭去步头仅二十里，今从小路，反迂回三十馀里，宿。信桃源误人也。

初七日

自坪头潭行曲路中三十馀里，渡溪入山。又四五里，山口渐夹，有馆曰桃花坞。循深潭而行，潭水澄碧，飞泉自上来注，为鸣玉涧。涧随山转，人随涧行。两旁山皆石骨，攒峦夹翠，涉目成赏，大抵胜在寒、明两岩间。涧穷路绝，一瀑从山坳泻下，势甚纵横。

出饭馆中，循坞东南行，越两岭，寻所谓"琼台""双阙"，竟无知者。去数里，访知在山顶。与云峰循路攀援，始达其巅。下视峭削环转，一如桃源，而翠壁万丈过之，峰间中断，即为双阙，双阙所夹而环者，即为琼台。台三面绝壁，后转即连双阙。余在对阙，日暮不及登，然胜已一日尽矣。遂下山，从赤城后还国清，凡三十里。

初八日

离国清，从山后五里，登赤城。赤城山顶圆壁特起，望之如城，而石色微赤。岩穴为僧舍凌杂，尽掩天趣。所谓玉京洞、金钱池、洗肠井，俱无甚奇。

注释

［1］岐：同"歧"，岔道。

［2］台山：即天台山。

［3］奉化：地名，今浙江奉化。

［4］国清：国清寺，隋代僧人智𫖮创设，为佛教天台宗之本山，寺院坐落在天台山南麓。

［5］阊门：代指吴县，即今江苏省东南部。

［6］甃（zhòu）：用砖或石砌建筑物的内壁。

［7］慊（qiè）：满意。

［8］阈（yù）：门槛，此处形容水势。

[9] 揉（róu）木：使木条弯曲。引申为用力。
[10] 隤（tuí）：同“颓”，文中形容水势。
[11] 琼台、双阙：指天台山两个著名的景点。
[12] 探奇次第：（与云峰）商量探奇览胜的顺序。
[13] 几一时：几乎一个时辰的时间。
[14] 蓊苁（wěngcōng）：蓊，植物繁盛貌；苁即肉苁蓉，一种植物，可入药，形状稠密。
[15] 巉崖：山石高峻。

◎游雁宕山日记 浙江温州府

题解

徐霞客曾三次游雁宕山，本文是明万历四十一年（1613）四月他28岁时第一次游雁宕山所写。

雁宕山，通常指北雁荡山，在今浙江省温州乐清北部，层峦叠嶂，瀑飞泉涌，有“寰中胜境”之誉。是全国十大名山之一。雁宕山主峰海拔1150米，景区中以灵峰、灵岩、大龙湫最为著名，有雁宕“三绝”之称。

自初九日别台山，初十日抵黄岩。日已西，出南门三十里，宿于八岙。

十一日

二十里，登盘山岭，望雁山[1]诸峰，芙蓉插天[2]，片片扑人眉宇。又二十里，饭大荆驿。南涉一溪，见西峰上缀圆石，奴辈指为两头陀，余疑即老僧岩，但不甚肖[3]。五里，过章家楼，始见老僧真面目：袈衣秃顶，宛然兀立，高可百尺。侧又一小童[4]，伛偻于后，向为老僧所掩耳。自章楼二里，山半得石梁洞。洞门东向，门口一梁，自顶斜插于地，如飞虹下垂。

由梁侧隙中层级而上，高敞空豁。坐顷之，下山。由右麓逾谢公岭，渡一涧，循涧西行，即灵峰道也。一转，山腋两壁，峭立亘天，危峰乱叠，如削如攒，如骈笋，如挺芝，如笔之卓，如幞之欹[5]。洞有口如卷幕者，潭有碧如澄靛者[6]。双鸾、五老，接翼联肩[7]。如此里许，抵灵峰寺。循寺侧登灵峰洞。峰中空，特立寺后，侧有隙可入。由隙历磴数十级[8]，直至窝顶，则窅然平台圆敞[9]，中有罗汉诸像。坐玩至暝色，返寺。

十二日

饭后，从灵峰右趾觅碧霄洞。返旧路，抵谢公岭下。南过响岩，五里，至净名寺路口。入觅水帘谷，乃两崖相夹，水从崖顶飘下也。出谷五里，至灵岩寺。绝壁四合，摩天劈地，曲折而入，如另辟一寰界。寺居其中，南向，背为屏霞嶂。嶂顶齐而色紫，高数百丈，阔亦称之。嶂之最南，左为展旗峰，右为天柱峰。嶂之右胁，介于天柱者，先为龙鼻水。龙鼻之穴，从石罅直上，似灵峰洞而小，穴内石色俱黄紫，独罅口[10]石纹一缕，青绀润泽[11]，颇有鳞爪之状。自顶贯入洞底，垂下一端如鼻，鼻端孔可容指，水自内滴下注石盆。此嶂右第一奇也。

西南为独秀峰，小于天柱，而高锐不相下[12]。独秀之下为卓笔峰，高半独秀，锐亦如之。两峰南坳[13]，轰然下泻者，小龙湫也。隔龙湫与独秀相对者，玉女峰也。顶有春花，宛然插髻。自此过双鸾，即极于天柱。双鸾止两峰并起。峰际有“僧拜石”，袈裟伛偻，肖矣。由嶂之左胁，介于展旗者，先为安禅谷，谷即屏霞之下岩。东南为石屏风，形如屏霞，高阔各得其半，正插屏霞尽处。屏风顶有“蟾蜍石”，与嶂侧“玉龟”相向[14]。屏风南去，展旗侧褶中，有径直上，磴级尽处，石阈限之。俯阈而窥，下临无地，上嵌崆峒[15]。外有二圆穴，侧有一长穴，光自穴中射入，别有一境，是为天聪洞。则嶂左第一奇也。锐峰叠嶂，左右环向，奇巧百出，真天下奇观！而小龙湫下流，经天柱、展旗，桥跨其上，山门临之。桥外含珠岩在天柱之麓，顶珠峰在展旗之上，此又灵岩之外观也。

十三日

出山门，循麓而右，一路崖壁参差，流露映采。高而展者，为板嶂岩。岩下危立而尖夹者，为小剪刀峰。更前，重岩之上，一峰亭亭插天，为观音岩。岩侧则马鞍岭横亘于前。鸟道盘折，逾坳右转，溪流汤汤，涧底石平如砥[16]。沿涧深入，约去灵岩十馀里，过常云峰，则大剪刀峰介立涧旁。剪刀之北，重岩陡起，是名连云峰。从此环绕回合，岩穷矣[17]。

龙湫之瀑，轰然下捣潭中，岩势开张峭削，水无所着，腾空飘荡，顿令心目眩怖。潭上有堂，相传为诺讵那观泉之所[18]。堂后层级直上，有亭翼然面瀑[19]，踞坐久之[20]。

下饭庵中，雨廉纤不止[21]，然余已神飞雁湖山顶。遂冒雨至常云峰，由峰半道松洞外攀绝磴三里，趋白云庵。人空庵圮[22]，一道人在草莽中，见客至，望望去。再入一里，有云静庵，乃投宿焉。道人清隐，卧床数十年，尚能与客谈笑。余见四山云雨凄凄，不能不为明晨忧也。

十四日

天忽晴朗，乃强清隐徒为导。清隐谓湖中草满，已成芜田[23]，徒复有他行，但可送至峰顶。余意至顶，湖可坐得[24]。于是人捉一杖，跻攀深草中，一步一喘，数里，始历高巅。四望白云，迷漫一色，平铺峰下，诸峰朵朵，仅露一顶，日光映之，如冰壶瑶界[25]，不辨海陆。然海中玉环一抹，若可俯而拾也。北瞰山坳壁立，内石笋森森，参差不一。三面翠崖环绕，更胜灵岩；但谷幽境绝，惟闻水声潺潺，莫辨何地。望四面峰峦累累，下伏如丘垤，惟东峰昂然独上，最东之常云，犹堪比肩。

导者告退[26]，指湖在西腋一峰，尚须越三尖。余从之，及越一尖，路已绝。再越一尖，而所登顶已在天半[27]。自念《志》云："宕在山顶[28]，龙湫之水，即自宕来。"今山势渐下，而上湫之涧，却自东高峰发脉，去此已隔二谷。遂返辙而东，望东峰之高者趋之。莲舟疲不能从，由旧路下。余与二奴东越二岭，人迹绝矣。已而山愈高，脊愈狭，两边夹立，如行刀背。又石片棱棱怒起，每过一脊，即一峭峰，皆从刀剑隙中攀援而上。如是者三，但见境不容足，安能容湖？既而高峰尽处，一石如劈。向惧石锋撩人，至是且无锋置足矣。踌躇崖上，不敢复向故道，俯瞰南面石壁下有一级，遂脱奴足布四条[29]，悬崖垂空，先下一奴，余次从之，意可得攀援之路。及下，仅容足，无馀地。望岩下斗深百丈，欲谋复上，而上岩亦嵌空三丈馀，不能飞陟。持布上试，布为突石所勒，忽中断。复续悬之，竭力腾挽，得复登上岩。

出险，还云静庵，日已渐西。主仆衣履俱敝，寻湖之兴衰矣。遂别而下，复至龙湫。则积雨之后，怒涛倾注，变幻极势，轰雷喷雪，大倍于昨。坐至暝始出，南行四里，宿能仁寺。

十五日

寺后觅方竹数握[30]，细如枝。林中新条，大可径寸，柔不中杖[31]。老柯斩伐殆尽矣[32]！遂从岐度四十九盘，一路遵海而南，逾窑岙岭，往乐清。

注释

[1] 雁山：雁荡山。

[2] 芙蓉插天：形容山石如芙蓉直指天际。

[3] 不甚肖：不太像（老和尚）。

[4] 一小童：一个小童形象（的岩石）。

[5] 如骈笋，如挺芝，如笔之卓，如幞之欹：（形容山石）像并立的竹笋，像挺立的灵芝，像高耸的毛笔，像倾斜的头巾。幞（fú），古代包发的头巾。

[6] 澄靛（diàn）：澄澈的靛蓝。

[7] 接翼联肩：形容山峰并肩紧挨的样子。

[8] 由隙历磴：从窄缝中踩着石台阶而上。磴（dèng），石头台阶。

[9] 窅（yǎo）然：形容深远。

[10] 罅（xià）口：缝隙。

[11] 青绀（gàn）：一种颜色，黑里透红。

[12] 高锐不相下：高、尖都差不多。

[13] 坳（ào）：山间平地。

[14] 相向：相对。

[15] 上嵌崆峒（kōngtóng）：上有一个山洞。

[16] 砥（dǐ）：磨刀石，此处指石很平。

[17] 岩穷矣：山岩至此而尽。

[18] 诺讵那：人名。

[19] 有亭翼然面瀑：有一座亭子如翅膀一样面对瀑布。

[20] 踞（jù）坐：蹲坐。

[21] 廉纤不止：（雨）淅淅沥沥下个不停。

[22] 圮（pǐ）：倒塌。

[23] 芜（wú）田：荒田。

[24] 湖可坐得：坐着可看到湖。

[25] 冰壶：形容月光。　　瑶界：犹玉界、仙境。

[26] 导者：导游。

[27] 天半：本指半空，形容山势陡峭。

[28] 宕：同"荡"，积水长草的洼地，这里指山顶的湖。

[29] 足布：古代男子包裹脚的布。

[30] 数握：几把，数把。

[31] 柔不中杖：太软不能做手杖。

[32] 柯：枝。

◎游白岳山日记 徽州府

题解

白岳山在今安徽休宁县西40里。上有明世宗敕命修建的太素宫，雄伟壮观。其上香炉峰、玉屏峰、五老峰和第一奇景天门等，神奇突兀，蔚为壮观。

徐霞客于万历四十四年（1616）31岁时游白岳山并记。

徽州府，治安徽歙县。

丙辰岁，余同浔阳叔翁，于正月二十六日，至徽之休宁[1]。出西门，其溪自祁门县来，经白岳，循县而南，至梅口，会郡溪入浙。循溪而上，二十里，至南渡。过桥，依山麓十里，至岩下，已暮。登山五里，借庙中灯，冒雪蹑冰，二里，过天门。里许，入榔梅庵。路经天门、珠帘之胜，俱不暇辨，但闻树间冰响铮铮。入庵后，大霰作[2]，浔阳与奴子俱后。余独卧山房，夜听水声屋溜[3]，竟不能寐。

二十七日

起视，满山冰花玉树，迷漫一色。坐楼中，适浔阳并奴至，乃登太素宫。宫北向[4]，玄帝像乃百鸟衔泥所成[5]，色黧黑。像成于宋，殿新于嘉靖三十七年[6]，庭中碑文，世庙御制也[7]。左右为王灵官、赵元帅殿[8]，俱雄丽。背倚玉屏，前临香炉峰。峰突起数十丈，如覆钟[9]，未游台、宕者或奇之。

出庙左，至舍身崖，转而上为紫玉屏，再西为紫霄崖，俱危耸杰起。再西为三姑峰、五老峰，文昌阁据其前。五老比肩，不甚峭削，颇似笔架。

返榔梅，循夜来路下天梯。则石崖三面为围，上覆下嵌，绝似行廊。循崖而行，泉飞落其外，为珠帘水。嵌之深处，为罗汉洞，外开内伏，深且十五里。东南通南渡。崖尽处为天门。崖石中空，人出入其间，高爽飞突，正如阊阖[10]。门外乔楠中峙[11]，蟠青丛翠；门内石崖一带，珠帘飞洒，奇为第一。

返宿庵中，访五井、桥崖之胜。羽士汪伯化[12]，约明晨同行。

二十八日

梦中闻人言大雪，促奴起视，弥山漫谷矣。余强卧。巳刻，同伯化蹑屐[13]，二里，复抵文昌阁。览地天一色，虽阻游五井，更益奇观。

二十九日

奴子报："云开，日色浮林端矣。"急披衣起，青天一色，半月来所未睹。然寒威殊甚，方促伯化共饭。饭已，大雪复至，飞积盈尺。偶步楼侧，则香炉峰正峙其前。楼后出一羽士，曰程振华者，为余谈九井、桥岩、傅岩诸胜。

三十日

雪甚，兼雾浓，咫尺不辨。伯化携酒至舍身崖，饮睇元阁。阁在崖侧，冰柱垂垂，大者竟丈。峰峦灭影，近若香炉峰，亦不能见。

二月初一日

东方一缕云开，已而大朗。浔阳以足裂留庵中，余急同伯化蹑西天门而下。十里，过双溪街，山势已开。五里，山复渐合，溪环石映，倍有佳趣[14]。三里，由溪口循小路入，越一山。二里，至石桥岩。桥侧外岩，高亘如白岳之紫霄。岩下俱因岩为殿。山石皆紫，独有一青石龙蜿蜒于内，头垂空尺馀，水下滴曰龙涎泉，颇如雁宕龙鼻水。

岩之右，一山横跨而中空，即石桥也。飞虹垂蛛[15]，下空恰如半月。坐其下，隔山一岫特起，拱对其上，众峰环侍，较胜齐云天门。即天台石梁，止一石架两山间，此以一山高架，而中空其半，更灵幻矣。穿桥而入，里许，为内岩。上有飞泉飘洒，中有僧斋，颇胜。还饭于外岩。觅导循崖左下。灌莽中两山夹涧，路棘雪迷，行甚艰。导者劝余趋傅岩，不必向观音岩，余恐不能兼棋盘、龙井之胜，不许。行二里，得涧一泓，深碧无底，亦“龙井”也。又三里，崖绝涧穷，悬瀑忽自山坳挂下数丈，亦此中奇境。

转而上跻[16]，行山脊二里，则棋盘石高峙山巅，形如擎菌[17]，大且数围[18]，登之，积雪如玉。回望傅岩，屼嵲云际[19]。由彼抵棋盘亦近，悔不从导者。石旁有文殊庵，竹石清映。转东而南，二里，越岭二重，山半得观音岩。禅院清整，然无奇景，尤悔觌面失傅岩也[20]。

仍越岭东下深坑，石涧四合，时有深潭，大为渊，小如臼，皆云“龙井”。不能别其孰为“五”，孰为“九”。凡三里，石岩中石脉隐隐，导者指其一为青龙，一为白龙，余笑颔之[21]。又乱崖间望见一石嵌空，有水下注，外有横石跨之，颇似天台石梁。伯化以天且晚，请速循涧觅大龙井。忽遇僧自黄山来，云：“出此即大溪，行将何观？”遂返。里许，从别径向漆树园，行巉石乱流间，返照映深木，一往幽丽。三里，跻其巅。余以为高埒齐云[22]，及望之，则文昌阁犹巍然也。五老峰正对阁而起。五老之东为独耸寨。循其坳而出，曰西天门。五老之西为展旗峰。由其下而渡，曰芙蓉桥。余向出西天门，今自芙蓉桥入也。余望三姑之旁，犹殢日色[23]，遂先登，则落照正在五老间。归庵已晚餐矣。相与追述所历，始知大龙井正在大溪口，足趾已及，而为僧所阻，亦数也[24]。

注释

[1] 休宁：今安徽省休宁县。

[2] 霰（xiàn）：白色球形或圆锥形不透明小雪珠冰粒。

[3] 屋溜（liù）：屋檐滴下的水。

[4] 北向：朝向北。

[5] 玄帝：即玄武帝、真武大帝。神话传说中北方之神，道教所奉。

[6] 嘉靖三十七年：即公元 1558 年。嘉靖，明世宗朱厚熜年号。

[7] 世庙：指明世宗。

[8] 王灵官：宋徽宗时人，本名善。据传说为道教护法神，玉帝封为先天主将。专司天国俗世纠察之职。赵元帅：即赵公元帅，亦称赵玄坛。民间财神。传说能驱雷使电，禳灾除瘟，保佑发财。

[9] 覆钟：倒扣之钟。

[10] 阊阖：传说中之天门。古代宫门亦称。

[11] 乔楠：楠树，木材坚密芳香，贵重建筑材料，可供造船。产于南方。因系常绿大乔木，故称乔楠。

[12] 羽士：又称羽客、羽人。即道士。
[13] 屐（jī）：木制，底有二齿，以行泥地之鞋。
[14] 佳趣：高雅之情趣。
[15] 蝀：螮蝀之简称，即虹。
[16] 跻（jī）：升登，达到。
[17] 擎菌：托起而立的灵芝。
[18] 围：计量周长的约略单位。多指两手臂之间合拱的长度。
[19] 屼嵲（wùniè）：指高峻而又光秃之山。
[20] 觌（dí）面：犹当面，见面，亲眼所见。
[21] 颔（hàn）：犹点头，表示首肯。
[22] 埒（liè）：等同、相当。
[23] 殢（tì）：滞留。
[24] 数（shù）：天命，命运。

◎游黄山日记 徽州府

题解

黄山，本称黟山，唐代改今名。山跨歙、黟、休宁诸县。相传黄帝与容成子、浮丘公曾合丹于此，故名。诸峰耸峙，著名者三十六峰，尤以天都、莲花二峰为最。奇松、怪石、云海、温泉，堪称“四绝”。

徐霞客两游黄山，此系万历四十四年（1616）31岁第一次游黄山的日记。

初二日

自白岳下山，十里，循麓而西，抵南溪桥。渡大溪，循别溪，依山北行，十里，两山峭逼如门，溪为之束。越而下，平畴颇广[1]。二十里，为猪坑。由小路登虎岭，路甚峻。十里，至岭。五里，越其麓。北望黄山诸峰，片片可掇。又三里，为古楼坳，溪甚阔，水涨无梁，木片弥布一溪，涉之甚难。二里，宿高桥。

初三日

随樵者行久之，越岭二重，下而复上。又越一重，两岭俱峻，曰双岭，共十五里，过江村。二十里，抵汤口，香溪、温泉诸水所由出者。折而入山，沿溪渐上，雪且没趾。五里，抵祥符寺。汤泉在隔溪，遂俱解衣赴汤池。池前临溪，后倚壁，三面石甃，上环石如桥。汤深三尺，时凝寒未解，而汤气郁然，水泡池底汩汩起，气本香洌，黄贞父谓其不及盘山，以汤口、焦村孔道，浴者太杂遝也[2]。

浴毕，返寺。僧挥印引登莲花庵，蹑雪循涧以上。涧水三转：下注而深泓者，曰白龙潭；再上而停涵石间者，曰丹井。井旁有石突起，曰药臼，曰药铫。宛转随溪，群峰环耸，木石掩映。如此一里，得一庵，僧印我他出，不能登其堂。堂中香炉及钟鼓架，俱天然古木根所为。遂返寺宿。

初四日

兀坐听雪溜竟日[3]。

初五日

云气甚恶，余强卧至午起。挥印言慈光寺颇近，令其徒引。过汤池，仰见一崖，中悬鸟道，两旁泉泻如练，余即从此攀跻上。泉光云气，撩绕衣裾。已转而右，则茅庵上下，磬韵香烟，穿石而出，即慈光寺也。寺旧名硃砂庵。比丘为余言："山顶诸静室，径为雪封者两月。今早遣人送粮，山半，雪没腰而返。"余兴大阻，由大路二里下山，遂引被卧。

初六日

天色甚朗，觅导者各携筇上山，过慈光寺，从左上。石峰环夹，其中石级为积雪所平，一望如玉。疏木茸茸中，仰见群峰盘结，天都独巍然上挺。数里，级愈峻，雪愈深，其阴处冻雪成冰，坚滑不容着趾。余独前，持杖凿冰，得一孔，置前趾，再凿一孔，以移后趾。从行者俱循此法得度。上至平冈，则莲花、云门诸峰，争奇竞秀，若为天都拥卫者。由此而入，绝巘危崖，尽皆怪松悬结，高者不盈丈，低仅数寸，平顶短鬣，盘根虬干，愈短愈老，愈小愈奇，不意奇山中又有此奇品也。

松石交映间，冉冉僧一群从天而下，俱合掌言："阻雪山中已三月，今以觅粮勉到此。公等何由得上也？"且言："我等前海诸庵，俱已下山。后海山路尚未通，惟莲花洞可行耳。"已而从天都峰侧攀而上，透峰罅而下[4]。东转，即莲花洞路也。余急于光明顶、石笋矼之胜，遂循莲花峰而北，上下数次，至天门。两壁夹立，中阔摩肩，高数十丈，仰面而度，阴森悚骨。其内积雪更深，凿冰上跻。过此，得平顶，即所谓前海也。由此更上一峰，至平天矼。矼之兀突独耸者，为光明顶。由矼而下，即所谓后海也。盖平天矼阳为前海，阴为后海，乃极高处。四面皆峻坞，此独若平地。前海之前，天都、莲花二峰最峻。其阳属徽之歙，其阴属宁之太平。

余至天平矼，欲望光明顶而上，路已三十里，腹甚枵，遂入矼后一庵。庵僧俱踞石向阳，主僧曰智空，见客色饥，先以粥饷。且曰："新日太皎，恐非老晴。"因指一僧谓余曰："公有馀力，可先登光明顶而后中食，则今日犹可抵石笋矼，宿是师处矣。"余如言登顶，则天都、莲花并肩其前，翠微、三海门环绕于后。下瞰绝壁峭岫，罗列坞中，即丞相原也。顶前一石伏而复起，势若中断，独悬坞中。上有怪松盘盖。余侧身攀踞其上，而浔阳踞大顶相对，各夸胜绝。下入庵，黄粱已熟。

饭后，北向过一岭，踯躅菁莽中，入一庵，曰狮子林，即智空所指宿处。主僧霞光，已待我庵前矣，遂指庵北二峰曰："公可先了此胜。"从之。俯窥其阴，则乱峰列岫，争奇并起。循之西，崖忽中断，架木连之，上有松一株，可攀引而度，所谓"接引崖"也。度崖，穿石罅而上，乱石危缀间，构木为室，其中亦可置足，然不如踞石下窥更雄胜耳。下崖，循而东，里许，为石笋矼。矼脊斜亘，两夹悬坞中，乱峰森罗，其西一面，即接引崖所窥者。矼侧一峰突起，多奇石怪松，登之俯瞰壑中，正与接引崖对瞰，峰回岫转，顿改前观。

下峰，则落照拥树，谓明晴可卜，踊跃归庵。霞光设茶，引登前楼。西望碧痕一缕，余疑山影，僧谓："山影夜望甚近，此当是云气。"余默然，知为雨兆也。

初七日

四山雾合。少顷，庵之东北已开，西南腻甚，若以庵为界者，即狮子峰亦在时出时没间。晨餐后，由接引崖践雪下。坞半一峰突起，上有一松，裂石而出，巨干高不及二尺，而斜拖曲结，蟠翠三丈馀，其根穿石上下，几与峰等，所谓"扰龙松"是也。

攀玩移时，望狮子峰已出，遂杖而西。是峰在庵西南，为案山。二里，蹑其巅，则三面拔立坞中，其下森峰列岫，自石笋、接引两坞，迤逦至此，环结又成一胜。登眺间，沉雾渐爽，急由石笋矼北转而下，正昨日峰头所望森阴径也。群峰或上或下，或巨或纤，或直成欹，与身穿绕而过，俯窥辗顾，步步生奇，但壑深雪厚，一步一悚。

行五里，左峰腋一窦透明，曰“天窗”。又前，峰旁一石突起，作面壁状，则“僧坐石”也。下五里，径稍夷，循涧而行。忽前涧乱石纵横，路为之塞。越石久之，一阙新崩，片片欲堕，始得路。仰视峰顶，黄痕一方，中间绿字，宛然可辨，是谓“天牌”，亦谓“仙人榜”。又前，鲤鱼石；又前，白龙池，共五十里。一茅出涧边，为松谷庵旧基。再五里，循溪东西行，又过五水，则松谷庵矣。再循溪下，溪边香气袭人，则一梅亭亭正发，山寒稽雪，至是始芳。抵青龙潭，一泓深碧，更会两溪，比白龙潭势既雄壮，而大石磊落，奔流乱注，远近群峰环拱，亦佳境也。还餐松谷，往宿旧庵。余初至松谷，疑已平地，及是询之，须下岭二重，二十里方得平地，至太平县共三十五里云。

初八日

拟寻石笋奥境，竟为天夺，浓雾迷漫。抵狮子林，风愈大，雾亦愈厚。余急欲趋炼丹台，遂转西南。三里，为雾所迷，偶得一庵，入焉。雨大至，遂宿此。

初九日

逾午少霁，庵僧慈明甚夸西南一带峰岫，不减石笋矼，有“秃颅朝天”“达摩面壁”诸名。余拉浔阳蹈乱流至壑中，北向即翠微诸峦，南向即丹台诸坞，大抵可与狮峰竞驾，未得比肩石笋也。雨踵至，急返庵。

初十日

晨，雨如注，午少停。策杖二里，过飞来峰，此平天矼之西北岭也。其阳坞中，峰壁森峭，正与丹台环绕。二里抵台。一峰西垂，顶颇平伏。三面壁翠合沓，前一小峰起坞中，其外则翠微峰、三海门蹄股拱峙，登眺久之。东南一里，绕出平天矼下，雨复大至，急下天门。两崖隘肩，崖额飞泉，俱从人顶泼下。出天门，危崖悬叠，路缘崖半，比后海一带森峰峭壁，又转一境。“海螺石”即在崖旁，宛转酷肖，来时忽不及察，今行雨中，颇稔其异，询之始知。已趋大悲庵，由其旁复趋一庵，宿悟空上人处。

十一日

上百步云梯。梯磴插天，足趾及腮，而磴石倾侧崄岈[5]，兀兀欲动[6]，前下时以雪掩其险，至此骨意俱悚。上云梯，即登莲花峰道。又下转，由峰侧而入，即文殊院、莲花洞道也。以雨不止，乃下山，入汤院，复浴。由汤口出二十里，抵芳村。十五里，抵东潭，溪涨不能渡而止。黄山之流，如松谷、焦村，俱北出太平；即南流如汤口，亦北转太平入江；惟汤口西有流，至芳村而巨，南趋岩镇，至府西北与绩溪会。

注释

[1] 畴（chóu）：田地。
[2] 杂遝（tà）：杂乱繁多的样子。
[3] 雪溜（liù）：雪融化时的滴水声。
[4] 罅（xià）：缝隙，裂缝。
[5] 崄岈（hánxiā）：山谷深邃之貌。
[6] 兀兀（wùwù）：高耸孤立之貌。

◎游武彝山日记　福建建宁府崇安县

题解

武彝山，今作武夷山。在闽、赣边界。东北—西南走向。此处指武夷山市西南，以丹水碧崖著称。有九曲溪、武夷宫、玉女峰等景点。

建宁府，治福建建瓯市。崇安县，即今武夷山市。

二月二十一日[1]

出崇安南门，觅舟。西北一溪自分水关，东北一溪自温岭关，合注于县南，通郡省而入海。顺流三十里，见溪边一峰横欹，一峰独耸。余咤而瞩目，则欹者幔亭峰，耸者大王峰也。峰南一溪，东向而入大溪者，即武彝溪也。冲祐宫傍峰临溪。余欲先抵九曲，然后顺流探历，遂舍宫不登，逆流而进。流甚驶，舟子跣行溪间以挽舟。第一曲，右为幔亭峰、大王峰，左为狮子峰、观音岩。而溪右之濒水者曰水光石，上题刻殆遍。二曲之右，为铁板嶂、翰墨岩，左为兜鍪峰、玉女峰。而板嶂之旁，崖壁峭立，间有三孔，作“品”字状。三曲右为会仙岩，左为小藏峰、大藏峰。大藏壁立千仞[2]，崖端穴数孔，乱插木板如机杼。一小舟斜架穴口木末，号曰“架壑舟”。四曲右为钓鱼台、希真岩，左为鸡栖岩、晏仙岩。鸡栖岩半有洞，外隘中宏，横插木板，宛然埘桀[3]。下一潭深碧，为卧龙潭。其右大隐屏、接笋峰，左更衣台、天柱峰者，五曲也。文公书院正在大隐屏下。抵六曲，右为仙掌岩、天游峰，左为晚对峰、响声岩。回望隐屏、天游之间，危梯飞阁悬其上，不胜神往，而舟亦以溜急不得进，还泊曹家石。

登陆，入云窝，排云穿石，俱从乱崖中宛转得路。窝后即接笋峰，峰骈附于大隐屏，其腰横两截痕，故曰“接笋”。循其侧石隘，跻磴数层，四山环翠，中留隙地如掌者为茶洞。洞口由西入，口南为接笋峰，口北为仙掌岩。仙掌之东为天游，天游之南为大隐屏。诸峰上皆峭绝，而下复攒凑，外无磴道，独西通一罅，比天台之明岩更为奇矫也！从其中攀跻登隐屏，至绝壁处，悬大木为梯，贴壁直竖云间。梯凡三接，级共八十一。级尽，有铁索横系山腰，下凿坎受足。攀索转峰而西，夹壁中有冈介其间，若垂尾。凿磴以登，即隐屏顶也。有亭有竹，四面悬崖，凭空下眺，真仙凡敻隔[4]。仍悬梯下，至茶洞。仰视所登之处，崭然在云汉。

隘口北崖即仙掌岩。岩壁屹立雄展，中有斑痕如人掌，长盈丈者数十行。循崖北上，至岭，落照侵松，山光水曲，交加入览。南转，行夹谷中。谷尽，忽透出峰头，三面壁立，有亭踞其首，即天游峰矣。是峰处九曲之中，不临溪，而九曲之溪，三面环之。东望为大王峰，而一曲至三曲之溪环之；南望为更衣台，南之近者，则大隐屏诸峰也，四曲至六曲之溪环之；西望为三教峰，西之近者则天壶诸峰也，七曲至九曲之溪环之；惟北向无溪，而山从水帘诸山层叠而来，至此中悬。其前之俯而瞰者，即茶洞也。自茶洞仰眺，但见绝壁干霄，泉从侧间泻下，初不知其上有峰可憩。其不临溪而能尽九溪之胜，此峰固应第一也。立台上，望落日半规，远近峰峦，青紫万状。台后为天游观。亟辞去，抵舟已入暝矣[5]。

二十二日

登涯，辞仙掌而西。余所循者，乃溪之右涯，其隔溪则左涯也。第七曲右为三仰峰、天壶峰，左为城高岩。三仰之下为小桃源，崩崖堆错，外成石门。由门伛偻而入[6]，有地一区，四山环绕，中有平畦曲涧，围以苍松翠竹，鸡声人语，俱在翠微中。出门而西，即为北廊岩，岩顶即为天壶峰。其对岸之城高岩矗然独上，四旁峭削如城。岩顶有庵，亦悬梯可登，以隔溪不及也。

第八曲右为鼓楼岩、鼓子岩，左为大廪石、海蚱石。余过鼓楼岩之西，折而北行坞中，攀援上峰顶，两石兀立如鼓，鼓子岩也。岩高亘亦如城，岩下深坳，一带如廊，架屋横栏其内，曰鼓子庵。仰望岩上，乱穴中多木板横插。转岩之后，壁间一洞更深敞，曰吴公洞。洞下梯已毁，不能登。望三教峰而趋，缘山越磴，深木蓊苁其上。抵峰，有亭缀其旁，可东眺鼓楼、鼓子诸胜。山头三峰，石骨挺然并矗。从石罅间蹑磴而升，傍崖得一亭。穿亭入石门，两崖夹峙，壁立参天，中通一线，上下尺馀，人行其间，毛骨阴悚！盖三峰攒立，此其两峰之罅。其侧尚有两罅，无此整削。

已下山，转至山后，一峰与猫儿石相对峙，盘亘亦如鼓子，为灵峰之白云洞。至峰头，从石罅中累级而上，两壁夹立，颇似黄山之天门。级穷，迤逦至岩下，因岩架屋，亦如鼓子。登楼南望九曲上游，一洲中峙，溪自西来，分而环之，至曲复合为一。洲外两山渐开，九曲已尽。是岩在九曲尽处，重岩回叠，地甚幽爽。岩北尽处，更有一岩尤奇，上下皆绝壁，壁间横坳仅一线，须伏身蛇行，盘壁而度，乃可入。余即从壁坳行，已而坳渐低，壁渐危，则就而伛偻。愈低愈狭，则膝行蛇伏，至坳转处，上下仅悬七寸，阔止尺五。坳外壁深万仞，余匍匐以进，胸背相摩，盘旋久之，得度其险。岩果轩敞层叠，有斧凿置于中，欲开道而未就也。

半晌，返前岩。更至后岩，方构新室，亦幽敞可爱。出向九曲溪，则狮子岩在焉。循溪而返，隔溪观八曲之“人面石”、七曲之城高岩，种种神飞。复泊舟，由云窝入茶洞，穹窿窈窕，再至矣，再不能去。已由云窝左转，入伏羲洞，洞颇阴森。左出大隐屏之阳，即紫阳书院，谒先生庙像。

顺流鼓棹，两崖苍翠纷飞，翻恨舟行之速。已过天柱峰、更衣台，泊舟四曲之南涯。自御茶园登岸，欲绕出金鸡岩之上，迷荆丛棘，不得路。乃从岩后大道东行，冀有旁路可登大藏、小藏诸峰，复不得。透出溪旁，已在玉女峰下。欲从此寻一线天，彷徨无可问，而舟泊金鸡洞下，迥不相闻。乃沿溪觅路，迤逦大藏、小藏之麓。一带峭壁高骞，砂碛崩壅，土人多植茶其上。从茗柯中行，下瞰深溪，上仰危崖，所谓“仙学堂”“藏仙窟”，俱不暇辨。

已至架壑舟，仰见虚舟宛然，较前溪中所见更悉。大藏之西，其路渐穷。向荆棘中扪壁而上。还瞰大藏西岩，亦架一舟，但两崖对峙，不能至其地也。忽一舟自二曲逆流而至，急下山招之，其人以舟来受，亦游客初至者，约余返更衣台，同览一线天、虎啸岩诸胜。过余泊舟处，并棹顺流而下，欲上幔亭，问大王峰。抵一曲之水光石，约舟待溪口。余复登涯，少入，至止止庵。望庵后有路可上，遂趋之，得一岩，僧诵经其中，乃禅岩也。登峰之路，尚在止止庵西。仍下庵前西转，登山二里许，抵峰下，从乱箐中寻登仙石[7]。石旁峰突起，作仰企状，鹤模石在峰壁罅间，霜翎朱顶，裂纹如绘。旁路穷，有梯悬绝壁间，蹑而上，摇摇欲堕。梯穷得一岩，则张仙遗蜕也。岩在峰半。觅徐仙岩，皆石壁不可通，下梯寻别道，又不可得。蹑石则峭壁无阶，投莽则深密莫辨。佣夫在前，得断磴，大呼得路，余裂衣不顾，趋就之。复不能前。日已西薄，遂以手悬棘乱坠而下，得道已在万年宫右。趋入宫，宫甚森敞。羽士迎言："大王峰顶久不能到，惟张岩梯在，峰顶六梯及徐岩梯俱已朽坏，徐仙蜕已移入会真庙矣。"出宫右转，过会真庙。庙前大枫扶疏[8]，荫数亩，围数十抱。别羽士归舟。

二十三日

登陆，觅换骨岩、水帘洞诸胜。命移舟十里，候于赤石街。余乃入会真观，谒武彝君及徐仙遗蜕。出庙，循幔亭东麓，北行二里，见幔亭峰后三峰骈立，异而问之，三姑峰也。换骨岩即在其旁，望之趋。登山里许，飞流汩然下泻。俯瞰其下，亦有危壁，泉从壁半突出，疏竹掩映，殊有佳致。然业已上登，不及返顾，遂从三姑又上半里，抵换骨岩，岩即幔亭峰后崖也。岩前有庵。从岩后悬梯两层，更登一岩。岩不甚深，而环绕山巅如叠嶂。土人新以木板循岩为室，曲直高下，随岩宛转。循岩隙攀跻而上，几至幔亭之顶，以路塞而止。

返至三姑峰麓，绕出其后，复从旧路下，至前所瞰突泉处。从此越岭，即水帘洞路。从此而下，即突泉壁也。余前从上瞰，未尽其妙，至是复造其下，仰望突泉，又在半壁之上，旁引水为碓[9]，有梯架之，凿壁为沟以引泉。余循梯攀壁，至突泉下。其坳仅二丈，上下俱危壁。泉从上壁堕坳中，复从坳中溢而下堕。坳之上下四旁，无处非水，而中有一石突起可坐。坐久之，下壁，循竹间路，越岭三重，从山腰约行七里，乃下坞，穿石门而上，半里，即水帘洞。危崖千仞，上突下嵌，泉从岩顶堕下。岩既雄扩，泉亦高散，千条万缕，悬空倾泻，亦大观也。其岩高矗上突，故岩下构室数重，而飞泉犹落槛外。

先在涂闻睹阁寨颇奇，道流指余仍旧路，越山可至。余出石门，爱坞溪之胜，误走赤石街道。途人指从此度小桥而南，亦可往，从之。登山入一隘，两山夹之，内有岩有室，题额乃"杜辖岩"，土人讹为睹阁耳。再入，又得一岩，有曲槛悬楼，望赤石街甚近。遂从旧道三里，渡一溪，又一里，则赤石街大溪也。下舟挂帆二十里，返崇安。

注释

[1] 二月二十一日：万历四十四年（1616，丙辰年）二月二十一日。

[2] 仞：七尺为一仞。一说八尺为一仞。

[3] 埘桀（shíjié）：埘，鸡窝。桀，鸡栖之横木。

[4] 敻（xiòng）：犹远。

[5] 暝（míng）：天黑，日暮。

[6] 伛偻（yǔlǔ）：弯腰曲背。

[7] 箐（qìng）：本山间大竹林，文中指树木丛生之山谷。

[8] 扶疏：枝叶繁茂纷披。

[9] 碓（duì）：舂谷米之工具。文中指靠水力旋转的水碓。

◎游庐山日记 江西九江府

题解

庐山，又名匡山，位于今江西九江市南。相传商周时，匡氏兄弟七人结庐于此学道求仙，后人谓其所居曰“神仙之庐”，故名庐山、匡庐。山矗立于长江及鄱阳湖之滨，群峰并峙，拔地耸立。向以巉崖、峭壁、飞瀑、清泉、云海名世。其上有白鹿洞、仙人洞、三叠泉诸多胜迹。颇多神话传说，是著名避暑、旅游胜地。

这是徐霞客于万历四十六年（1618）33岁时游庐山的日记。

戊午，余同兄雷门、白夫，以八月十八日至九江。易小舟，沿江南入龙开河。二十里，泊李裁缝堰。登陆，五里，过西林寺，至东林寺[1]。寺当庐山之阴，南面庐山，北倚东林山。山不甚高，为庐之外廓。中有大溪，自东而西，驿路界其间，为九江之建昌孔道。寺前临溪，入门为虎溪桥，规模甚大，正殿夷毁，右为三笑堂。

十九日

出寺，循山麓西南行。五里，越广济桥，始舍官道，沿溪东向行。又二里，溪回山合，雾色霏霏如雨。一人立溪口，问之，由此东上为天池大道，南转登石门，为天池寺之侧径。余稔知石门之奇，路险莫能上，遂倩其人为导[2]，约二兄径至天池相待。遂南渡小溪二重，过报国寺。从碧条香蔼中，攀陟五里，仰见浓雾中双石屼立，即石门也。一路由石隙而入，复有二石峰对峙。路宛转峰罅，下瞰绝涧诸峰，在铁船峰旁，俱从涧底矗耸直上，离立咫尺，争雄竞秀，而层烟叠翠，澄映四外。其下喷雪奔雷，腾空震荡，耳目为之狂喜。门内对峰倚壁，都结层楼危阙。徽人邹昌明、毕贯之新建精庐，僧容成焚修其间。从庵后小径，复出石门一重，俱从石崖上，上攀下蹑，磴穷则挽藤，藤绝置木梯以上。如是二里，至狮子岩。岩下有静室。越岭，路颇平。再上里许，得大道，即自郡城南来者[3]。历级而登，殿已当前，以雾故不辨。逼之，而朱楹彩栋，则天池寺也，盖毁而新建者。由右庑侧登聚仙亭，亭前一崖突出，下临无地，曰文殊台。出寺，由大道左登披霞亭，亭侧岐路东上山脊，行三里。由此再东二里为大林寺。由此北折而西，曰白鹿升仙台，北折而东曰佛手岩。升仙台三面壁立，四旁多乔松，高帝御制周颠仙庙碑在其顶，石亭覆之，制甚古。佛手岩穹然轩峙，深可五六丈。岩端石岐横出，故称“佛手”。循岩侧庵右行，崖石两层突出深坞，上平下仄，访仙台遗址也。台后石上书“竹林寺”三字。竹林为匡庐幻境，可望不可即。台前风雨中，时时闻钟梵声，故以此当之。时方云雾迷漫，即坞中景亦如海上三山，何论竹林？还出佛手岩，由大路东抵大林寺。寺四面峰环，前抱一溪。溪上树大三人围，非桧非杉，枝头着子累累，传为宝树，来自西域，向有二株，为风雨拔去其一矣。

二十日

晨雾尽收。出天池，趋文殊台。四壁万仞，俯视铁船峰，正可飞舄。山北诸山，伏如聚蚁，匡湖洋洋山麓，长江带之，远及天际。因再为石门游。三里，度昨所过险处，至则容成方持贝叶出迎，喜甚，导余历览诸峰。上至神龙宫右，折而下，入神龙宫。奔涧鸣雷，松竹荫映，山峡中奥寂境也。循旧路抵天池下，从岐径东南行十里，升降于层峰幽涧，无径不竹，无阴不松，则金竹坪也。诸峰隐护，幽倍天池，旷则逊之。复南三里，登莲花峰侧，雾复大作。是峰为天池案山，在金竹坪则左翼也。峰顶丛石嶙峋[4]，雾隙中时作窥人态，以雾不及登。

越岭，东向二里，至仰天坪，因谋尽汉阳之胜。汉阳为庐山最高顶，此坪则为僧庐之最高者。坪之阴，水俱北流从九江；其阳，水俱南下属南康。余疑坪去汉阳不远，僧言中隔桃花峰，尚有十里遥。出寺，雾渐解。从山坞西南行，循桃花峰东转，过晒谷石，越岭南下，复上，则汉阳峰也。

先是遇一僧，谓峰顶无可托宿，宜投慧灯僧舍，因指以路。未至峰顶二里，落照盈山，遂如僧言，东向越岭转而西南，即汉阳峰之阳也。一径循山，重嶂幽寂，非复人世。里许，蓊然竹丛中得一龛，有僧短发覆额，破衲赤足者，即慧灯也，方挑水磨腐。竹内僧三四人，衣履揖客，皆慕灯远来者。复有赤脚短发僧从崖间下，问之，乃云南鸡足山僧。灯有徒，结茅于内，其僧历悬崖访之，方返耳。余即拉一僧为导，攀援半里，至其所。石壁峭削，悬梯以度，一茅如慧灯龛。僧本山下民家，亦以慕灯居此。至是而上仰汉阳，下俯绝壁，与世敻隔矣。暝色已合，归宿灯龛。灯煮腐相饷，前指路僧亦至。灯半月一腐，必自己出，必遍及其徒，徒亦自至，来僧其一也。

二十一日

别灯，从龛后小径直跻汉阳峰[5]，攀茅拉棘，二里，至峰顶。南瞰鄱湖，水天浩荡，东瞻湖口，西盼建昌，诸山历历，无不俯首失恃。惟北面之桃花峰，铮铮比肩，然昂霄逼汉，此其最矣。

下山二里，循旧路，向五老峰。汉阳、五老，俱匡庐南面之山，如两角相向。两犁头尖界于中，退于后，故两峰相望甚近。而路必仍至金竹坪，绕犁头尖后，出其左胁，北转始达五老峰。自汉阳计之，且三十里。余始至岭角，望峰顶坦夷，莫详五老面目。及至峰顶，风高水绝，寂无居者，因遍历五老峰，始知是山之阴，一冈连属。阳则山从绝顶平剖，列为五枝，凭空下坠者万仞，外无重冈叠嶂之蔽，际目甚宽。然彼此相望，则五峰排列自掩，一览不能兼收。惟登一峰则两旁无底，峰峰各奇不少让，真雄旷之极观也！

仍下二里，至岭角。北行山坞中，里许，入方广寺，为五老新刹。僧知觉甚稔三叠之胜，言道路极艰，促余速行。北行一里，路穷，渡涧。随涧东西行，鸣流下注乱石，两山夹之，丛竹修枝，郁葱上下。时时仰见飞石，突缀其间，转入转佳。既而涧旁路亦穷，从涧中乱石行，圆者滑足，尖者刺履。如是三里，得绿水潭。一泓深碧，怒流倾泻于上，流者喷雪，停者毓黛[6]。又里许，为大绿水潭。水势至此将堕，大倍之，怒亦益甚。潭前峭壁乱耸，回互逼立，下瞰无底，但闻轰雷倒峡之声，心怖目眩，泉不知从何坠去也。于是涧中路亦穷，乃西向登峰。峰前石台鹊起，四瞰层壁，阴森逼侧。泉为所蔽，不得见，必至对面峭壁间，方能全收其胜。乃循山冈，从北东转，二里，出对崖下瞰，则一级、二级、三级之泉，始依次悉见。其坞中一壁，有洞如门者二，僧辄指为竹林寺门云。

顷之，北风自湖口吹上，寒生粟起，急返旧路，至绿水潭。详观之，上有洞翕然下坠。僧引入其中曰："此亦竹林寺三门之一。"然洞本石罅夹起，内横通如“十”字，南北通明，西入似无底止。出湖溪而行，抵方广，已昏黑。

二十二日

出寺，南渡溪，抵犁头尖之阳。东转下山十里，至楞伽院侧。遥望山左胁，一瀑从空飞坠，环映青紫，夭矫滉瀁[7]，亦一雄观。五里，过栖贤寺，山势至此始就平。以急于三峡涧，未之入，里许，至三峡涧。涧石夹立成峡，怒流冲激而来，为峡所束，回奔倒涌，轰振山谷。桥悬两崖石上，俯瞰深峡中，迸珠戛玉。过桥，从岐路东向，越岭趋白鹿洞。路皆出五老峰之阳，山田高下，点错民居。横历坡陀，仰望排嶂者三里，直入峰下，为白鹤观。又东北行三里，抵白鹿洞，亦五老峰前一山坞也，环山带溪，乔松错落。出洞，由大道行，为开先道。盖庐山形势，犁头尖居中而少逊，栖贤寺实中处焉。五老左突，下即白鹿洞。右峙者，则鹤鸣峰也，开先寺当其前。于是西向循山，横过白鹿、栖贤之大道。十五里，经万松寺，陟一岭而下，山寺巍然南向者，则开先寺也。从殿后登楼眺瀑，一缕垂垂，尚在五里外，半为山树所翳[8]，倾泻之势，不及楞伽道中所见，惟双剑崭崭众峰间，有芙蓉插天之态。香炉一峰，直山头圆阜耳。从楼侧西下壑，涧流铿然，泻出峡石，即瀑布下流也。瀑布至此，反隐不复见，而峡水汇为龙潭，澄映心目。坐石久之，四山暝色。返宿于殿西之鹤峰堂。

二十三日

由寺后侧径登山，越涧盘岭，宛转山半。隔峰复见一瀑，并挂瀑布之东，即马尾泉也。五里，攀一尖峰，绝顶为文殊台，孤峰拔起，四望无倚，顶有文殊塔。对崖削立万仞，瀑布轰轰下坠，与台仅隔一涧。自巅至底，一目殆无不尽。不登此台，不悉此瀑之胜！下台，循山冈西北溯溪，即瀑布上流也。一径忽入，山回谷抱，则黄岩顶寺据双剑峰下。越涧再上，得黄石岩。岩石飞突，平覆如砥。岩侧茅阁方丈，幽雅出尘。阁外修竹数竿，拂群峰而上，与山花霜叶，映配峰际。鄱湖一点，正当窗牖。纵步溪石间，观断崖夹壁之胜。仍饭开先，遂别去。

注释

[1] 西林寺：在江西省庐山市庐山山麓。晋太元（376—396）中僧慧永始建。　东林寺：在江西省九江市南庐山山麓。晋太元九年（384）僧慧远始建。二寺东西遥相对应。

[2] 倩（qiàn）：请人为自己做事。文中指请人为自己做向导。

[3] 郡城：文中指九江府。明本无郡制，沿袭古代而谓郡城。

[4] 嶙峋：叠韵联绵字。山崖重深之貌。

[5] 龛（kān）：供佛像的石室。

[6] 毓黛：毓，养育、孕育。黛，本古代妇女用以画眉的青黑色颜料，文中泛指青黑色。

[7] 夭矫：亦作“夭蟜”。屈伸恣纵貌。　滉漾：叠韵联绵字。水流浮动貌。

[8] 翳（yì）：遮蔽，遮盖。

◎ 游嵩山日记　河南河南府登封县

题解

嵩山，亦称嵩高、崇山。在今河南登封县西北。古称外方，东周始定为中岳。有太室、少室、峻极诸山，太阳、少阳、玉柱、明月等72峰。以少林寺、中岳庙、嵩岳寺塔、嵩阳三阙、嵩阳书院诸胜迹闻名中外。河南府治洛阳。

此为徐霞客于明天启三年（1623）38岁时游嵩山所记。

余髫年蓄五岳志[1]，而玄岳出五岳上[2]，慕尤切。久拟历襄、郧，扪太华[3]，由剑阁连云栈为峨嵋先导。而母老志移，不得不先事太和[4]，犹属有方之游[5]。第沿江溯流，旷日持久，不若陆行舟返，为时较速。乃陆行汝、邓间[6]，路与陕、汴略相当[7]，可以兼尽嵩、华，朝宗太岳[8]。遂以癸亥仲春朔，决策从嵩岳道始。

凡十九日，抵河南郑州之黄宗店。由店右登石坡，看圣僧池，清泉一涵，停碧山半。山下深涧交叠，涸无滴水。下坡行涧底，随香炉山曲折南行。山形三尖攒立如覆鼎，众山环之，秀色娟娟媚人，涧底乱石一壑，作紫玉色。两崖石壁宛转，色较缜润。想清流汪汗时，喷珠泄黛，当更何如也十里！登石佛岭。又五里，入密县界，望嵩山尚在六十里外。

从岐路东南二十五里，过密县，抵天仙院。院祀天仙，黄帝之三女也。白松在祠后中庭，相传三女蜕骨其下。松大四人抱，一本三干。鼎耸霄汉，肤如凝脂[9]，洁逾傅粉，蟠枝虬曲，绿鬣舞风，昂然玉立半空，洵奇观也[10]。周以石栏，一轩临北，轩中题咏绝盛。徘徊久之。下观滴水，涧至此忽下跌，一崖上覆，水滴历其下。

还密，仍抵西门。三十五里，入登封界，曰耿店。南向为石淙道，遂税驾焉[11]。

二十日

从小径南行，二十五里，皆土冈乱垄。久之，得一溪。渡溪，南行冈脊中，下瞰则石淙在望矣。余入自大梁，平衍广漠，古称“陆海”。地以得泉为难，泉以得石尤难。近嵩始睹蜿蜒众峰，于是北流有景、须诸溪，南流有颍水，然皆盘伏土碛中，独登封东南三十里为石淙，乃嵩山东谷之流，将下入于颍。一路陂陀屈曲，水皆行地中，至此忽逢怒石，石立崇冈山峡间，有当关扼险之势，水沁入胁中下，从此水石融合，绮变万端。绕水之两崖，则为鹄立、为雁行；踞中央者，则为饮兕[12]、为卧虎。低则屿，高则台，愈高，则石之去水也愈远。乃又空其中而为窟、为洞。揆崖之隔以寻尺计[13]，竟水之过以数丈计。水行其中，石峙于上，为态为色，为肤为骨，备极妍丽。不意黄茅白苇中，顿令人一洗尘目也。

登陇，西行十里，为告成镇，古告成县地，测景台在其北。西北行二十五里，为岳庙。入东华门时，日已下舂[14]，余心艳卢岩，即从庙东北循山行，越陂陀数重，十里，转而入山，得卢岩寺。寺外数武[15]，即有流铿然，下坠石峡中。两旁峡色，氤氲成霞。溯流造寺后，峡底矗崖，环如半规，上覆下削。飞泉堕空而下，舞绡曳练，霏微散满一谷，可当武彝之水帘。盖此中以得水为奇，而水复得石，石复能助水，不尼水，又能令水飞行，则比武彝为尤胜也。徘徊其下，僧梵音以茶点饷。急返岳庙，已昏黑。

二十一日

晨，谒岳帝。出殿，东向太室绝顶。按嵩当天地之中，祀秩为五岳首，故称嵩高；与少室并峙，下多洞窟，故又名太室。两室相望如双眉，然少室嶙峋，而太室雄厉称尊，俨若负扆[16]。自翠微以上，连崖横亘，列者如屏，展者如旗，故更觉岩岩。崇封始自上古，汉武以嵩呼之异，特加祀邑。宋时逼近京畿，典礼大备，至今，绝顶犹传铁梁桥、避暑寨之名，当盛之时，固可想见矣。

太室东南一支，曰黄盖峰，峰下即岳庙，规制宏壮。庭中碑石矗立，皆宋、辽以来者，登岳正道，乃在万岁峰下，当太室正南。余昨趋卢岩时，先过东峰，道中见峰峦秀出，中裂如门，或指为金峰玉女沟，从此亦有路登顶，乃觅樵预期为导，今遂从此上。近秀出处，路渐折，避之，险绝不能径越也。北就土山，一缕仅容攀跻，约二十里，遂越东峰，已转出裂门之上。西度狭脊，望绝顶行。是日浓云如泼墨，余不为止。至是岚气愈沉，稍开，则下瞰绝壁重崖，如列绡削玉，合则如行大海中。五里，抵天门。上下皆石崖重叠，路多积雪。导者指峻绝处为大铁梁桥。折而西，又三里，绕峰南下，得登高岩。凡岩幽者多不畅，畅者又少回藏映带之致。此岩上倚层崖，下临绝壑，洞门重峦拥护，左右环倚台嶂。初入，有洞岈然，洞壁斜透，穿行数武，崖忽中断五尺，莫可着趾。导者故老樵，狷捷如猿猴，侧身跃过对崖，取木二枝，横架为阁道。既度，则岩穹然上覆，中有乳泉、丹灶、石榻诸胜。从岩侧跻而上，更得一台，三面悬绝壑中。导者曰："下可瞰登封，远及箕、颍。"时浓雾四塞，都无所见。出岩，转北二里，得白鹤观址。址在山坪，去险就夷，孤松挺立有旷致。又北上三里，始跻绝顶，有真武庙三楹。侧一井，甚莹，曰御井，宋真宗避暑所浚也。

饭真武庙中。问下山道，导者曰："正道从万岁峰抵麓二十里，若从西沟悬溜而下，可省其半，然路极险峻。"余色喜，谓嵩无奇，以无险耳。亟从之，遂策杖前。始犹依岩凌石，披丛条以降，既而从两石峡溜中直下，仰望夹崖逼天。先是峰顶雾滴如雨，至此渐开，景亦渐奇，然皆垂沟脱磴，无论不能行，且不能止。愈下，崖势愈壮，一峡穷，复转一峡。吾目不使旁瞬，吾足不容求息也。如是十里，始出峡抵平地，得正道。过无极洞，西越岭，趋草莽中。五里，得法皇寺。寺有金莲花，为特产，他处所无。山雨忽来，遂借榻僧寮。其东石峰夹峙，每月初生，正从峡中出，所称"嵩门待月"也。计余所下之峡，即在其上，今坐对之，只觉云气出没，安知身自此中来也？

二十二日

出山东行五里，抵嵩阳宫废址。惟三将军柏郁然如山，汉所封也。大者围七人，中者五，小者三。柏之北，有室三楹，祠二程先生。柏之西，有旧殿石柱一，大半没于土，上多宋人题名，可辨者为范阳祖无择、上谷寇武仲及苏才翁数人而已。柏之西南，雄碑杰然，四面刻蛟螭甚精[17]。右则为唐碑，裴迥撰文，徐浩八分书也。

又东二里，过崇福宫故址，又名万寿宫，为宋宰相提点处。又东，为启母石。大如数间屋，侧有一平石如砥。又东八里，还饭岳庙，看宋、元碑。西八里，入登封县。西五里，从小径西北行。又五里，入会善寺，“茶榜”在其西小轩内，元刻也。后有一石碑，仆墙下，为唐贞元《戒坛记》，汝州刺史陆长源撰文，河南陆郢书。又西为戒坛废址，石上刻镂极精工，俱断委草砾[18]。西南行五里，出大路，又十里，至郭店。折而西南，为少林道。五里，入寺，宿瑞光上人房。

二十三日

云气俱尽。入正殿，礼佛毕，登南寨。南寨者，少室绝顶，高与太室等，而峰峦峭拔，负“九鼎莲花”之名。俯环其后者为九乳峰，蜿蜒东接太室，其阴则少林寺在焉。寺甚整丽，庭中新旧碑森列成行，俱完善。夹墀二松[19]，高伟而整，如有尺度。少室横峙于前，仰不能见顶。游者如面墙而立，辄谓少室以远胜。余昨暮入寺，即问少室道，俱谓雪深道绝，必无往。凡登山以晴朗为佳，余登太室，云气弥漫，或以为仙灵见拒，不知此山魁梧，正须止露半面。若少室工于掩映，虽微云岂宜点滓？今则霁甚，适逢其会，乌可阻也。

乃从寺南渡涧登山，六七里，得二祖庵。山至此，忽截然土尽而石，石崖下坠成坑。坑半有泉，突石飞下，亦以“珠帘”名之。余策杖独前，愈下愈不得路，久之乃达。其岩雄拓不如卢岩，而深峭过之。岩下深潭泓碧，僵雪四积。再上，至炼丹台，三面孤悬，斜倚翠壁。有亭曰小有天，探幽之屐，从未有抵此者。过此皆从石脊仰攀直跻，两旁危崖万仞，石脊悬其间，殆无寸土，手与足代匮而后得升。凡七里，始跻大峰。峰势宽衍，向之危石，又截然忽尽为土。从草棘中莽莽南上，约五里，遂凌南寨顶，屏翳之土始尽。南寨实少室北顶，自少林言之为南寨云。盖其顶中裂，横界南北，北顶若展屏，南顶列戟峙其前，相去仅寻丈，中为深崖，直下如剖。两崖夹中，坑底特起一峰，高出诸峰上，所谓摘星台也，为少室中央。绝顶与北崖离倚，彼此斩绝不可度。俯瞩其下，一丝相属。余解衣从之，登其上，则南顶之九峰，森立于前，北顶之半壁，横障于后，东西皆深坑，俯不见底，罡风乍至[20]，几假翰飞去。

从南寨东北转，下土山，忽见虎迹大如升。草莽中行五六里，得茅庵。击石炊所携米为粥，啜三四碗，饥渴霍然去。倩庵僧为引龙潭道。下一峰，峰脊渐窄，土石间出，棘蔓翳之，悬枝以行，忽石削万丈，势不可度，转而上跻，望峰势蜿蜒处趋下，而石削复如前。往复不啻数里，乃迂过一坳，又五里而道出，则龙潭沟也。仰望前迷路处，危崖欹石俱在万仞峭壁上，流泉喷薄其中，崖石之阴森崭巀者[21]，俱散成霞绮。峡夹涧转，两崖静室，如蜂房燕垒。凡五里，一龙潭沉涵凝碧，深不可规以丈。又经二龙潭，遂出峡，宿少林寺。

二十四日

从寺西北行，过甘露台，又过初祖庵。北四里，上五乳峰，探初祖洞。洞深二丈，阔杀之，达摩九年面壁处也。洞门下临寺，面对少室。地无泉，故无栖者。下至初祖庵，庵中供达摩影石。石高不及三尺，白质黑章，俨然胡僧立像。中殿六祖手植柏，大已三人围，碑言自广东置钵中携至者。夹墀二松亚少林。少林松柏俱修伟，不似岳庙偃仆盘曲，此松亦然。下至甘露台，土阜矗起[22]，上有藏经殿。下台历殿三重，碑碣散布，目不暇接。后为千佛殿，雄丽罕匹。出饭瑞光上人舍。策骑趋登封道，过轘辕岭，宿大屯。

二十五日

西南行五十里，山冈忽断，即伊阙也。伊水南来经其下，深可浮数石舟。伊阙连冈，东西横亘，水上编木桥之。渡而西，崖更危耸。一山皆劈为崖，满崖镌佛其上。大洞数十，高皆数十丈。大洞外峭崖直入山顶。顶俱刊小洞，洞俱刊佛其内。虽尺寸之肤，无不满者，望之不可数计。洞左，泉自山流下，汇为方池，馀泻入伊川。山高不及百丈，而清流淙淙不绝，为此地所难。伊阙摩肩接毂[23]，为楚、豫大道，西北历关、陕，余由此取西岳道去。

注释

[1] 髫（tiáo）年：即童年。髫，儿童额前下垂的头发。

[2] 玄岳：指北岳。明代北岳有两处，一在河北曲阳县，一在山西浑源县。自汉至明祀典皆在曲阳，清顺治中改祀山西浑源，曲阳不再称北岳。　五岳：东岳泰山，南岳衡山，西岳华山，北岳恒山，中岳嵩山。

[3] 太华：西岳华山。

[4] 太和：湖北武当山别称。

[5] 有方之游：《论语》有"父母在，不远游，游必有方"之语。

[6] 汝、邓：今河南汝州、邓州。

[7] 陕、汴：今河南三门峡市、开封市。

[8] 太岳：又称霍山、霍泰山，在今山西霍县东南。

[9] 肤如凝脂：形容洁白柔润的皮肤。

[10] 洵：确实，诚然。

[11] 税驾：解驾，停车，文中犹休息。

[12] 兕（sì）：古代猛兽名，似牛。亦指雌性犀牛。

[13] 揆（kuí）：揣度，推测。

[14] 日已下舂：《淮南子·天文训》："日出于旸谷……至于渊虞，是谓高舂。至于连石，是谓下舂。"文中指太阳已经落山。

[15] 武：古代以六尺为步，半步为武。

[16] 扆：户牖之间谓之扆，犹屏风。

[17] 蛟螭（chī）：蛟，传说中能兴云作雨、导发洪水的龙。螭，古代传说中一种无角而黄的龙。

[18] 砾：小石子。

[19] 墀：阶也。

[20] 罡（gāng）风：道教称高空之风为罡风。后泛指劲风。

[21] 崭巀：高峻貌。

[22] 阜：土山曰阜。

[23] 伊阙：又称阙塞山、龙门山。因两山相对如阙门，伊水（伊河）流经其间而名。

◎游太华山日记　陕西西安府华阴县

题解

太华山，即西岳华山。因远望似华状，故名。在陕西华阴市南。有西峰莲花、北峰五云、东峰朝阳、南峰落雁、中峰玉女，峰峦险峻，壁立千仞，有“奇险天下第一山”之称。

此为徐霞客于明天启三年（1623）38岁游太华山时所写日记。

二月晦[1]

入潼关，三十五里，乃税驾西岳庙。

黄河从朔漠南下，至潼关，折而东。关正当河、山隘口，北瞰河流，南连华岳，惟此一线为东西大道，以百雉锁之[2]。舍此而北，必渡黄河，南必趋武关，而华岳以南，峭壁层崖，无可度者。未入关，百里外即见太华屼出云表[3]。及入关，反为冈陇所蔽。行二十里，忽仰见芙蓉片片，已直造其下。不特三峰秀绝，而东西拥攒诸峰，俱片削层悬。惟北面时有土冈，至此尽脱山骨，竞发为极胜处。

三月初一日

入谒西岳神，登万寿阁。向岳南趋十五里，入云台观。觅导于十方庵。由峪口入，两崖壁立，一溪中出，玉泉院当其左。循溪随峪行，十里，为莎萝宫，路始峻。又十里，为青柯坪，路少坦。五里，过寥阳桥，路遂绝。攀锁上千尺幢，再上百尺峡，从崖左转，上老君犁沟，过猢狲岭。去青柯五里，有峰北悬深崖中，三面绝壁，则白云峰也。舍之南，上苍龙岭，过日月岩，去犁沟。又五里，始上三峰足。望东峰侧而上，谒玉女祠，入迎阳洞。道士李姓者留余宿。乃以馀晷上东峰[4]，昏返洞。

初二日

从南峰北麓上峰顶，悬南崖而下，观避静处。复上直跻峰绝顶，上有小孔，道士指为仰天池。旁有黑龙潭。从西下，复上西峰，峰上石耸起，有石片覆其上，如荷叶，旁有玉井甚深，以阁掩其上，不知何故。还饭于迎阳。上东峰，悬南崖而下，一小台峙绝壑中，是为棋盘台。既上，别道士，从旧径下，观白云峰，圣母殿在焉。下至莎萝坪，暮色逼人，急出谷，黑行三里，宿十方庵。出青柯坪左上，有柸渡庵、毛女洞；出莎萝坪右上，有上方峰，皆华之支峰也。路俱峭削，以日暮不及登。

初三日

行十五里，入岳庙。西五里，出华阴西门，从小径西南二十里，入泓峪，即华山之西第三峪也。两崖参天而起，夹立甚隘，水奔流其间。循涧南行，倏而东折，倏而西转。盖山壁片削，俱犬牙错入，行从牙罅中，宛转如江行调舱然。二十里，宿于木柸。自岳庙来，四十五里矣。

初四日

行十里，山峪既穷，遂上泓岭。十里，蹑其巅。北望太华，兀立天表。东瞻一峰，嵯峨特异，土人云赛华山。始悟西南三十里有少华，即此山矣。南下十里，有溪从东南注西北，是为华阳川。溯川东行十里，南登秦岭，为华阴、洛南界。上下共五里。又十里，为黄螺铺。循溪东南下，三十里，抵杨氏城。

初五日

行二十里，出石门，山始开。又七里，折而东南，入隔凡峪。西南二十里，即洛南县峪。东南三里，越岭，行峪中。十里，出山，则洛水自西而东，即河南所渡之上流也。渡洛复上岭，曰田家原。五里，下峪中，有水自南来入洛。溯之入，十五里，为景村。山复开，始见稻畦。过此仍溯流入南峪，南行五里，至草树沟。山空日暮，借宿山家。自岳庙至木柸，俱西南行，过华阳川则东南矣。华阳而南，溪渐大，山渐开，然对面之峰峥峥也。下秦岭，至杨氏城。两崖忽开忽合，一时互见，又不比木柸峪中，两崖壁立，有回曲无开合也。

初六日

越岭两重，凡二十五里，饭坞底岔。其西行道，即向洛南者。又东南十里，入商州界，去洛南七十馀里矣。又二十五里，上仓龙岭。蜿蜒行岭上，两溪屈曲夹之。五里，下岭，两溪适合。随溪行老君峪中，十里，暮雨忽至，投宿于峪口。

初七日

行五里，出峪。大溪自西注于东。循之行十里，龙驹寨。寨东去武关九十里，西向商州，即陕省间道[5]。马骡商货，不让潼关道中。溪下板船可胜五石舟。水自商州西至此，经武关之南，历胡村，至小江口入汉者也。遂趋觅舟，甫定，雨大注，终日不休，舟不行。

初八日

舟子以贩盐故，久乃行。雨后，怒溪如奔马，两山夹之，曲折萦回，轰雷入地之险，与建溪无异。已而雨复至，午抵影石滩，雨大作，遂泊于小影石滩。

初九日

行四十里，过龙关。五十里，北一溪来注，则武关之流也。其地北去武关四十里，盖商州南境矣。时浮云已尽，丽日乘空，山岚重叠竞秀，怒流送舟，两岸浓桃艳李，泛光欲舞。出坐船头，不觉欲仙也。又八十里，日才下午，榜人以所带盐化迁柴竹，屡止不进。夜宿于山涯之下。

初十日

五十里，下莲滩，大浪扑入舟中，倾囊倒箧，无不沾濡。二十里，过百姓滩，有峰突立溪右，崖为水所摧，岌岌欲堕。出蜀西楼，山峡少开，已入南阳、淅川境，为秦、豫界。三十里，过胡村，四十里，抵石庙湾，登涯投店。东南去均州，上太和，盖一百三十里云。

注释

[1] 晦：农历每月的最后一天。

[2] 雉（zhì）：古代计算城墙面积的单位。“方丈曰堵，三堵曰雉，一雉之墙，长三丈，高一丈。”（《左传·隐公元年》杜预注）引申为城墙。

[3] 屼（wù）：山秃之貌。

[4] 晷（guǐ）：日影。引申为光阴。

[5] 间道：偏僻的小路。

◎游五台山日记　山西太原府五台县

题解

五台山位于今山西省五台县东北，我国佛教四大名山之一。因东台望海峰、西台挂月峰、南台锦绣峰、北台叶斗峰、中台翠岩峰，“五峰耸出，顶无林木，有如垒土之台，故曰五台”。又以“岁积坚冰，夏仍飞雪，曾无炎暑”，故称“清凉山”（《清凉山志》）。“五台之名，北齐始见于史，北齐以前则称清凉山。”（《五台新志》）古又称五峰山。道家又称紫府山，有“五台山，名为紫府，常有紫气，仙人居之”（《仙经》）的传说。传为文殊菩萨道场。东汉永平（58—75年）年间始建寺庙，历代增修，蔚为大观。如今已成避暑旅游胜地。

此为徐霞客于崇祯六年（1633）48岁时游五台山所写日记。

癸酉七月二十八日[1]

出都，为五台游。越八月初四日，抵阜平南关。山自唐县来，至唐河始密，至黄葵渐开，势不甚穹窿矣[2]。从阜平西南过石梁，西北诸峰复嵱嵷起[3]。循溪左北行八里，小溪自西来注，乃舍大溪，溯西溪北转，山峡渐束。又七里，饭于太子铺。北行十五里，溪声忽至。回顾右崖，石壁数十仞，中坳如削瓜直下。上亦有坳，乃瀑布所从溢者，今天旱，无瀑，瀑痕犹在削坳间。离涧二三尺，泉从坳间细孔泛滥出，下遂成流。再上，逾鞍子岭。岭上四眺，北坞颇开，东北、西北，高峰对峙，俱如仙掌插天，惟直北一隙少杀[4]，复有远山横其外，即龙泉关也，去此尚四十里。岭下有水从西南来，初随之北行，已而溪从东峡中去。复逾一小岭，则大溪从西北来，其势甚壮，亦从东南峡中去，当即与西南之溪合流出阜平北者。余初过阜平，舍大溪而西，以为西溪即龙泉之水也，不谓西溪乃出鞍子岭坳壁，逾岭而复与大溪之上流遇，大溪则出自龙泉者。溪有石梁曰万年，过之，溯流望西北高峰而趋。十里，逼峰下，为小山所掩，反不睹嶙峋之势。转北行，向所望东北高峰，瞻之愈出，趋之愈近，峭削之姿，遥遥逐人。二十里之间，劳于应接。是峰名五岩寨，又名吴王寨，有老僧庐其上。已而东北峰下，溪流溢出，与龙泉大溪会，土人构石梁于上，非龙关道所经。从桥左北行八里，时遇崩崖矗立溪上。又二里，重城当隘口，为龙泉关。

初五日

进南关，出东关，北行十里，路渐上，山渐奇，泉声渐微。既而石路陡绝，两崖巍峰峭壁，合沓攒奇[5]，山树与石竞丽错绮[6]，不复知升陟之烦也。如是五里，崖逼处复设石关二重。又直上五里，登长城岭绝顶，回望远峰，极高者亦伏足下，两旁近峰拥护，惟南来一线有山隙，彻目百里[7]。岭之上，巍楼雄峙，即龙泉上关也。关内古松一株，枝耸叶茂，干云俊物。关之西，即为山西五台县界。下岭甚平，不及所上十之一。十三里，为旧路岭，已在平地。有溪自西南来，至此随山向西北去，行亦从之。十里，五台水自西北来会，合流注滹沱河。乃循西北溪数里，为天池庄。北向坞中，二十里，过白头庵村，去南台止二十里，四顾山谷，犹不可得其仿佛。又西北二里，路左为白云寺。由其前南折，攀跻四里，折上三里，至千佛洞，乃登台间道。又折而西行，三里始至。

初六日

风怒起，滴水皆冰。风止日出，如火珠涌吐翠叶中。循山半西南行，四里，逾岭，始望南台在前。再上为灯寺，由此路渐峻。十里，登南台绝顶，有文殊舍利塔。北面诸台环列，惟东南、西南少有隙地。正南，古南台在其下，远则盂县诸山屏峙，而东与龙泉峥嵘接势。从台右道而下，途甚夷，可骑。循西岭西北行十五里，为金阁岭。又循山左西北下，五里，抵清凉石。寺宇幽丽，高下如图画，有石为芝形，纵横各九步，上可立四百人，面平而下锐，属于下石者无几。从西北历栈拾级而上，十二里，抵马跑泉。泉在路隅山窝间，石隙仅容半蹄，水从中溢出，窝亦平敞可寺，而马跑寺反在泉侧一里外。又平下八里，宿于狮子窠。

初七日

西北行十里，度化度桥。一峰从中台下，两旁流泉淙淙，幽靓迥绝[8]。复度其右涧之桥，循山西向而上，路欹甚。又十里，登西台之顶，日映诸峰，一一献态呈奇。其西面，近则闭魔岩，远则雁门关，历历可俯而挈也。闭魔岩在四十里外，山皆陡崖盘亘，层累而上，为此中奇处。入叩佛龛，即从台北下，三里，为八功德水。寺北面，左为维摩阁。阁下二石耸起，阁架于上，阁柱长短，随石参差，有竟不用柱者。其中为万佛阁。佛俱金碧旃檀[9]，罗列辉映，不啻万尊。前有阁二重，俱三层，其周庐环阁亦三层，中架复道，往来空中，当此万山艰阻，非神力不能运此。

从寺东北行，五里，至大道，又十里，至中台，望东台、南台，俱在五六十里外，而南台外之龙泉，反若更近，惟西台、北台相与连属。时风清日丽，山开列如须眉，余先趋台之南，登龙翻石。其地乱石数万，涌起峰头，下临绝坞，中悬独耸，言是文殊放光摄影处。从台北直下者四里，阴崖悬冰数百丈，曰万年冰。其坞中亦有结庐者。初寒无几，台间冰雪，种种而是。闻雪下于七月二十七日，正余出都时也。行四里，北上澡浴池。又北上十里，宿于北台。北台比诸台较峻，余乘日色周眺寺外。及入寺，日落而风大作。

初八日

老僧石堂送余，历指诸山曰："北台之下东台，西中台，中南台，北有坞曰台湾[10]，此诸台环列之概也。其正东稍北，有浮青特锐者，恒山也；正西稍南，有连岚一抹者，雁门也；直南诸山，南台之外，惟龙泉为独雄；直北俯内外二边，诸山如蓓蕾，惟兹山之北护，峭削层叠，嵯峨之势，独露一斑。此北台历览之概也。此去东台四十里，华岩岭在其中。若探北岳，不若竟由岭北下，可省四十里登降。"余颔之。别而东，直下者八里，平下者十二里，抵华岩岭。由北坞下十里，始夷。一涧自北，一涧自西，两涧合而群峰凑，深壑中"一壶天"也。循涧东北行，二十里，曰野子场。南自白头庵至此，数十里内生天花菜，出此则绝种矣。由此两崖屏列鼎峙，雄峭万状，如是者十里。石崖悬绝中，层阁杰起，则悬空寺也。石壁尤奇，此为北台外护山。不从此出，几不得台山神理云。

注释

[1] 癸酉：崇祯六年（1633）。

[2] 穹（qióng）窿：物状中高而周下垂貌。

[3] 嵱嵷（yǒngsǒng）：高低众多之貌。

[4] 杀（shā）：减少。

[5] 合沓攒奇：犹纷至沓来，簇聚叠奇。

[6] 竞丽错绮：比赛美丽，纵横交错。

[7] 彻：通，贯通，直达。

[8] 幽靓：犹幽静。

[9] 旃檀：檀香。犹言香气四溢。

[10] 台湾：指台怀。

◎ 游恒山日记　山西大同府浑源州

题解

恒山在今山西浑源县东南二十里处。清顺治中取代河北曲阳之恒山。又名玄岳、紫岳、阴岳、紫府。恒山主峰玄武峰海拔 2017 米。大同府治所在为今山西大同市。浑源州治所在为今山西浑源县。

此为徐霞客于明崇祯六年（1633）48 岁时游恒山所写日记。

去北台七十里，山始豁然，曰东底山。台山北尽，即属繁峙界矣。

初九日

出南山，大溪从山中俱来者，别而西去。余北驰平陆中，望外界之山，高不及台山十之四，其长缭绕如垣，东带平邢，西接雁门，横而径者十五里。北抵山麓，渡沙河，即为沙河堡。依山瞰流，砖甃高整。由堡西北七十里，出小石口，为大同西道；直北六十里，出北路口，为大同东道。余从堡后登山，东北数里，至峡口，有水自北而南，即下注沙河者也。循水入峡，与流屈曲，荒谷绝人。数里，义兴寨。数里，朱家坊。又数里，至葫芦嘴，舍涧登山，循嘴而上，地复成坞。溪流北行，为浑源界。又数里，为土岭，去州尚六十里，西南去沙河共五十里矣。遂止居民同姓家。

初十日

循南来之涧，北去三里，有涧自西来合，共东北折而去。余溯西涧入，又一涧自北来，遂从其西登岭，道甚峻。北向直上者六七里，西转，又北跻而上者五六里。登峰两重，造其巅，是名箭箪岭。自沙河登山涉涧，盘旋山谷，所值皆土魁荒阜，不意至此而忽跻穹窿，然岭南犹复阿蒙也。一逾岭北，瞰东西峰连壁隤，翠蜚丹流。其盘空环映者，皆石也，而石又皆树。石之色一也，而神理又各分妍；树之色不一也，而错综又成合锦。石得树而嵯峨倾嵌者，幕以藻绘而愈奇；树得石而平铺倒蟠者，缘以突兀而尤古。如此五十里，直下至坑底，则奔泉一壑，自南注北，遂与之俱出坞口，是名龙峪口，堡临之。村居颇盛，皆植梅杏，成林蔽麓。

既出谷，复得平陆。其北又有外界山环之，长亦自东而西，东去浑源州三十里，西去应州七十里。龙峪之临外界，高卑远近，一如东底山之视沙河、峡口诸山也。于是沿山东向。望峪之东，山愈嶙嶒斗峭，问知为龙山。龙山之名，旧著于山西，而不知与恒岳比肩，至是既西涉其阃域[1]，又北览其面目，从不意中得之，可当五台桑榆之收矣[2]。东行十里，为龙山大云寺，寺南面向山。又东十里，有大道往西北，直抵恒山之麓，遂折而从之，去山麓尚十里。望其山两峰亘峙，车骑接轸，破壁而出，乃大同入倒马、紫荆大道也。循之抵山下，两崖壁立，一涧中流，透罅而入，逼仄如无所向[3]，曲折上下，俱成窈窕，伊阙双峰、武彝九曲，俱不足以拟之也。时清流未泛，行即溯涧。不知何年两崖俱凿石坎，大四五尺，深及丈，上下排列，想水溢时，插木为阁道者，今废已久，仅存二木悬架高处，犹栋梁之巨擘也。三转，峡愈隘，崖愈高。

西崖之半，层楼高悬，曲榭斜倚，望之如蜃吐重台者[4]，悬空寺也。五台北壑，亦有悬空寺，拟此未能具体。仰之神飞，鼓勇独登。入则楼阁高下，槛路屈曲，崖既矗削，为天下巨观。而寺之点缀，兼能尽胜，依岩结构，而不为岩石累者，仅此。而僧寮位置适序，凡客坐禅龛，明窗暖榻，寻丈之间，肃然中雅。既下，又行峡中者三四转，则洞门豁然，峦壑掩映，若别有一天者。又一里，涧东有门榜三重，高列阜上。其下石级数百层承之，则北岳恒山庙之山门也。去庙尚十里，左右皆土山层叠，岳顶杳不可见。止门侧土人家，为明日登顶计。

十一日

风翳净尽，澄碧如洗[5]。策杖登岳，面东而上，土冈浅阜，无攀跻劳。盖山自龙泉来，凡三重：惟龙泉一重峭削在内，而关以外反土脊平旷。五台一重虽崇峻，而骨石耸拔，俱在东底山一带出峪之处。其第三重自峡口入山而北，西极龙山之顶，东至恒岳之阳，亦皆藏锋敛锷，一临北面，则峰峰陡削，悉现岩岩本色。

一里，转北，山皆煤炭，不深凿即可得。又一里，则土石皆赤，有虬松离立道旁，亭曰望仙。又三里，则崖石渐起，松影筛阴，是名虎风口。于是石路萦回，始循崖乘峭而上。三里，有杰坊曰"朔方第一山"，内则官廨厨井俱备。坊右东向拾级上，崖半为寝宫，宫北为飞石窟，相传真定府恒山从此飞去。再上则北岳殿也，上负绝壁，下临官廨，殿下云级插天，庑门上下，穹碑森立。从殿右上，有石窟倚而室之，曰会仙台。台中像群仙，环列无隙。余时欲跻危崖，登绝顶。还过岳殿东，望两崖断处，中垂草莽者千尺，为登顶间道，遂解衣攀蹑而登。二里，出危崖上，仰眺绝顶，犹杰然天半，而满山短树蒙密，槎枒枯竹[6]，但能钩衣刺领，攀践辄断折，用力虽勤，若堕洪涛，汩汩不能出。余益鼓勇上，久之棘尽，始登其顶。

时日色澄丽，俯瞰山北，崩崖乱坠，杂树密翳。是山土山无树，石山则有。北向俱石，故树皆在北。浑源州城一方，即在山麓，北瞰隔山一重，苍茫无际；南惟龙泉，西惟五台，青青与此作伍；近则龙山西亘，支峰东连，若比肩连袂[7]，下扼沙漠者。既而下西峰，寻前入峡危崖，俯瞰茫茫，不敢下。忽回首东顾，有一人飘摇于上，因复上其处问之，指东南松柏间。望而趋，乃上时寝宫后危崖顶。未几，果得径，南经松柏林。先从顶上望松柏葱青，如蒜叶草茎，至此则合抱参天。虎风口之松柏，不啻百倍之也，从崖隙直下，恰在寝宫之右，即飞石窟也。视余前上隘，中止隔崖一片耳。下山五里，由悬空寺危崖出。又十五里，至浑源州西关外。

注释

[1] 阃（kǔn）域：境界；境地。

[2] 桑榆之收：《后汉书·冯异传》有"收之桑榆"之说。本谓日落时光照桑榆树端，故指日暮。文中则比喻事之后阶段有所收益。

[3] 逼仄：犹窄狭，狭小。

[4] 蜃（shèn）：传说中之蛟龙，能吐气成海市蜃楼。

[5] 澄碧如洗：形容清澈而碧绿如同水洗过一般。

[6] 槎枒：亦作"槎岈""槎牙"。文中形容枯竹错落不齐状貌。

[7] 比肩连袂：即比肩联袂。袂，衣袖。比，并也。形容山峰林立状。

◎浙游日记

题解

浙，浙江省。徐霞客于丙子九月十九日自家起身，即于崇祯九年（1636）九月十九日游江浙。以下选十月初九日至十六日游记。

初九日

早起，天色如洗，与王敬川同入兰溪西门，即过县前。县前如水，盖县君初物故也[1]。为歙人项人龙，辛未进士，五日之内，与父与子三人俱死于痢。又东上苏坊岭，岭颇平，阛阓夹之[2]，东下为四牌坊，自苏坊至此，街肆颇盛，南去即郡治矣。与王敬川同入歙人面肆，面甚佳，因一人兼两人馔。仍出西门，即循城西北行，王犹依依，久之，乃别。遂有岗陇高下，十里至罗店。问："三洞何在？"则曰："西见尖峰前倚，则在东。"因执土人详询之，曰："北山之半为鹿田寺，其东下之脉，南峙为芙蓉峰，即尖峰也，为郡龙之所由，萃其西下之脉，南结为三洞，三洞之西，即兰溪界矣。"时欲由三洞返兰溪，恐东有馀胜，遂望芙蓉而趋。

自罗店东北五里，得智者寺。寺在芙蓉峰之西，乃北山南麓之首刹也。今已凋落，而殿中犹有一碑，乃宋陆务观为智者大师重建兹寺所撰[3]，而字即其手书。碑阴又镌务观与智者手牍数篇，碑楷牍行，俱有风致，恨无拓工，不能得一通为快。寺东又有芙蓉庵，有路可登芙蓉峰。余以峰虽尖圆，高不及北山之半，遂舍之，仍由智者寺西北登岭，升陟峰坞，五里得清景庵。庵僧道修留饭，复引余由北坞登杨家山。山为北山南下之第二层，再下则芙蓉为第三层矣。绕其西，从两山夹中北透而上，东为杨家山，有居民数十家。西为白望山，为仙人望白鹿处，约共七里，则北山上倚于后，杨家山排列于前，中开平坞[4]，巨石铺突，有因累级为台者，种竹列舍，为朱开府之山庄也。朱名大典。其东北石累累愈多，大者如狮象，小者如鹿豕[5]，俱蹲伏平莽中[6]，是为石浪，即初平叱石成羊处，岂今复化为石耶？石上即为鹿田寺，寺以玉女驱鹿耕田得名。殿前有石，形似者名驯鹿石。

此寺其来已久，后为诸官所蚕食，而郡公张朝瑞，海州人，创殿存羊，屠赤水有《游记》刻其间。余至，已下午，问斗鸡岩在其东，即同静闻二里东过山桥。山桥东下一里，两峰横夹，涧出其中，峰石皆片片排空赴涧，形若鸡冠怒起，溪流奔跃其下，亦一胜矣。由岩东下数里，为赤松宫，乃郡城东门所入之道，盖芙蓉峰之东坑也。斗鸡岩上有樵者赵姓居之。指北山之巅有棋盘石，石后有西玉壶水从石下注，旱时取以为雩祝[7]，极著灵验。时日已下舂，与静闻亟从蓁莽中攀援而上，上久之，忽闻呼声，盖赵樵见余误而西，复指东从积莽中行。约直蹑者二里，始至石畔。石前有平台，后耸叠块，中列室一楹，塑仙像于中，即此山之主像，后石室下有水一盆，盖即雩祝之水也。然其上尚有涧，泠泠从山顶而下。时日已欲堕，因溯流再跻，则石峡如门，水从中出，门上更得平壑，则所称西玉壶矣。闻其东尚有东玉壶，皆山头出水之壑。西玉壶之水，南下者由棋盘石而潜溢于三洞，北下者从里水源而出兰溪之北；东玉壶之水，南下者由赤松宫而出金华，东下者出义乌，北下者出浦江，盖亦一郡分流之脊云。玉壶昔又名盘泉，分耸于上者，今又称为三望尖，文之者为金星峰，总之，所谓北山也。甫至峰头，适当落日沉渊，其下恰有水光一片，承之滉漾不定，想即衢江西来一曲，正当其处也。夕阳已坠，皓魄继辉，万籁尽收，一碧如洗，真是濯骨玉壶，觉我两人形影俱异，回念下界碌碌，谁复知此清光？即有登楼舒啸，酾酒临江，其视余辈独蹑万山之巅，径穷路绝，迥然尘界之表，不啻霄壤矣[8]。虽山精怪兽群而狎我，亦不足为惧，而况寂然不动，与太虚同游也耶！

徘徊久之，仍下二里，至盘石，又从莽棘中下二里，至斗鸡岩。赵樵闻声，启户而出，亦以为居山以来所未有也。复西上一里，至山桥。又西二里至鹿田寺。僧瑞峰、从闻以余辈久不至，方分路遥呼，声震山谷。入寺，浴而就卧。

初十日

鸡鸣起饭，天色已曙。瑞峰为余束炬数枚，与静闻分肩以从。从朱庄后西行一里，北而登岭，岭甚峻。约一里，有石耸突峰头。由石畔循北山而东，可达玉壶；由石畔逾峰而北，即朝真洞矣。洞门在高峰之上，西向穹然，下临深壑，壑中居舍环聚，恍疑避秦，不知从何而入。询之，即双龙洞外居人也。盖北山自玉壶西来，中支至此而尽，后复生一支，西走兰溪。后支之层分而南者，一环而为龙洞坞，再环而为讲堂坞，三环而为玲珑岩坞，而金华之界，于是乎尽。玲珑岩之西，又环而为钮坑，则兰溪之东界矣。再环而为白坑，三环而为水源洞，而崇崖巨壑，亦于是乎尽。后支层绕中支，中支西尽，颓然下坠：一坠而朝真辟焉，其洞高峙而底燥；再坠而冰壶洼焉，其洞深奥，而水中悬；三坠而双龙窍焉，其洞变幻，而水平流。所谓三洞也。洞门俱西向，层累而下，各去里许，而山势崭绝，俯瞰仰视，各不相见，而洞中之水，实层注焉。

中支既尽，南下之脉，复再起而为白望山，东与杨家山骈列于北山之前[9]，而为鹿田门户者也。朝真洞门轩豁，内洞稍洼而下。秉炬深入，左有一隙如夹室，宛转从之，夹穷而有水滴沥，然隙底仍燥，不知水从何去也。出夹室，直穷洞底，则巨石高下，仰眺愈穹，俯瞰愈深。从石隙攀跻下坠，复得巨夹，忽有光一缕，自天而下，盖洞顶高盘千丈，石隙一规，下逗天光，宛如半月，幽暗中得之，不啻明珠宝炬矣。既出内洞，其左复有两洞：下洞所入无几；上洞宛转，亦如夹室，右有悬窍，下窥无底，想即内洞之深坠处也。

出洞，仍从突石峰头南下。里许，折而西北，又里许，得冰壶洞，盖朝真下坠之次重矣。洞门仰如张吻，先投杖垂炬而下，滚滚不见其底，乃攀隙倚空入其咽喉，忽闻水声轰轰，愈秉炬从之，则洞之中央，一瀑从空下坠，冰花玉屑，从黑暗处耀成洁采。水坠石中，复不知从何流去。复秉炬四穷，其深陷逾于朝真，而屈曲不及也。

出洞，直下里许，得双龙洞。洞辟两门，瑞峰曰："此洞初止一门，其南向者，乃万历间水倾崖石而成者。"一南向，一西向，俱为外洞。轩旷宏爽，如广厦高穹，阊阖四启，非复曲房夹室之观。而石筋夭矫，石乳下垂，作种种奇形异状，此"双龙"之名所由起。中有两碑最古，一立者镌"双龙洞"三字，一仆者镌"冰壶洞"三字，俱用燥笔作飞白之形而不著姓名，必非近代物也。流水自洞后穿内门西出，经外洞而去。俯视其所出处，低覆仅馀尺五，正如洞庭左衽之墟，须帖地而入，第彼下以土，此下以水为异耳。瑞峰为余借浴盆于潘姥家姥居洞口，姥饷以茶果。乃解衣置盆中，赤身伏水，推盆而进隘。隘五六丈，辄穹然高广，一石板平度洞中[10]，离地数尺，大数十丈，薄仅数寸。其左则石乳下垂，色润形幻，若琼柱宝幢，横列洞中，其下分门剖隙，宛转玲珑，溯水再进，水窦愈伏，无可容入矣。窦侧石畔一窍如注，孔大仅容指，水从中出，以口承之，甘冷殊异。约内洞之深广，更甚于外洞也。要之，朝真以一隙天光为奇，冰壶以万斛珠玑为异[11]，而双龙则外有二门，中悬重幄，水陆兼奇，幽明凑异者矣。

出洞，日色已中，潘姥为炊黄梁以待，感其意而餐之，报之以杭伞一把，乃别二僧。

西逾一岭，岭西复成一坞，由坞北入，仍转而东，去双龙约五里矣。又上山半里，而得讲堂洞焉。其洞亦有二门，一西北向，一西南向，轩爽高洁，亢出双龙洞之上，幽无双龙洞之黯，真可居可憩之地。昔为刘孝标挥麈处[12]，今则塑白衣大士于中。盖即北山后支南下第一岭，其阳回环三洞，而阴又辟成此洞也。岭下坞中居民，以烧石为业，其涧涸而无底流，居人俱登山汲水于讲堂之上。

渡涧，复西逾第二岭，则北山后支南下之第二层也。下岭，其坞甚逼，然涧中有流淙淙北来，又渡而西，再循岭北上，磴辟流涌，则北山后支南下之第三层也。外隘而中转，是名玲珑岩，去讲堂又约六里矣。坞中居室鳞次，自成洞壑，晋人桃源不是过。转而西，逾其岭，则兰溪界也。下岭，为钮坑，亦有居人数十家。又逾一岭，曰思山祠，则北山后支南下之第四层也，去玲珑岩西又约六里矣。

时日已将坠，问洞源寺路，或曰“十里”，或曰“五里”。亟下岭，循涧南趋五里，暮至白坑，居人颇多，亦俱烧石。又西逾石塔岭，则北山后支南下之第五层也。洞源寺即在岭后高峰之北。从此岭穿径而上，仅里许，而其正路在山前下洞之旁。盖此地亦有三洞：下为水源洞，一名涌雪。上为上洞，一名白云。中为紫云洞。而其地总以“水源”名，故一寺而或名水源，或名上洞，而寺与水源洞异地。由岭上径道抵寺，故前曰五里，由水源洞下岭复上，故前曰十数里。时昏黑不辨山路，无可询问，竟循大路下山，已见一径，西岐而下，强静闻从之。久而不得寺，只见石窑满前，径路纷错。正彷徨间，望见一灯隐隐，亟投之，则水春也。其人曰：“此地即水源，由此坞北过洪桥，循右岭而上，可三里，即上洞寺矣。”以深夜难行，欲止宿其中。其人曰："月色如昼，至此山径亦无他岐，不妨行也。"始悟上洞寺在北山第五层之阴。乃溯溪，西北至洪桥。自白坑来，约四里矣。渡桥，北蹑岭而上，里馀，转而东，又里馀始得寺，强投宿焉。始闻僧有言灵洞者，因忆赵相国有"六洞灵山"诸刻，岂即是耶？竟未悉而卧。

十一日

平明起，僧已出。余过前殿，读黄贞父碑，始知所称"六洞"者，以金华之三洞与此中之三洞，总而得六也。出殿，则赵相国之祠正当其前，有崇楼杰阁，集、记中所称"灵洞山房"者是也。余艳之久矣，今竟以不意得之，山果灵于作合耶！

乃不待晨餐，与静闻从寺后蹑磴北上，先寻白云洞。洞在寺北二里。一里，至岭头，逾岭而北，岭凹忽盘旋下洼如盂磬，披莽从之，一洞岈然，下坠深黑，意即所云白云而疑其隘。忽有樵者过顶上，仰而问之，曰："白云尚在北，此洞窗也。"乃复上，北行。两山夹中又回环而成一洼，大且百丈，深数十丈，螺旋而下，而中竟无水。倘置水其中，即仙游鲤湖矣。然即无水，余所见山顶四环而无隙泻者，仅此也。又下，从岐左西转山夹，则白云洞在焉。洞门北向，门顶一石横裂成梁，架于其前，从洞仰视，宛然鹊桥之横空也。入洞，转而左，渐下渐黑，有门穹然，内若甚深，外有石屏遥峙，从黑暗中以杖探地而入数十步，洞愈宽广，第无灯炬，四顾无所见，乃返步而出。出至穹门之内，初入黑甚者，至此光定，已历历可睹。乃复转屏出洞，逾岭而还。

饭而出寺，仍旧路西下。二里，至洪桥，未渡。复从桥左人居后半里，上紫云洞，洞门西向。洞既高亢，上下平整，中有垂柱四五枚，分门列户，界为内外两重，琼窗翠幄，处处皆是，亦敞亦奥，肤色俱胜。洞之北隅复通一奥，宛转深入，以无炬而返。下渡洪桥，循涧而东，山石半削，髡为危壁[13]，其下石窑柴积，纵横塞路，即夜来无问津处也。渡石梁，水源洞即在其侧。洞门南向，正跨涧上，洞口垂石缤纷，中有一柱，自下属上，若擎之而起。其上嵌空纷纶，复辟一窦，幻作海蜃状[14]。洞内上下分二层、下层即水涧所从出，涧水已涸。出洞数步即有水溢于涧中，盖为水碓引出洞侧也。上层由洞门蹑蹬而上，渐入渐下，既下而空广愈觉无极，闻水声甚远，以无炬，不及穷。

出坐洞口擎柱内，观石态古幻。念两日之间，于金华得四洞，于兰溪又得四洞，昔以六洞凑灵，余且以八洞尽胜，安得不就此一为殿最？双龙第一，水源第二，讲堂第三，紫霞第四，朝真第五，冰壶第六，白云第七，洞窗第八，此由金华八洞而等第之。若夫新城之墟，聿有洞山，两洞齐启，左明右暗，明览云霞，暗分水陆。其中仙田每每，塍叠波平；琼户重重，隘分窦转。以斯洞之有馀，补洞窗之不足，法彼入此，当在双龙、水源之间，非他洞之所得侔也。

品第久之，始与静闻别洞源而去。过夜来问津之舂，循西岭出坞，西南行十五里，而达于兰溪之南关。

入旅肆，顾仆犹未饭，亟饭而觅舟。时因援师之北，方籍舟以待，而师久不至，忽有一舟自北来，亟附之，乃布舟也。其意犹未行，而籍舟者复至，乃刺舟五里，泊于横山头。

十二日

平明发舟，二十里，溪之南为青草坑。其地属汤溪，时日已中，水涸舟重，咫尺不前。又十五里，至裘家堰，舟人觅剥舟同泊焉[15]。是夜微雨，东风颇厉。

十三日

天明云气复开，舟人起布一舱付剥舟，风已转利。二十里，至胡镇。又二十里，至龙游，日才下午，候换剥舟，遂泊。

十四日

天明，诸附舟者以舟行迟滞，俱索舟价登陆去。舟轻且宽，虽迟，不以为恨也。早雾既收，远山四辟，但风稍转逆，不能驱帆上碛耳。四十五里，安仁。为龙游、西安界。又十里，泊于杨村。去衢州尚二十五里。是日共行五十五里，追及先行舟同泊，始知迟者不独此舟也。江清月皎，水天一空，觉此时万虑俱净，一身与村树人烟俱熔，彻成水晶一块，直是肤里无间，渣滓不留，满前皆飞跃也。

十五日

昧爽，连上二滩，援师既撤，货舟涌下，而沙港涩隘，上下捱挤，前苦舟少，兹苦舟多，行路之难如此！十里，过樟树潭，至鸡鸣山，轻帆溯流，十五里，至衢州，将及午矣。过浮桥，又南三里，遂西入常山溪口，风正帆悬。又二里，过花椒山；两岸橘绿枫丹，令人应接不暇。又十里，转而北行。又五里，为黄埠街。橘奴千树，筐篚满家，市橘之舟，鳞次河下。余甫登买橘舟，贪风利，复挂帆而西。五里，日没，乘月十里，泊于沟溪滩之上。其西即为常山界。

十六日

旭日鲜朗，东风愈急。晨起，过焦堰，山回溪转，已在常山境上。盖西安多橘，常山多山；西安草木明艳，常山则山树黯然矣。溯流四十五里，过午抵常山，风帆之力也。登岸觅夫，于东门径城里许，出西门。十里，辛家铺，山径萧条，无一民舍。又五里，得荒舍数家，日已西沉，恐前无宿处，遂止其间。地名十五里。

注释

[1] 物故：即去世。
[2] 阛阓（huánhuì）：古代称商业市区为阛阓。阛为市垣，阓为市门。
[3] 宋陆务观：南宋大诗人陆游，字务观。
[4] 坞：四面高、中间低的地方。
[5] 鹿豕（shǐ）：鹿和猪。
[6] 平莽：平坦广袤的草原。
[7] 雩（yú）祝：为祈雨而祭祀的仪式。
[8] 霄壤：天地之间。比喻相去极远，差距很大。
[9] 骈（pián）列：本两马并驾一车。引申为并列，犹并也。

[10] 庋（guǐ）：本置放食物。引申为置放。

[11] 珠玑：珍珠圆者为珠，不圆者为玑。连用泛指珠宝。

[12] 麈（zhǔ）：鹿属。似鹿而大，其尾可做拂尘。

[13] 髡（kūn）：本为剃去头发。文中犹削也。

[14] 海蜃：犹海市蜃楼。

[15] 剥舟：即驳船。

◎楚游日记

题解

楚，今湖南、湖北等地。徐霞客于丁丑即崇祯十年（1637）游楚。此选部分日记。

丁丑正月十一日

是日立春，天色开霁[1]。亟饭，托静闻随行李从舟顺流至衡州，期十七日会于衡之草桥塔下，命顾仆以轻装从陆探茶陵、攸县之山。及出门，雨霏霏下[2]。

渡溪南涯，随流西行，已而溪折西北，逾一岗，共三里，复与溪遇，是为高陇。于是仍逾溪北，再越两岗，共五里至盘龙庵。有小溪北自龙头山来，越溪西去，是为巫江，乃茶陵大道。随山顺流转南去，是为小江口，乃云嵝山道。二道分于盘龙庵前。小江口即蟠龙、巫江二溪北自龙头至此，南入黄雩大溪者。

云嵝山者，在茶陵东五十里沙江之上，其山深峭。神庙初，孤舟大师开山建刹，遂成丛林[3]。今孤舟物故，两年前虎从寺侧攫一僧去，于是僧徒星散，豺虎昼行，山田尽芜，佛宇空寂，人无入者。每从人问津，俱戒莫入。且雾露沉霾[4]，莫为引导。余不为阻，从盘龙小路，南沿小溪二里，复与大溪遇。南渡小溪入山，雨沉沉益甚。从山夹小路西南二里，有大溪自北来，直逼山下，盘曲山峡，两旁石崖水啮成矶。沿之二里，是为沙江，即云嵝之水入大溪处也。途遇一人，持伞将远出。见余问道，辄曰："此路非多人不可入。余当返家，为君前驱。"余感其意，因随至其家。其人为余觅三人，各持械，赍火冒雨入山。

初随溪口东入一里，望一小溪自西峡透隙出，石崖层亘，外束如门。导者曰："此虎窟也。从来烧采之夫，俱不敢入。"时雨势渐盛。遂溯大溪入，宛转二里，溪底石峙如平台，中剖一道，水由石间下，甚为丽观。于是上山，转山嘴而下，得平畴一壑[5]，名为和尚园。四面重峰环合，平畴尽。约一里，复逾一小山，循前溪上流，宛转峡中，又一里，而云嵝寺在焉。山深雾黑，寂无一人。殿上金仙云冷，厨中丹灶烟空，徘徊久之。雨愈催行，遂同导者出。

出溪口，导者望见一舟，亟乎而附焉。顺流飞桨，舟行甚疾。余衣履沾湿，气寒砭肌，惟炙衣之不暇，无暇问两旁崖石也。山溪纡曲，下午登舟，约四十里而暮，舟人夜行三十里，泊于东江口。

十二日

晓寒甚。舟人由江口挽舟入郦水，遂循茶陵城过东城，泊于南关。入关，抵州前，将出大西门，寻紫云、云阳之胜。闻灵岩在南关外十五里，乃饮于市，复出南门，渡郦水。时微雨飘扬，朔风寒甚。东南行，陂陀高下五里[6]，得平畴，是曰欧江。有溪自东南来，遂溯之行。雾中望见其东山石突兀，心觉其异。又五里，抵山嘴溪上，是曰沙陂，以溪中有陂也。溪源在东四十里百丈潭。陂之上，其山最高者，曰会仙寨。其内穹崖裂洞，曰学堂岩。再东山峡盘亘，中曰石梁岩，即在沙陂之上，余不知也。又东一里，乃北入峡中。一里，得碧泉岩、对狮岩，俱南向。又东逾岭而下，转而北，则灵岩在焉。以东向，曾守名才汉，又名为月到岩云。

自会仙岩而东，其山皆不甚高，俱石崖盘亘，堆环成壑，或三面回环如玦者[7]，或两对叠如门者，或高峙成岩，或中空如洞者，每每而是。但石质粗而色赤，无透漏润泽之观，而石梁横跨，而下穹然，此中八景，当为第一。

灵岩者，其洞东向，前有亘崖，南北回环，其深数十丈，高数丈馀，中有金仙，外列门户而不至于顶，洞形固不为洞掩也，为唐陈光问读书处。陈居岩塘，在洞北二十里，其后裔犹有读书岩中者。

观音现像，伏狮峰之东，回崖上有石迹成像，赭黄其色。

对狮岩者，一名小灵岩，在灵岩南岭之外，南对狮峰，上下两层，上层大而高穹，下层小而双峙。

碧泉岩者，在对狮之西，亦南向，洞深三丈，高一丈馀，内有泉一缕，自洞壁半崖滴下。下有石盘承之，清洌异常，亦小洞间一名泉也。

伏虎岩在清泉之后。

石梁岩在沙陂、会仙寨东谷。其谷乱崖分亘，攒列成坞，两转而东西横亘，下开一窦，中穹若梁，由梁下北望，别有天地。透梁而入，梁上复开崖一层，由东陂而上，直造梁中而止，登之如践层楼矣。

会仙寨下临沙溪，上亘圆顶如叠磨然，独出众山。罗洪山，罗名其纶，琼司理。结净蓝于下，即六空上人所栖也。其师号涵虚。

学堂岩在会仙之北，高崖间迸开一窦，云仙人授学之处。

此灵岩八景也。余至灵岩，风雨不收，先过碧泉、对狮二岩，而后入灵岩，晓霞留饭，已下午矣。适有一僧至，询为前山净侣六空也。时晓霞方理诸俗务，结第、喂猪。饭罢，即托六空为导，回途至狮峰而睹观音现像，抵沙陂而入游石梁，入其庵，而乘暮登会仙，探学堂八景，惟伏虎未至。是日雨仍空濛，而竟不妨游，六空之力也。晚即宿其方丈。

十三日

晨餐后寒甚，阴翳如故。别六空，仍旧路西北行。三里至欧江，北入山，为茶陵向来道，南沿沙陂江西去又一道也。过欧江，溪胜小舟，西北过二小岭，仍渡茶陵南关外。沿城溯江，经大西门，寻紫云、云阳诸胜。西行三里，过桥开陇，始见大江自东北来，于是越黄土坳，又三里，过新桥，雾中始露云阳半面。又三里，抵紫云山麓，是为沙江铺，大江至此直逼山下。由沙江铺西行，为攸县、安仁大道。南登山，是为紫云仙。上一里，至山半为真武殿，上有观音庵，俱东北瞰来水。观音庵松岩，老僧也。

予询云阳道，松岩曰："云阳山者，在紫云西十里，其顶为老君岩，云阳仙在其东峰之胁，去顶三里。赤松坛又在云阳仙之麓，去云阳仙三里。盖紫云为云阳尽处，而赤松为云阳正东之麓。由紫云之下，北顺江岸西行，三里，为洪山庙，乃登顶之北道。由紫云之下，南循山麓西行四里，为赤松坛，乃登顶之东道，去顶各十里而近。二道之中，有罗汉洞，在紫云之西，即由观音庵侧小径横过一里，可达其庵。由庵登顶，亦有间道可达，不必下紫云也。"余从之。

遂由真武殿侧，西北度两小坳，一涧从西北来，则紫云与青莲庵即罗汉仙。后山夹而成者。水北入大江，紫云为所界断。渡涧，即青莲庵。东向而出，地幽而庵净，僧号六涧，亦依依近人，坚留余饭。余亟于登岭，遂从庵后西向登山。其时浓雾犹翳山半，余不顾，攀跻直上三里，逾峰脊二重，足之所上，雾亦旋开。又上二里，则峰脊冰块满枝，寒气所结，大者如拳，小者如蛋，依枝而成，遇风而坠，俱堆积满地。其时本峰雾气全消，山之南、东二面，历历可睹，而北、西二面，犹半为霾掩。酃江自东南，黄雩江自西北，盘曲甚远。始知云阳之峰，俱自西南走东北，排叠数重：紫云其北面第一重也；青莲庵之后，余所由跻者，第二重也；云阳仙，第三重也；老君岩在其上，是为绝顶，所谓七十一峰之主也。云峰在南，余所登峰在北，两峰横列，脉从云阳仙之下，度坳而起峙，为余所登第二重之顶，东走而下，由青莲庵而东，结为茶陵州治。

余既登第二重绝顶，径路迷绝，西南望云峰绝顶，中隔一坞，而绝顶尚霾夙雾中。俯瞰过脊处，在峰下里许，其上隔山竹树一壑，两乳回环掩映，若天开洞府，即云阳仙无疑也。虽无路，亟直坠而下，度脊而上，共二里，逾一小坳，入云阳仙。其庵北向，登顶之路，由左上五里，而至老君岩，下山之路，由右三里而至赤松坛。庵后有大石飞累，架空透隙，竹树悬缀，极为倩叠。石间有止水一泓，澄碧迥异，名曰五雷池，雩祝甚灵。层岩上突，无可攀跻，其上则黑雾密翳矣。盖第二重之顶，当风无树，故冰止随枝堆积。而庵中山环峰夹，竹树蒙茸，萦雾成冰，玲珑满树，如琼花瑶谷，朔风摇之，如步摇玉佩，声叶金石。偶振堕地，如玉山之颓，有积高二三尺者，途为之阻，闻其上登跻更难。

时日过下午，闻赤松坛尚在下，而庵僧楚音，误为“石洞”。余意欲登顶右后，遂从顶北下山，恐失石洞之奇，且谓稍迟可冀晴朗也。索饭于庵僧镜然，遂东下山。路侧涧流泻石间，僧指为“子房炼丹池”“捣药槽”“仙人指迹”诸胜，乃从赤松而附会留侯也。直下三里，抵赤松坛，始知赤松之非石洞也。遂宿庵中。殿颇古，中为赤松，左黄石，而右子房殿，前有古树松一株，无他胜也。僧葛民亦近人。

十四日

晨起寒甚，而浓雾复合。先是，晚至赤松，即嘿祷黄石、子房神位，求假半日晴霁，为登顶之胜。至是望顶浓霾，零雨四洒，遂无复登顶之望。饭后，遂别葛民下山，循山麓北行，逾小涧二重，共四里，过紫云之麓，江从东北来，从此入峡，路亦随之，绕出云阳北麓，又二里，为洪山庙。风雨交至，遂停庙中，市薪炙衣，煨榾柮者竟日[8]。庙后有大道南登绝顶。时庙下江傍停舟数只，俱以石尤横甚，不能顺流下，屡招予为明日行，余犹不能恝然于云阳之顶也[9]。

十五日

晨起，泊舟将放，招余速下舟。余见四山雾霁，遂饭而决策登山。路由庙后南向而登，三里，复有高峰北峙，道分二岐：一岐从峰南，一岐从峰西南。余初由东南行，疑为前上罗汉峡中旧道，乃向云阳仙，非径造老君岩者，乃复转从西南道。不一里，行高峰西峡，顾仆南望峡顶有石梁飞驾，余瞻眺不及。及西上岭侧，见大江已环其西，大路乃西北下，遂望岭头南跻而上。时岭头冰叶纷披，虽无径路，余意即使路讹，可得石梁胜，亦不以为恨。及至岭上遍觅，无有飞驾之石，第见是岭之脊，东南横属高顶，其为登顶之路无疑。遂东南度脊，仰首直上，又一里，再逾一脊，则下瞰脊南，云阳仙已在下方矣。盖是岭东西横亘，西为绝顶北尽处，东即属于前所登云阳东第二层之岭也。于是始得路，更南向登顶，其上冰雪层积，身若从玉树中行。又一里，连过两峰，始陟最高顶。

是时虽旭日藏辉，而沉霾屏伏，远近诸峰，尽露真形，惟西北远峰，尚存雾痕一抹。乃从峰脊南下，又一里，复过两峰，有微路十字界峰坳间。南上复登山顶，东由半山直上，西由山半横下。然脊北之顶虽高，而纯土无石；脊南之峰较下，而东面石崖高穹，峰笋离立。乃与顾仆置行李坳中，从南岭之东，攀崖隙而踞石笋，下瞰坞中，有茅一龛，意即老君岩之静室，所云老主庵者。窃计直坠将及一里，下而复上，其路既遥，况既踞石崖之顶，仰瞩俯瞰，胜亦无殊，不若逾脊从西路下，便则为秦人洞之游，不便即北去江浒觅舟，顺流亦易。乃遂从西路行，山阴冰雪拥塞，茅棘交萦，举步渐艰。二里路绝，四顾皆茅茨[10]，为冰冻所胶结，上不能举首，下无从投足，兼茅中自时有偃宕，疑为虎穴，而山中浓雾四起，瞰眺莫见，计难再下。乃复望山巅而上，冰滑草拥，随跻随坠。念岭峻草被，可脱虎口，益鼓勇直上。二里，复得登顶，北望前西下之脊，又隔二峰矣。其处岭东茅棘尽焚，岭西茅棘蔽山，皆以岭头路痕为限，若有分界者。是时岭西黑雾弥漫，岭东日影宣朗，雾欲腾冲，而东风辄驱逐而西，亦若以岭为界者。又南一里，再下二峰，岭忽乱石森列，片片若攒刃交戟，雾西攫其尖，风东捣其膊，人从其中溜足直下，强攀崖踞坐，益觉自豪。念前有路而忽无，既雾而复雾，欲下而转上，皆山灵未献此奇，故使浪游之踪，迂回其辙耳。

既下石峰，坳中又得十字路，于是复西向下岭，俱从浓雾中行矣。始二里，冰霾而草中有路。又二里，路微而石树蒙翳。又二里则石悬树密而路绝。盖前路之逾岭而西，皆茶陵人自东而来，烧山为炭，至此辄返。对此崖穷，树益深，上者不能下，下者不复上。余念所下既遥，再下三四里，当及山麓，岂能复从前还跻。遂与顾仆挂石投崖，悬藤倒柯，坠空者数层，渐闻水声遥遥，而终不知去人世远近。已而雾影忽闪，露出层峰峡谷，树色深沉。再一闪影，又见谷口两重外，有平坞可瞩。乃益揆丛历级，若邓艾之下阴平，坠壑滚崖，技无不殚，然皆赤手，无从裹毡也。既而忽下一悬崖，忽得枯涧，遂得践石而行。盖前之攀枝悬坠者，藉树；而兜衣挂履，亦树，得涧而树稍为开。既而涧复生草，草复翳涧，靡草之下，不辨其孰为石，孰为水，既难着足，或草尽石出，又棘刺勾芒，兜衣挂履如故。如是三里，下一瀑崖，微见路影在草间，然时隐时现。又一里，涧从崖间破峡而出，两崖轰峙，而北尤危峭，始见路，从南崖逾岭出。又一里，得北来大道，始有村居，询其处，为窑里，盖云阳之西坞也。

其地东北转洪山庙，五里而遥；南至东岭，十里而遥；东岭而南更五里，即秦人洞矣。时雾影渐升，遂南循山峡行。逾一小岭，五里，上枣核岭，岭俱云阳西向度而北转成峡者。下一里渡涧，涧乃南自龙头岭下，出上清洞。傍西麓溯涧南上半里，为络丝潭，深碧无底，两崖多叠石。又半里，复度涧，傍东麓登山。是处东为云阳之南峰，西为大岭之东嶂。大岭高并云阳，龙头岭其过脊也。其东南尽西岭，东北抵麻叶洞，西北峙五凤楼，西南为古爽冲。一溪自大岭之东北来者，乃洪碧山之水；一溪自龙头岭北下者，乃大岭云阳过脊处之水。二水合北出把七铺名，龙头岭水分南北，其南下之水，由东岭坞合秦人洞水出大罗埠。共二里，越岭，得平畴，是为东岭坞。坞内水田平衍，村居稠密，东为云阳，西为大岭，北即龙头岭过脊，南为东岭回环。余始至以为平地，即下东岭，而后知犹众山之上也。循坞东又一里，宿于新庵。

十六日

东岭坞内居人段姓，引南行一里，登东岭。即从岭上西行，岭头多漩窝成潭，如釜之仰[11]，釜底俱有穴直下为井，或深或浅，或不见其底，是为九十九井。始知是山下皆石骨玲珑，上透一窍，辄水捣成井。窍之直者，故下坠无底；窍之曲者，故深浅随之。井虽枯而无水，然一山而随处皆是，亦一奇也。

又西一里，望见西南谷中，四山环绕，漩成一大窝，亦如仰釜。釜之底有涧，涧之东西皆秦人洞也。由灌莽中直下二里，至其处，其涧由西洞出，由东洞入，涧横界窝之中，东西长半里，中流先捣入一穴，旋透穴中东出，即自石峡中行。其峡南北皆石崖壁立，夹成横槽。水由槽中抵东洞，南向捣入洞口。洞有两门北向，水先分入小门，透峡下倾，人不能从。稍东而南入大门者，从众石中漫流，其势较平。第洞内水汇成潭，深浸洞之两崖，旁无馀隙可入。循崖则路断，涉水则底深，惜无浮槎可觅支机片石，惟小门之水入峡后亦旁通大洞，其流可揭厉而入。其窍宛转而披透，其窍中如轩楞别启[12]，捣返观倒入之势，亦甚奇也。西洞洞门东穹，较东洞之高峻少杀。水由洞后东向出，水亦较浅可揭。入洞五六丈，上嵌围顶，四围飞石驾空，两重如度悬阁，得二丈梯而度其上。其下再入，水亦成潭，深与东洞并，不能入矣。是日导者先至东洞，以水深难入而返，不知所谓西洞也。

返五里，饭于导者家，日已午矣。其长询知洞水深，曰："误矣。此入水洞，非水所从出者。"复导予行，始抵西洞。余幸兼收之胜，岂惮往复之烦？既出西洞，过东洞，共一里。逾岭东望，见东洞水所出处。复一里，南抵坞下，其水东向涌出山麓，亦如黄雩之出石下也。土人环石为陂，壅为巨潭，以灌山塍[13]。从其东，水南流出谷，路北上逾岭，共二里，始达东岭之上，此由州入坞之大道也。登岭，循旧路一里，返宿导者家。

十七日

晨餐后，仍由新庵北下龙头岭，共五里，则旧路至络丝潭下。先是，余按《志》有“秦人三洞，而上洞惟石门不可入”之文。余既以误导，兼得两洞，无从觅所为上洞者。土人曰：“络丝潭北有上清潭，其门甚隘，水由中出，人不能入，入即有奇胜。此洞与麻叶洞俱神龙蛰处，非惟难入，亦不敢入也。”余闻之，益喜甚。既过络丝潭，不渡涧，即傍西麓下。盖渡涧为东麓，云阳之西也，枣核故道；不渡涧为西麓，大岭、洪碧之东也，出把七道。北半里，遇樵者，引至上清潭。

其洞即在路之下涧之上，门东向，夹如合掌，水由洞出，有二派：自洞后者，汇而不流；由洞左者，乃洞南旁窦，其出甚急。既逾洞左急流，即当伏水而入，导者止供炬爇火，无肯为前驱者。余乃解衣伏水，蛇行以进，石隙既低而复隘，且水没其大半，必身伏水中，手擎火炬，平出水上，乃得入。西入二丈，隙始高裂丈馀，南北横裂者亦三丈馀，然俱无入处，惟直西一窦，阔五尺，高二尺，而水没其中者亦尺五，隙之馀水面者，五寸而已。计匍匐水中，必口鼻俱濡水，且以炬探之，贴隙顶而入，犹半为水渍。时顾仆守衣外洞，若泅水入，谁为递炬者？身可由水，炬岂能由水耶？况秦人洞水，余亦曾没膝，浸服俱温，然不觉其寒，而此洞水寒，与溪涧无异。而洞当风口，飕飗弥甚[14]，风与水交逼，而火复为阻，遂舍之出。出洞披衣，犹觉周身起栗，乃爇火洞门。久之，复循西麓随水北行，已在枣核岭之西矣。

去上清三里，得麻叶洞。洞在麻叶湾，西为大岭，南为洪碧，东为云阳、枣核之支，北则枣核西垂。大岭东转，束涧下流，夹峙如门，而当门一峰，耸石屼突，为将军岭。涧捣其西，而枣核之支，西至此尽。涧西有石崖南向，环如展翅，东瞰涧中。而大岭之支，亦东至此尽。回崖之下，亦开一隙，浅不能入。崖前有小溪，自西而东，经崖前入于大涧。循小溪至崖之西胁乱石间，水穷于下，窍启于上，即麻叶洞也。洞口南向，大仅如斗，在石隙中转折数级而下。初觅炬倩导，亦俱以炬应，而无敢导者。曰：“此中有神龙。”或曰：“此中有精怪。非有法术者，不能摄服。”最后以重资觅一人，将脱衣入。问余乃儒者，非羽士，复惊而出曰：“予以为大师,故欲随入。若读书人,余岂能以身殉耶?”余乃过前村,寄行李于其家,与顾仆各持束炬入。时村民之随至洞口数十人,樵者腰镰,耕者荷锄,妇之炊者停爨,织者投杼,童子之牧者,行人之负载者,接踵而至,皆莫能从。

余两人乃以足先入,历级转窦,递炬而下。数转至洞底,洞稍宽,可以侧身矫首,乃始以炬前向,其东西裂隙,俱无入处。直北有穴,低仅一尺,阔亦如之,然其下甚燥而平,乃先以炬入,后蛇伏以进,背磨腰贴,以身后耸,乃度此内洞之一关。其内裂隙既高,东西亦横亘,然亦无入处。又度第二关,其隘与低与前一辙,进法亦如之。既入,内层亦横裂,其西南裂者不甚深。其东北裂者上一石坳,忽又纵裂而起,上穹下狭,高不见顶,至此石幻异形,肤理顿换,片窍俱灵。其西北之峡,渐入渐束,内夹一缝,不能容炬。转从东南之峡,仍下一坳,其底砂石平铺,如涧底洁溜,第干燥无水,不特免揭厉,且免沾污也。峡之东南尽处,乱石轰驾,若楼台层叠,由其隙,皆可攀跻而上。其上石窦一缕,直透洞顶,光由隙中下射,若明星钩月,可望而不可摘也。层石之下,涧底南通,覆石低压,高仅尺许。此必前通洞外,涧所从入者。第不知昔何以涌流,今何以枯涸也,不可解矣。由层石下,北循涧底入,其隘甚低,与外二关相似。稍从其西,攀上一石隙,北转而东,若度鞍历峤[15],两壁石质石色,光莹欲滴,垂柱倒莲,纹若镂雕,形欲飞舞。东下一级,复值涧底,已转入隘关之内矣。于是辟成一巷,阔有二丈,高有丈五,覆石平如布幄,涧底坦若周行。北驰半里,下有一石,庋出如榻,楞边匀整。其上则莲花下垂,连络成帏,结成宝盖,四围垂幔,大与榻并。中圆透盘空,上穹为顶,其后西壁,玉柱圆竖,或大或小,不一其形,而色皆莹白,纹皆刻镂,此巷中第一奇也。又直北半里,洞分上、下两层,涧底由东北去,上洞由西北登。时余所赍火炬已去其七,恐归途莫辨,乃由前道数转而穿二隘关,抵透光处,炬恰尽矣。穿窍而出,恍若脱胎易世。

洞外守视者,又增数十人,见余辈皆顶额称异,以为大法术人。且云:“前久候以为必堕异吻,故余辈欲入不敢,欲去不能。兹安然无恙,非神灵摄服,安能得此!”余各谢之,曰:“吾守吾常,吾探吾胜耳。烦诸君久伫,何以致之!”然其洞但入处多隘,其中洁净干燥,余所见洞,俱莫能及,不知土人何以畏入乃尔?

乃取行囊于前村，从将军岭出，随涧北行。十馀里，抵大道。其处东向把七尚七里，西向还麻止三里。余初欲从把七附舟西行，至是反溯流逆上，既非所欲，又恐把七一时无舟，天色已霁，遂从陆路西向还麻。时日已下舂，尚未饭，索酒市中。又西十里，宿于黄石铺，去茶陵西已四十里矣。是晚碧天如洗，月白霜凄，亦旅中异境。竟以行倦而卧。

黄石铺之南，即大岭北峙之峰，其石嶙峋插空，西南一峰尤甚，名五凤楼。去十里而近，即安仁道。余以早卧不及询，明日登途，知之已无及矣。

黄石西北三十里为高暑山，又有小暑山，俱在攸县东，疑即司空山也。二山之西，高峰渐伏。茶陵江北曲，经高暑南麓而西，攸水在山北。是山界茶、攸两江云。

十八日

晨餐后自黄石铺西行，霜花满地，旭日澄空。十里，为了塘铺。又十里，为珠玑铺，则攸县界矣。又西北十里，斑竹铺。又西北十里，长春铺。又十里北度大江，即攸县之南关矣。县城濒江北岸，东西两门，与南门并列于江侧，茶陵之江北曲西回，攸水自安福封侯山西流南转，俱夹高暑山而下合于县城，东由城南西去。是日一路霁甚，至长春铺阴云复合，抵城才过午，候舟不得，遂宿学门前。亦南门。

十九日

晨餐后，阴霾不散。由攸县西门转北，遂西北登陟陂陀。十里，水涧桥，有小水自北而南。越桥而西，连上二岭，其西岭名黄山，下岭共五里，为黄山桥，有水亦自北而南。其水较大于水涧，而平洋亦大开。西行平畴三里，上牛头山。又山上行二里，曰长岗冲，下岭为清江桥。桥东赤崖如回翅，涧从北来，大与黄山桥等。桥西开洋，大亦如黄山桥，但四围皆山，不若黄山洋南北一望无际也。洋中平畴，村落相望，名漠田。又五里，西入山峡，已为衡山县界。界北诸山皆出煤，攸人用煤不用柴，乡人争输入市，不绝于路。入山，沿小溪西上，路分两岐：西北乃入山向衡小路，西南乃往太平等附舟路。于是遵西南五里，为荷叶塘。越盼儿岭，五里至龙王桥。桥下水北自小源岭来，南向而去。其居民萧姓，亦大族也。北望二十里外，小源岭之上有高山屏列，名曰大岭山，乃北通湘潭道。过桥西南行三里，上长岭，又西下一坞，三里，上叶公坳，又四里，下太平寺岭，则大江在其下矣。隔江即为芒洲，其地自攸县东四十五里。是日上长岭，日少开，中夜雨声滴沥，达明而止。

二十日

先晚候舟太平寺涯上，即宿泊舟间。中夜见东、西两山，火光荧荧，如悬灯百尺楼上。光焰映空，疑月之升、日之坠者。既而知为夜烧。既卧，闻雨声滴沥，达旦乃止。上午得舟，遂顺流西北向山峡行。二十五里，大鹅滩。十五里，过下埠，下回乡滩，险甚。过此山始开，江乃西向。行二十五里，北下横道滩，又十五里，暮宿于杨子坪之民舍。

二十一日

四鼓，月明，舟人即促下舟。二十里，至雷家埠，出湘江，鸡始鸣。又东北顺流十五里，抵衡山县，江流在县东城下。自南门入，过县前，出西门，三里，越桐木岭，始有大松立路侧。又二里，石陂桥，始夹路有松。又五里，过九龙泉，有头巾石。又五里师姑桥，山陇始开，始见祝融北峙。然夹路之松，至师姑桥而尽矣。桥下之水东南去。又五里入山，复得松。又五里，路北有"子抱母松"。大者二抱，小者分两岐。又二里，越佛子坳。又二里，上俯头岭。又一里，则岳市矣。过司马桥，入谒岳庙，出饭于庙前。问水帘洞在山东北隅，非登山之道。时才下午，犹及登顶，密云无翳，恐明日阴晴未卜，踌躇久之。念既上，岂能复迂道而转。遂东出岳市，即由路亭北依山转岐。初路甚大，乃湘潭入岳之道也。东北三里，有小溪自岳东高峰来，遇樵者引入小径三里，上山峡，望见水帘布石崖下。二里，造其处，乃瀑之泻于崖间者，可谓之"水帘"，不可谓之"洞"也。崖北石上大书"朱陵大沥洞天"并"水帘洞高山流水"诸字，皆宋、元人所书，不辨其款引者。又言其东九真洞，亦山峡间出峡之瀑也。下山又东北二里，登山循峡，逾一隘中，峰回水绕，引者以为九真矣。有焚山者至，曰："此寿宁宫故址，乃九真下流。"所云洞者，乃山环成坞，与此无异也。其地在紫盖峰之下。逾山而北，尚有洞，亦山坞，渐近湘潭境。予见日将暮，遂出山，十里，僧寮已近，还宿庙。

二十二日

力疾登山。由岳庙西度将军桥，岳庙东西皆涧。北入山一里，为紫云洞，亦无洞，山前一冈当户环成耳。由此上岭一里，大石后度一脊，里许，路南有铁佛寺。寺后跻级一里，路两旁俱细竹蒙茸。上岭，得丹霞寺。复从寺侧北上，由络丝潭北下一岭，又循络丝上流之涧，一里，为宝善堂。其处涧从东西两壑来，堂前有大石如劈，两涧环石下。出玉板桥，与东涧合而南。宝善界两涧中，去岳庙已五里。堂后复蹑蹬一里，又循西涧岭东，平行二里，为半云庵。庵后渡涧，西蹑级直上，二里上一峰，为茶庵。又直上三里，逾一峰，得半山庵，路甚峻。由半山庵丹霞侧北上，竹树交映，青翠滴衣。竹中闻泉声淙淙。自半云逾涧，全不与水遇，以为山高无水，至是闻之殊快。时欲登顶，过诸寺俱不入。由丹霞上三里，为湘南寺，又二里，南天门。平行东向二里，分路。南一里飞来船、讲经台。转至旧路，又东下半里，北度脊，西北上三里，上封寺。上封东有虎跑泉，西有卓锡泉。

二月初七日

上午开霁。静闻同顾仆往河街，更定永州舡。余先循庵东入桂花园。乃桂府新构"庆桂堂地"，为赏桂之所。前列丹桂三株，皆耸干参天，接荫蔽日。其北宝珠茶五株，虽不及桂之高大，亦郁森殊匹。又东为桃花源，西自华严、天母二庵来，南北俱高岗夹峙，中层叠为池。池两旁依岗分坞，皆梵宫绀宇[16]，诸藩阁亭榭，错出其间。桃花源之上，即桃花冲，乃岭坳也。其南之最高处，新结两亭：一曰停云，又曰望江；一曰望湖，在无忧庵后修竹间。时登眺已久，乃还饭绿竹庵。

复与完初再上停云，从其北逾桃花冲坳，其东岗夹成池，越池而上，即来雁塔矣。塔前为双练堂，西对石鼓，返眺蒸、湘交会，亦其胜也。塔之南，下临湘江，有巨楼可凭眺，惜已倾圮。楼之东即为耒江北入之口。时日光已晶朗，岳云江树，尽献真形。乃趣完初觅守塔僧，开扃而登塔[17]，历五层，四眺诸峰，北惟衡岳最高，其次则西之雨母山，又次则西北之大海岭，其馀皆岗陇高下，无甚峥嵘。而东、南二方，固豁然无际矣。湘水自回雁北注城东，至石鼓合蒸，遂东转经塔下，东合耒水北去。三水曲折，不及长江一望无尽，而纡回殊足恋也。眺望久之，恐静闻觅舟已还，遂归询之，则舟之行尚在二日后也。是日颇见日影山光，入更复雨。

按：雨母山在府城西一百里，乃回雁与衡城来脉，兹望之若四五十里外者，岂非雨母，乃伊山耶？恐伊山又无此峻耳。《志》曰："伊山在府西三十五里，乃桓伊读书处。"而雨母则大舜巡狩所经，亦云云阜。余苦久雨，望之不胜曲水之想。

初八日

晨起雨歇，抵午有日光。遂入城，经桂府前，府在城之中，圆亘城半，朱垣碧瓦，新丽殊甚。前坊标曰"夹辅亲潢"，正门曰"端礼"。前峙二狮，其色纯白，云来自耒河内百里。其地初无此石，建府时忽开得二石笋，俱高丈五，莹白如一，遂以为狮云。仍出南门，一里，由回雁之麓又西一里，入花药山。山不甚高，即回雁之西转回环而下府城者。诸峰如展翅舒翼，四拱成坞，寺当其中，若在围城之内，弘敞为一方之冠。盖城北之桃花冲，俱静室星联，而城南之花药山，则丛林独峙者也。寺名报恩光孝禅寺。寺后悬级直上山顶，为紫云宫，则道院也。其地高耸，可以四眺。还寺，遇锡僧觉空，兴道人，其来后余，而先至此。因少憩方丈，观宋徽宗弟表文。其弟法名琼俊，弃玉牒而游云水。时知府卢景魁之子移酌入寺，为琼俊所辱，卢收之狱中，潜书此表，令狱卒王祐入奏，徽宗为之斩景魁，而官王祐，其表文与徽宗之御札如此。寺僧以为宗门一盛事，然表中称衡州为邢州，御札斩景魁，即改邢为衡，且以王祐为衡守。其说甚俚，恐寺中捏造而成，非当时之实迹也。出寺，由城西过大西门、小西门，城外俱巨塘环绕，阛阓连络，共七里。东北过草桥，又二里，入绿竹庵，已薄暮矣。是日雨已霁，迨中夜雨声复作潺潺，达旦而不止。

初九日

雨势不止，促静闻与顾仆移行李舟中，而余坐待庵中。将午，雨中别瑞光，过草桥，循城东过瞻岳、潇湘、柴埠三门，入舟候同舟者，因复入城，市鱼、肉、笋、米诸物。大鱼每二三月水至衡山县放子，土人俱于城东江岸以布兜围其沫，养为雨苗，以大艑贩至各省，皆其地所产也。过午出城，则舟以下客移他所矣。与顾仆携物匍匐雨中。循江而上，过铁楼及回雁峰下，泊舟已尽，而竟不得舟。乃觅小舟，顺流复觅而下，得之于铁楼外。盖静闻先守视于舟，舟移既不为阻，舟泊复不为觇[18]，听我辈之呼棹而过，杂众舟中竟不一应，遂致往返也。是日雨不止，舟亦泊不行。

初十日

夜雨达旦。初涉潇湘，遂得身历此景，亦不以为恶。上午，雨渐止。迨暮，客至，雨散始解维[19]。五里，泊于水府庙之下。

十一日

五更复闻雨声，天明渐霁。二十五里，南上钩栏滩，衡南首滩也。江深流缩，势不甚汹涌。转而西，又五里，为东阳渡。其北岸为琉璃厂，乃桂府烧造之窑也。又西二十里，为车江，或作汉江。其北数里外，即云母山。乃折而东南行十里，为云集潭，有小山在东岸。已复南转，十里为新塘站。旧有驿，今废。又六里，泊于新塘站上流之对涯。同舟者为衡郡艾行可、石瑶庭。艾为桂府礼生，而石本苏人，居此已三代矣。其时日有馀照，而其处止有谷舟二只，遂依之泊。已而同上水者又五六舟，亦随泊焉。其涯上本无村落，余念石与前舱所搭徽人俱惯游江湖，而艾又本郡人，其行止余可无参与，乃听其泊。迨暮，月色颇明。余念入春以来尚未见月，及入舟前晚，则潇湘夜雨，此夕则湘浦月明。两夕之间，各擅一胜，为之跃然。

已而忽闻岸上涯边有啼号声，若幼童，又若妇女，更馀不止。众舟寂然，皆不敢问。余闻之，不能寐。枕上方作诗怜之，有"箫管孤舟悲赤壁，琵琶两袖湿青衫"之句。又有"滩惊回雁天方一，月叫杜鹃更已三"等句。然亦止虑有诈局，俟怜而纳之，即有尾其后以挟诈者，不虞其为盗也。迨二鼓，静闻心不能忍，因小解涉水登岸，静闻戒律甚严，一吐一解，必俟登涯，不入于水。呼而诘之，则童子也。年十四五，尚未受全发，诡言出王阉之门，年甫十二，王善酗酒，操大杖，故欲走避。静闻劝其归，且厚抚之，彼竟卧涯侧。比静闻登舟未久，则群盗喊杀入舟，火炬刀剑交丛而下。余时未寐，急从卧板下取匣中游资移之，越艾舱，欲从舟尾赴水。而舟尾贼方挥方剑斫尾门，不得出，乃力掀篷隙，莽投之江中。复走卧处，觅衣披之。静闻、顾仆与艾、石主仆，或赤身，或拥被，俱逼聚一处。贼前从中舱后破后门，前后刀戟乱戳，无不以赤体受之者。余念必为盗执，所持绸衣不便，乃并弃之。各跪而请命，贼戳不已，遂一涌掀篷入水。入水余最后，足为竹纤所绊，竟同篷倒翻而下，首先及江底，耳鼻灌水一口，急踊而起，幸水浅止及腰，乃逆流行江中。得邻舟间避而至，遂跃入其中。时水浸寒甚，邻客以舟人被盖余，而卧其舟，溯流而上三四里，泊于香炉山，盖已隔江矣。还望所劫舟，火光赫然，群盗齐喊一声为号而去。

已而同泊诸舟，俱移泊而来，有言南京相公身被四创者，余闻之暗笑其言之妄。且幸乱刃交戟之下，赤身其间，独一创不及，此实天幸。惟静闻、顾奴不知其处，然亦以为一滚入水，得免虎口，资囊可无计矣。但张侯宗琏所著《南程续记》一帙，乃其手笔，其家珍藏二百馀年，而一入余手，遂罹此厄，能不抚膺！其时舟人父子，亦俱被戳，哀号于邻舟，他舟又有石瑶庭及艾仆与顾仆俱为盗戳，赤身而来，与余同被卧。始知所谓被四创者，乃余仆也。前舱五徽人，俱木客，亦有二人在邻舟，其三人不知何处。而余舱尚不见静闻，后舱则艾行可与其友曾姓者，亦无问处。余时卧稠人中，顾仆呻吟甚，余念行囊虽焚劫无遗，而所投匣资或在江底可觅。但恐天明为见者取去，欲昧爽即行[20]，而身无寸丝，何以就岸。是晚初月甚明，及盗至，已阴云四布。迨晓，雨复霏霏。

十二日

邻舟客戴姓者，甚怜余，从身分里衣、单裤各一以畀余[21]。余周身无一物，摸髻中犹存银耳挖一事，余素不用髻簪，此行至吴门，念二十年前，从闽返钱塘江浒，腰缠已尽，得髻中簪一枝，夹其半酬饭，以其半觅舆，乃达昭庆金心月房。经行因换耳挖一事，一以绾发，一以备不时之需。及此堕江，幸有此物，发得不散，艾行可披发而行，遂至不救。一物虽微，亦天也。遂以酬之，匆匆问其姓名而别。时顾仆赤身无蔽，余乃以所畀裤与之，而自着其里衣，然仅及腰而止。旁舟子又以衲一幅畀予，用蔽其前，乃登涯。涯犹在湘之北东岸，乃循岸北行。时同登者余及顾仆，石与艾仆并二徽客，共六人一行，俱若囚鬼。晓风砭骨，砂砾裂足，行不能前，止不能已。四里，天渐明，望所焚劫舟在隔江，上下诸舟，见诸人形状，俱不肯渡，哀号再三，无有信者。

艾仆隔江呼其主，余隔江呼静闻，徽人亦呼其侣，各各相呼，无一能应。已而闻有呼予者，予知为静闻也，心窃喜曰："吾三人俱生矣。"亟欲与静闻遇。隔江土人以舟来渡余，及焚舟，望见静闻益喜甚。于是入水而行，先觅所投竹匣。静闻望而问其故，遥谓余曰："匣在此，匣中之资已乌有矣。手摹《禹碑》及《衡州统志》犹未沾濡也。"及登岸，见静闻焚舟中衣被、竹笈，犹救数件，守之沙岸之侧，怜予寒，急脱身衣以衣予，复救得余一裤一袜，俱火伤水湿，乃益取焚馀炽火以炙之。其时徽客五人俱在，艾氏四人，二友一仆，虽伤亦在，独艾行可竟无踪迹，其友、仆乞土人分舟沿流捱觅，余辈炙衣沙上，以候其音。时饥甚，锅具焚没无馀，静闻没水取得一铁铫，复没水取湿米，先取干米数斗，俱为艾仆取去。煮粥遍食诸难者，而后自食。迨下午，不得艾消息，徽人先附舟返衡，余同石、曾、艾仆亦得土人舟同还衡州。余意犹妄意艾先归也。土舟颇大，而操者一人，虽顺流行，不能达二十馀里，至汉江已薄暮。二十里至东阳渡，已深夜。时月色再明，乘月行三十里，抵铁楼门，已五鼓矣。艾使先返，问艾竟杳然也。

先是静闻见余辈赤身下水，彼念经笈在篷侧，遂留，舍命乞哀，贼为之置经。及破余竹撞，见撞中俱书，悉倾弃舟底，静闻复哀求拾取，仍置破撞中，盗亦不禁。撞中乃《一统志》诸书及文湛持、黄石斋、钱牧斋与余诸手柬，并余自著日记、诸游稿，惟与刘愚公书稿失去。继开余皮箱，见中有尺头，即阖置袋中携去。此箱中有眉公与丽江木公叙稿，及弘辨、安仁诸书，与苍梧道顾东曙辈家书，共数十通，又有张公宗琏所著《南程续记》，乃宣德初张侯特使广东时手书，其族人珍藏二百馀年，予苦求得之。外以庄定山、陈白沙字裹之，亦置书中。静闻不及知，亦不暇乞，俱为携去，不知弃置何所，真可惜也。又取余皮挂箱，中有家藏《晴山帖》六本，铁针、锡瓶、陈用卿壶，俱重物，盗入手不开，亟取袋中。破予大笥，取果饼俱投舡底，而曹能始《名胜志》三本、《云南志》四本及《游记》合刻十本俱焚讫。其艾舱诸物，亦多焚弃。独石瑶庭一竹笈竟未开。贼濒行，辄放火后舱。时静闻正留其侧，俟其去，即为扑灭，而余舱口亦火起，静闻复入江取水浇之。贼闻水声以为有人也，及见静闻，戳两创而去，而火已不可救。时诸舟俱遥避，而两谷舟犹在，呼之，彼反移远。静闻乃入江取所堕篷作筏，亟携经笈并余烬馀诸物，渡至谷舟，冒火再入取艾衣、被、书、米及石瑶庭竹笈，又置篷上，再渡谷舟，及第三次，则舟已沉矣。静闻从水底取得湿衣三四件，仍渡谷舟，而谷舟乘黑暗匿绸衣等物，止存布衣、布被而已。静闻乃重移置沙上，谷舟亦开去。

及守余辈渡江，石与艾仆见所救物，悉各认去，静闻因谓石曰："悉是君物乎？"石遂大诟静闻，谓："众人疑尔登涯引盗。谓讯哭童也。汝真不良，欲掩我之箧。"不知静闻为彼冒刃、冒寒、冒火、冒水守护此箧，以待主者，彼不为德，而反诟之。盗犹怜僧，彼更胜盗哉矣，人之无良如此。

注释

[1] 霁（jì）：雨止。

[2] 霏霏：雨盛貌。

[3] 丛林：佛教多数僧众聚居之处。

[4] 霾（mái）：大风扬尘土而下。

[5] 畴（chóu）：已耕之田。

[6] 陂陀（pōtuó）：叠韵联绵字，地势倾斜不平貌。

[7] 玦（jué）：形状似环而有缺口的玉佩。

[8] 榾柮（gǔduò）：即"榾桗"。木柴块、树根疙瘩，可代炭用。

[9] 恝（jiá）然：冷淡，漠不关心貌。

[10] 茅茨：即"茆茨"。本指茅屋，引申为平民陋居。

[11] 釜：古炊器。有陶、铜、铁之分。

[12] 轩：亭、阁之类较为开敞明亮的建筑物。

[13] 塍（chéng）：本稻田中畦埒，泛指田埂。

[14] 飕飗（sōuliú）：象声词。本风雨声，文中形容风声。

[15] 峤（jiào）：尖锐而高之山。

[16] 梵宫：本指梵天的宫殿，后泛指佛寺。 绀宇：即绀园。佛寺之别称。

[17] 扃（jiōng）：本自外关闭门户的门闩，引申为门户。

[18] 觇（chān）：窥视，侦察，

[19] 维：指系舟的绳子。

[20] 昧爽：黎明；拂晓。

[21] 畀（bì）：给予。

◎ 粤西游日记一

题解

粤西系当时广西布政使司管辖的地区。广西别称粤西。

这是徐霞客于明崇祯十年（1637年，丁丑年）52岁时游广西的日记。此选注部分日记。

丁丑闰四月初八日

夜雨霏霏，四山叆叇[1]，昧爽放舟。西行三十里，午后，分顾仆舟抵桂林，予同静闻从湘江南岸登涯，舟从北来，反曲而南，故岸在北。是为山角驿，地名黄沙。西南行，大松夹道。五里，黄沙铺。东面大岭曰紫云岩，西面大岭曰白云岩。湘江在路东紫云岩西。又南三里，双桥。有水自西大岭注于湘。又七里，石月铺，其西岭曰黄花大岭。又西南五里，出山陇行平畴间。又五里，深溪铺，过铺一里，有溪自西大山东注，小石梁跨之，当即深溪也。又一里，上小岭，舍官道，深溪一十里官道至太平铺，又十里至全。右入山，西向大山行，二里，直抵山下。又二里，宿于牛头岗蒋姓家。夜大雨。

初九日

冒雨西行五里，至砻岩普润寺。寺有宋守赵彦晖诗碑、宋李时亮记。岩洞前门东向如桥，出水约三十丈；后门北向，入水约十五丈。泉自山后破石窟三级下，故曰“砻”。西入甚奥，中有立笋垂柱。出岩西三里，有小石山兀立路旁。又西三里，张家村，村后大山曰回龙岩。南五里，岗岭高下，出平坞中西行一里，上大冲，西行半里，为福寿庵，饭于庵。又西半里，西北上柳山，有阁，曹学佺额，为柳仲涂书院。又上为寸月亭亦曹书，亭前为清湘书院。有魏了翁碑。此山为郡守柳开讲道处，院为林岊所建，与睢、岳、嵩、庐四书院共著。其南有泉一方，中有石题曰“虎踞石”。由此蹑岭，逾而西，一里，为慈慧庵。转北一里，为狮子岩。岩僧见性。宿狮子岩南清泉庵。

初十日

由狮子岩南下二里，至湘山寺。由寺东侧入登大殿，寄行李。东半里，入全州西门，过州前，出大南门。罗江在前。东至小南门，三江合处。约舟待于兴安。复入城，出西门至寺，登大殿，拜无量寿佛塔。无量寿佛成果于唐咸通间，《传灯录》未载，号全真，故州以全名。肉身自万历初毁，丙戌又毁，后又毁。塔后有飞来石。从塔东上长廊，西有观音阁。下寺，由寺西溯罗江一里，上卷云阁。绝壁临江，有无量指甲印石，作细点字六个。"绝壁临江"以下三句乾隆本作，阁西为盘石，半嵌江中。绝壁有莲花一瓣，凹入壁间，白瓣黑崖。又西，一洞临江，泉由洞东裂石出，名玉龙泉。又西有一石峰高竖，如当关者，上大书"无量寿佛"四大字。共五里，又西为断桥。又西十里，度石蚬岗。石蚬《志》作"石燕"。南为龙隐洞，小山独立江上，洞门西向，出洞而西，即为杉木渡桥，宿。桥度水东自龙水出口，山耸秀夹立。

十一日

由渡桥西北行，五里为石鼓村。又三里，为白沃村。过七里岗，为寨墟。有大溪自四川岭出。北入峡为山川口，十里，为阎家村。又五里为白竹江，饭于李念嵩家。云开日丽，望见西北有山甚屼突，问之为钩挂山。其上又有金宝顶，甚奇异。始问一僧，曰："去金宝有六十里。"复问一人，曰："由四川岭只三十里。"时已西南向宝顶，遂还白竹桥边，溯西北江而上。五里进峡口，两山壁立夹溪，甚峭。路沿溪西北崖上行，缘崖高下屈曲，十里出峡，为南峒。闻南峒北五里洞尽，可由四川岭达宝顶。有一僧同行，曰："四川路已没，须从打狗岭上，至大竹坪而登，始有路。"遂随之行。由溪桥度而西，上岭，有瀑布在其左腋，其上峻极。共三十里至打狗凹，已暮，宿于兴龙庵。庵北高岭即金宝顶也。

十二日

由兴龙庵西上，始沿涯北转，钩挂山在其北，为本山隐而不见。三下三上，三度坳曲，共三里，逾土地坳。西望新宁江，已在山麓。下山五里，为大竹坪。由坪右觅导登金宝者，一人方插秧，送余二里。逾一岭，又下一里至大鼻山，余因寄行李于山下刘秦川家。兄弟二人俱望八，妻寿同。其家惟老者在，少者已出。余置行李，由村后渡溪，溯而上二里，当逾岭西登大道，误随溪直东上二里，路穷，还至中道，觅岐草中。西二里，逾岭上，得南来大道，乃从之。北二里，又登岭。又北上一里，为旧角庵基。由基后丛木中上六七里，不得道，还宿刘家。刘后有涧，其上一里，悬峡飞瀑，宛转而下，修竹回岩，更相掩映。归途采笋竹中，闻声寻壑，踏月乃返。

十三日

早饭于刘，倩刘孙为导[2]，乃腰镰裹餐[3]，仍从村后夹涧上。一里，中道至飞瀑处，飞瀑悬崖宛转，下修竹回岩掩映。即西攀岭，路比前上更小。一里，至南来大道，乃从南大源上此者。三里，逾岭隘一里，至角庵基，复从庵后丛中伏身蛇行，入约四里，穿丛棘如故，已乃从右崖丛中蛇行上。盖前乃从东峡直上，故不得道，然路虽异，丛棘相同。由岐又二里，从观音竹丛中行。其竹即余乡盆景中竹，但此处大如管，金宝顶上更大，而笋甚肥美。一路采笋盈握，则置路隅，以识来径。已而又见竹上多竹实，大如莲肉，小如大豆。初连枝折袖中，及返，俱脱落矣。

从观音竹中上又二里，至宝顶殿基，则石墙如环，半圮半立，而栋梁颓腐横地，止有大圣像首存石垆中。时日色甫中，四山俱出。南峰之近者为钩挂山，石崖峭立，东北向若削。再南即打狗岭，再南为大帽，再南南宝顶。而南宝顶最高，与北相颉颃[4]，仰望其后绝顶更高。复从丛竹中东北上，其观音竹更大而笋多，又采而携之。前采置路侧者较细，不能尽肩，弃之。又上一里，至绝顶，丛密中无由四望，登树践枝，终不畅目。已而望竹浪中出一大石如台，乃梯跻其上，则群山历历。遂取饭，与静闻就裹巾中以丛竹枝拨而餐之。既而导者益从林中采笋,而静闻采得竹菰数枚,玉菌一颗,黄白俱可爱,余亦采菌数枚,从旧路下山,抵刘已昏黑,乃瀹菌煨笋而餐之[5]。

十四日

别刘而行。随溪西下一里,得大竹坪来道。又三里为大源,则大鼻西峡水与村后东峡水会,置桥其上,有亭随桥数楹,桥曰潮桥。由桥以西为大源村。予往南顶,则从桥东随涧南行。里许,渡木桥,涧忽东折入山,路南出山隘,涧复坠路东破峡出,连捣三潭:上方,瀑长如布;中凹,瀑转如倾;下圆整,瀑匀成帘。下二潭俱有圆石中立承水,水坠潭作势潆回尤异。又三里,渡桥为桐初,有水南自打狗岭来会,亦桥其上。二水合而西南,则又观音桥跨之。大道从观音桥西逾岭出,予从桥下随溪南。

一里,水从西峡出。逾一岭出西堰,又西四里为陈墓源,有瀑自东山峡中涌跃而出,与东岭溪合,有桥跨其会处,大道与水俱南。余渡桥,东跻岭而上,即涌瀑南岭也。二里,平行岭脊,北望北宝顶岿然,峡中水迫自打狗南崖,直逼其下。南望新宁江流,远从巾子岭横界南宝顶之西。其西南有峰尖突,正当陈墓水口,已而路渐出其下。二里,南下岭从坳中行,又二里,逾一小岭,一里至苏家大坪,聚居甚盛,皆苏姓也。坪侧大瀑破山西向出,势甚雄伟。下为大溪,西北合陈墓源出口。下午,东南上一岭,误东往大帽岭道。乃西南转六里,出南宝顶,道桃子坪,问上梁宿处,四里而是。逾岭东至新开田所,有路南下伏草中。复误出其东,历险陂三里,不辨所向。已忽得一龛,地名挂幡,去上梁五里矣。其处五里至快乐庵,又十里乃至南顶。以暮雨,遂歇龛。

十五日

雨不止,滞龛中。

十六日

快乐庵。

十七日

从定必桥下过脊处，觅莲瓣隙痕，削崖密附，旁无馀径。乃从脊东隔峡望之。痕虽岈然，然上垂下削，非托庐架道处也。乃上定心石，过圣水涯，再由舍身崖登飞锡绝顶，返白云庵。

十八日

晨餐后别相宗，由东路下山。一里馀，则路旁峭石分列，置悬级出其间，是为天门。门外有耸石立路右，名金刚石，上大书“白云洞天”。从此历磴而下，危峭逾于西路。西庵之名“快乐”，岂亦以路之坦耶！又四里，过题龙庵，庵北向。

先是，从观音净室遥见两人入箐棘中，问云知为掘青薯者，而不辨其为何。过题龙庵，又见两人以线络负四枚，形如小猪而肥甚，当即竹鼬也[6]。笋根稚子，今始见之矣。大者斤许，小者半斤，索价每头二分，但活而有声，不便筐负，乃听而去。盖山中三小珍：黄鼠、柿狐、竹豚。惟竹豚未尝，而无奈其活不能携，况此时笋过而肥，且地有观音美笋，其味未必他处所能及。

东下里许，南望那叉山，飞瀑悬空而坠。先从宝顶即窥见，至此始睹，崇隆若九天也。又东下五里，左渡小溪，深竹中有寺寂然，则苦炼庵。庵南向，左右各一溪自后来绕，而右溪较大，桥横其上，水从西南山腋透壁下。从庵前东南渡桥，南上岭，其地竹甚大，路始分东西岐。从西岐下，始见那叉瀑布北挂层崖，苦炼溪亦透空悬壑，与那叉大小高势相颉颃，然苦炼近在对山，路沿之同下，朗朗见其捣壑势；其下山环成城，瀑垂其中，出西壁，与那叉东大溪合而东南去。见西峡中又一瀑如线，透山而下，连泄九层，虽细而甚长。路乃转东，共三里，又一溪自西北来。渡而随之，始觉甚微，渐下渐大，遂成轰雷涌雪观。路应从溪右下，而误从溪左。又二里，是为大坪。渡溪而右，入一村家问之，则在莲花庵之下矣，竹色丛郁。村妪出所炊粥羹饷余，以炙笋酬之。余自大鼻山刘家炙得观音笋，即觅一山篮背负之。路拾蕨芽萱菌可食之物，辄投其中，抵逆旅，即煮以供焉。

于是西南渡那叉大溪，溪东北出白沙江。又西上岭，三里，饭于村家，其处乃大坪之极南也。又西南逾岭而上，二里，是为半山岭。屡渡溪逾岭而上，八里，入望江岭。逾岭溯溪，又十里，为桐源山。南下山二里，为韭菜园。东过坳下山三里，又循一水，为小车江。随江南下四里，有桐源大溪自西来，即桐源韭菜溪，有大路亦自西来，南与小车江合而南去。路渡小车江口桥，从水右上山一里，随江而东南，路行夹江山上，极险峻。有小石山，北面平剖，纹如哥窑，而薄若片板。江绕其南，路绕其北。东北又有小溪，破峡成瀑。又东南二里始下，又一里，下至江涯。稍上，为木皮口，有溪自东北来入。其北峰曰不住岭。乃宿。

十九日

晨餐后，东南上岭。随江左行四里，下涉跳石江。又上岭，过车湾台盘石，共三里，出两山峡口，有坝堰水甚巨，曰上官坝。坝外一望平畴，直南抵里山隈。出峡，水东南入湘，路随峡右西南下，行平畴中又一里，抵赵塘。其聚族俱赵，巨姓也。村后一石山峙立，曰西钟山，下俱青石峭削，上有平窝，土人方斥石叠路，建五谷大仙殿。其东峭崖上有洞可深入。时以开导伐木，反隘其路，不得攀缘而渡。又西南渡一溪桥，共四里，过弃鸡岭。又四里，出咸水，而山枣驿在焉，则官道也。咸水之南，大山横亘，曰里山隈。咸水之北，崇岭重叠，曰三清界，此咸水南北之界也。咸水溪自三清界发源，流为焦川，自南宅出山，至此透桥东南罗江口入湘。渡桥西南行，长松合道，夹径蔽天，极似道州永明道。十里，板山铺。又十里，石子铺。从小路折而东南，五里抵界首，乃千家之市，南半属兴安，东半属全州。至界首才下午，大雨忽至，遂止不前。是日共行五十里。

二十日

平明饭。溯湘江而西，五里，北向入塔儿铺，始离湘岸，已入桂林界矣。有古塔倾圮垂尽，有光华馆，则兴安之传舍也。入兴安界，古松时断时续，不若全州之连云接嶂矣。十里，东桥铺。五里，小宅，复与湘江遇。又五里，瓦子铺。又十里，至兴安万里桥。桥下水绕北城西去，两岸甃石，中流平而不广，即灵渠也，已为漓江，其分水处，尚在东三里。过桥入北门，城墙环堵，县治寂若空门[7]，市蔬市米唯万里桥边数家。炊饭于塔寺。

饭后由桥北溯灵渠北岸东行，已折而稍北，渡大溪，测湘水之本流也。上流已堰，不通舟。既渡，又东小溪疏流若带，舟道从之。盖堰湘分水，既西注为漓，又东浚湘支，以通舟楫，稍下复与江身合矣。支流之上，石桥曰接龙桥，桥南水湾为观音阁，已离城二里矣。又东南五里，则湘水自南来，直逼石崖下。其崖突立南向，曰狮子寨。路循寨脚东溯溪入，已东北入山七里，逾羊牯岭，抵状元峰下，内有邓家村，俱邓丞相之遗也。村南有静室，名回龙庵，遂托宿于其中。僧之号曰悟禅。

二十一日

从庵右逾小山，南一里，至长冲，东逼状元峰之麓。又一里，至一尼庵，有尼焉。其夫方出耕，问登山道。先是，路人俱言，上茅塞，决不可登。独此有盲僧，反询客欲登大金峰、小金峰？盖此处山之杰出者，俱以“金峰”名之，而状元峰之左，有一峰片插，曰小金峰，亚于状元，而峭削过之。盖状元高而尖圆，此峰薄而嶙峋，故有大、小之称。二峰各有路，而草翳之。

余从庵后登溪垅，直东而上，二里抵状元、翠微之间，山削草合，蛇路伏深莽中[8]。渐转东北三里，直上逾其东北岭坳，望见其东大山层叠，其下溪舟谷闳[9]，即为麻川。其南层山，当是海阳东渡之脊。其北大山即里山隈矣。其西即县治，而西南海阳坪，其处山反藏伏也。坳北峰之下，即入九龙殿之峡。地名峡口，又曰锦霄。从坳南直跻峰顶，其峰甚狭而峭，凡七起伏。其南一里，而至状元峰，则亭亭独上矣。自其上西瞰湘源，东瞰麻川，俱在足底。南俯小金峰，北俯锦霄坳岭，俱为儿孙行。但北面九峰相连，而南与小金尚隔二峰，俱峭若中断，不能飞渡，故路由其麓另上耳。闻此山为邓丞相升云处。其人不知何处，想是马殷僭窃之佐。土人言其去朝数百里，夜归家而早入朝，皆在此顶。登云山下即其家，至今犹俱邓姓后。一疑其神异，遂诛而及其孥焉[10]。顶北第三峰，有方石台如舡首，飞突凌空。旧传有竹自崖端下垂，拂拭此旁，箐亦有之[11]，未见有独长而异者。坐峰顶久之，以携饭就筐分啖，已闻东南有雷声，乃下。返回龙庵。

二十二日

东行二里，过九宫桥，逾小岭，共二里至锦霄，是为峡口。麻川江自南来，北出界首，截江以渡，江深没股。麻川至此破山出，名七里峡；下又破山出，名五里峡。锦霄在其中，为陆行口。过江，溯东夹之溪入。三里，登山脊，至九龙庙，南、北、东皆崇山逼夹。南麓即所溯溪之北麓，溪声甚厉。遂下山，过观音阁，支流分环阁四面，惟南面石堰仅通水，东、西、北则舟上下俱绕之，惜阁小不称。阁东度石桥，循分支西岸，溯流一里，至分水塘。塘以巨石横绝中流，南北连亘以断江身，只以小穴泄馀波，由塘南分湘入漓；塘之北，即浚湘为支，以通湘舟于观音阁前者也。遂刺舟南渡分漓口，入分水庙。西二里抵兴安南门。出城，西三里抵三里桥，桥跨灵渠。渠至此细流成涓，石底嶙峋。时巨舫鳞次[12]，以箔阻水，俟水稍厚，则去箔放舟焉。宿隐山寺。

二十三日

晨起大雨，饭后少歇。桥西有金鼎山。山为老龙脊，由此至兴安，南转海阳，虽为史禄凿山分漓水，而桥下有石底，水不满尺，终不能损其大脊也。上一里至顶，顶大止丈许。惟南面群峦纷丛岚雾中，若聚米，若流火，俯瞰其出没甚近。下至三里桥西，随灵渠西南去。已而渠渐直南，路益西，路右石山丛立。雨中回眺，共十里，已透金鼎所望乱山堆叠中，穿根盘壑，多回曲，无升降。又三里，为苏一坪，东有岐可达乳洞。予先西趋严关，共二里而出隘口，东西两石山骈峙。路出其下，若门中辟，傍裂穴如圭，梯崖入其中，不甚敞，空合如莲瓣。坐观行旅，纷纷沓沓。

返由苏一坪东南行一里，溯灵渠东北上，一溪东自乳洞夹注为清水，乃东渡灵渠。四里，过大岩堰。渡堰东石桥，转入山南，小石山分岐立路口，洞岈然南向。遂西向随溪入，二里至董田巨村。洞即在其北一里，日暮不及登。乃趋东山入隐山寺。出步寺后，见门向有洞，其门高悬，水由下出，西与乳洞北流之水合，从西北山腋破壁而出大岩堰焉。时日色尚高，亟缚炬从寺右入洞，攀石崖而上，其石峭削，圮侧下垂，渊壁若裂，水不甚涌而浑。探其暗处，水石粗混，无可着足，出而返寺，濯足于崖外合流处。晚餐而卧。

二十四日

晨起雨不止，饭后以火炬数枚，僧负而导之。一里，至董田，又北一里，至乳岩下洞、中洞、上洞。雨中返寺午饭。雨愈大，遂止不行。

二十五日

天色霁甚，晨餐后仍向东行。一里，出山口，支峰兀立处，其上有庵，草翳无人，非观音岩也。从庵左先循其上崖而东，崖危草没，静闻不能从，令守行囊于石畔。

余攀隙披窾而入[13]，转崖之东，则两壁裂而成门，内裁一线剖，宛转嵌漏。其内上夹参九天，或合或离，俱不过咫尺，下夹坠九渊，或干或水，俱凭临数丈。夹半两崖，俱有痕践足而入，肩倚隔崖，足践线痕，手攀石窍，无陨坠之虑。直进五六丈，夹转而东，由支峰坳脊北望，见观音崖在对崖，亦幽峭可喜。昨来时从其前盘山而转，惜未一入，今不能愈北也。

下山东南行田塍间，水漫没岸。三里，有南而北小水，急脱下衣，涉其东，湖之南。又二里，为秀塘，转而西南行，复涉溪而北，循山麓行。二里，又一涧自北山夹中出，涉其南，又循一溪西来入，即西岭之溪也。三里，越溪南登，下西岭，入口其隘，而内有平畴、西村落焉。西南上岭，又二里而逾上西岭，岭东复得坪焉。有数家在深竹中，饭于村妪。

又西南平上二里，乃东逾一坳，始东下二里，为开州，则湘之西岸也。溯湘南行五里，复入岗陀，为东刘村。又五里，为西刘村。有水自西谷东入湘。又西南三里为土桥。又二里，大丰桥，俱有水东注于湘。又逾岭二里，宿于唐汇田。东有大山岿然出东界上者，曰赤耳山。

二十六日

晨餐后，日色霁甚。南溯湘流二里，渡一溪，为太平堡。有堡有营兵焉。东西山至是开而成巨坞，小石峰一带，骈立湘水东[14]。又南二里，曰刘田。又南二里，曰白龙桥。又三里，逾一小岭，曰牛栏。二里，张村。又一里，至庙角，饭于双泉寺，其南即灵川界。又南二里，东南岐路入山，其东高峰片耸，曰白面山。又南二里，渡一桥，湘水之有桥自此。循左山行，南二里为田心寺。又南一里，古龙王庙。

又南一里，有一石峰特立东西两界之中，曰海阳山。有海龙庵，在峰南石崖之半。海龙庵已为临桂界。海龙堡在西南一里，东入山五里，为季陵。西十五里，过西岭背，为龙口桥。东北五里，读书岩、白面山。西北十五里，庙角。南五里，江汇。先是，望白面山南诸峭峰甚奇。问知其下有读书岩，而急于海阳，遂南入古殿，以瓦磨墨录其碑。抵海龙庵，日已薄崦嵫。急卸行李于中。乃下山自东麓二洞门绕北至西，入龙母庙，已圮。即从流水中行，转南，水遂成汇，深者没股。庵下石崖壁立，下临深塘。由塘南水中行，转东登山。入庵，衣裈俱湿[15]，急晚餐而卧以亵衣。是庵始有佛灯。

海阳山俱崆峒贮水，水门二：南平，西出甚急。东旱门二，下一二尺，即水汇其中，深者五六尺。山南水塘有细流，东源季陵亦下此。则此山尚在过脊北，水俱北流，惟为湘源也。漓源尚在海阳西西岭角。

二十七日

晓起天色仍霁，亟饭。从东北二里，田心寺。又一里，东入山，又一里渡双溪桥。又东一里，望一尖峰而登。其峰在白面之西，高不及白面而耸立如建标累塔。途人俱指读书岩在其半，竟望之而趋。及登岭北坳，望山下水反自北而南，其北皆山岗缭绕，疑无容留处，意水必出洞间。时锐于登山，第望高而趋，已而路断，攀崖挽棘而上。一里，透石崖之巅，心知已误，而贪于涉巅，反自快也。振衣出棘刺中，又扪崖直上，遂出其巅。东望白面，可与平揖，南揽巾子，如为对谈。

久之，仍下北岭之坳，由棘中循崖南转，扪隙践块而上，得峰腰一洞，南向岈然。其内又西裂天窟，吐纳日月，荡漾云霞，以为读书之岩必此无疑。但其内平入三四丈，辄渐隘渐不容身，而其下路复蔽塞，心以为疑。出洞门，望洞左削崖万丈，插霄临渊，上有一石飞突垂空，极似一巨鼠飞空下腾，首背宛然，然无路可扪。遂下南麓，回眺巨鼠之下，其崖悬亘，古溜间驳，疑读书岩尚当在彼。复强静闻缘旧路再登，至洞门，觅路无从，乃裂棘攀条，梯悬石而登，直至巨鼠崖之下。仰望崖下，又有二小鼠下垂。其巨鼠自下望之，睁目张牙，变成狞面，又如猫之腾空逐前二小鼠者。崖腰一线微痕可以着足，而下仍峭壁。又东有巨擘一双[16]，作接引状。手背拇指，分合都辨。至其处，山腰痕绝不可前。乃从旧路下至南麓，夸耕者已得读书岩之胜。耕者云："岩尚在岭坳之西，当从岭西下，不当从岭东上也。"

乃从麓西溯涧而北，则前所涉溪果从洞中出，而非从涧来者。望读书岩在水洞上，急登之。其洞西向，高而不广，其内垂柱擎盖，骈笋悬莲，分门列户，颇幻而巧。三丈之内，即转而北下，坠深墨黑，不可俯视，岂与下水洞通耶？洞内左壁有宋人马姓为秦景光大书"读书岩"三隶字。其下又有一洞，门张而中浅，又非出水者，水从读书岩下石穴涌出，水与口平，第见急流涌溪，不见洞门也。

时已薄午，欲登白面，望之已得其梗概，恐日暮途穷，不遑升堂入室[17]，遂遵白面西麓而南。二里，过白源山。又二里，过季陵路口，始转而西。一里，随山脉登海阳庵，饭而后行，已下午矣。由海阳山东南过季陵东下，入堂溪桥，遂由塘南循过脊西行，一里，为海阳堡。由堡西南行，则堡前又分山一支南下，与西山夹而成两界，水俱淙淙南下矣。随下一里，则西谷中裂，水破峡而出。又罗姑与西岭夹而成流者，皆为漓水源矣。越之，循水西南下三里，为江汇。于是水注而南，路转而西，遂西逾一岭，一里，登岭坳。三里，西循岭上行，忽有水自东南下捣成涧，路随之下。又一里，直坠涧底。越桥南，其水自桥下复捣峡中，路不能随。复逾岭一里，乃出山口，又西南行平畴中，二里，抵涧上。西有银烛山，尖削特耸。东南则石崖正扼水口也。乃止宿于黄姓家。

二十八日

平明，饭而行。二里，西南出洞口，渡水，逾一小岭。又三里，得平畴，则白爽村也。由白爽村之西复上岭，是为长冲。五里，转北坳，望西北五峰高突，顶若平台，可夺五台之名。又西五里，直抵五峰之南，乱尖叠出，十百为群，横见侧出，不可指屈。其阳即为镕村。墟上聚落甚盛，不特山谷所无，亦南中所少见者。市多鬻面、打胡麻为油者，因市面为餐，以代午饭焉。

东南三十里，有灵襟洞。南二里，有阳流岩云。又西五里为上桥，有水自东北丛尖山之南，西过桥下，即分为二。一南去，一西去。又西南穿石山腋，共三里，过廖村。其西北有山危峙，又有尖丛亭亭，更觉层叠。问之，谓危峙者为金山，而其东尖丛者不能名焉。又二里，有水自金山东腋出，堰为大塘。历堰而西，又三里，复穿石山峡而西，则诸危峰分峙叠出于前，愈离立献奇，联翩角胜矣。石峰之下，俱水汇不流，深者尺许，浅仅半尺。诸峰倒插于中，如出水青莲，亭亭直上。初，二大峰夹道，后又二尖峰夹道，道俱叠水中，取径峰隙，令人应接不暇。但石俱廉厉啮足，不免目有馀而不及耳。其峰曰雷劈山，以其全半也。曰万岁山，以尖圆特耸也。其间不可名者甚多。共二里，始舍水磴而就坦坡。又五里，始得平畴，为河塘村。乃就村家瀹茗避日[18]，下舂而后行。

河塘西筑塘为道，南为平畴，秧绿云铺，北为汇水，直浸北界丛山之麓，蜚晶漾碧[19]，令人尘胃一洗[20]。过塘循山南麓而西，五里，渡一石梁，遂登岗陀行。又五里，直抵两山峡中，其山南北对峙如门，北山之东垂有石峰分岐而起，尖峭如削。其岐峰尤亭亭作搔首态，土人呼为妇女娘峰。崖半有裂隙透明，惟从正南眺之，有光一线，少转步即不可窥矣。南山之首，又有石突缀，人行其下，左右交盼，亦复应接不暇。

时日色已暮，且不知顾仆下落，亟问浮桥而趋，西过大石梁，再西即浮桥矣。漓水至是已极汪洋，北自皇泽湾即虞山下。转而南，桂林省城东临其上。城东北隅为驿，在皇泽湾转南之冲，其南即城也。城之临水者，东北为东镇门，南过木龙洞为就日门，再南出伏波山下为桂水门，又南为行春门，又南为浮桥门，此东面临流者。自北隅南至浮桥，共五门。北门在宝积、华景二山。浮桥贯江而渡，觅顾仆寓不得。遂入城,循城南去,宿于逆旅。

二十九日

从逆旅不待餐而行。遂西过都司署前,又西,则靖江王府之前甬也。又西,则大街自北而南,乃饭于市肆。此处肉馒以韭为和,不用盐而用糖。晨粥俱以鸡肉和食,亦一奇也。又南登一楼。其楼三层,前有石梁,梁东西大水汇成大沼,自楼上俯眺,朱门粉堞,参差绿树中,湖水中涵,群峰外绕,尽括一城之胜。中层供真武像。时亟于觅顾仆,遂转遵大街北行,东过按察司前,遂东出就日门,计顾仆舟自北来,当先从城北濒江觅,而南从城下北行。

已而城上一山当面而起,石脚下插江中。路之在城外者,忽穿山而透其跨下,南北岈然[21],真天辟关津也。西则因山为城,城以内即叠彩东隅。穿洞出,下临江潭,上盘山壁,又透腋而入,是为木龙洞。其洞亦自南穿北,高二丈,南北透门,约十馀里。其东开窗剖隙,屡逗天光,其外濒江有路,行者或内自洞行,或外由江岸,俱可北达。出洞,有片石夹峙,上架一穹石,其形屈曲,其色青红间错,宛具鳞鬛,似非本山之石,不知何处移架于此。洞北辟而成崖,缀以飞廊,前临大江,后倚悬壁,憩眺之胜,无以逾此。廊上以木雕二龙插崖间,北压江水,廊北有庵有院。又循城溯江北一里,过东镇门。又北过城东北隅,为东江驿。驿东向,当皇泽湾南下冲。入驿,问顾仆所附江舟,知舟泊浮桥北。出驿,北望皇泽湾,有二江舟泊山下,疑顾仆或在此舟,因令静闻往视,余暂憩路口。

见城北隅,俱因山为城,因从环堵之隙,逼视其下,有一大洞,北向穹然,内深邃而外旁穿。有童子方以梯探历其上,盖其附近诸户,积薪贮器,俱于是托也。恐静闻返,急出待路口。久之不至,乃濒江北行觅之,直抵泊舟之山,则静闻从松阴中呼曰:"山下有洞,其前有亭,其上有庵,可急往游。"余从之。先沿江登山,是为薰风亭。曹学佺附书。亭四旁多镌石留题,拂而读之,始知是为虞山,乃帝舜南游之地。其下大殿为舜祠,祠后即韶音洞。其东临江即薰风亭。亭临皇湾之上,后倚虞山之崖。刻诗甚多,惟正统藩臬王骥与同僚九日登虞山一律!颇可观。诗曰:"帝德重华亘古今,虞山好景乐登临。峰连五岭芙蓉秀,水接三湘苦竹深。雨过殊方沾圣泽,风来古洞想韶音。同游正值清秋节,更把茱萸酒满斟。"由亭下西抵祠后,入韶音洞。其洞西向,高二丈，东透西出，约十丈。洞东高崖崭绝，有小水汇其前，幽泽嵌壁，恍非尘世。其水自北坞南来，石梁当洞架其上，曰接龙桥。坐桥上还眺洞门崖壁，更尽峥嵘之势。洞门左崖张西铭栻刻《韶音洞记》，字尚可摹。仍从洞内西出，乃缘蹬东上，有磨崖，碑刻朱紫阳所撰《舜祠记》。为张松建祠作。乃吕好问所书，亦尚可摹，第崖高不便耳。从此上跻，有新叠石为级者，宛转石隙间，将至山顶，置静室焉，亦新构，而其僧已去。窗楞西向，户榻洒然，室不大而洁。乃与静闻解衣凭几，啖胡饼而指点西山，甚适也。久之，舜殿僧见客久上不下，乃登顶招下山，待茶。

余急于觅顾仆，下山竟南，循旧路二里入就日门。从门内循城南行半里，由伏波山下出桂水门。门以内为伏波祠，门以外为玩珠洞。由城外南行，又半里，为行春门。又南半里，为浮桥门，始遇顾仆于门外肆中，时已过午，还炊饭于城内所宿逆旅。下午大雨大至，既霁，乃迁寓于都司前赵姓家，以其处颇宽洁也。

五月初一日

晨餐后，留顾仆浣衣涤被于寓。余与静闻乃北一里，抵靖江王府东华门外。其东为伏波山，其西为独秀峰。峰在藩府内，不易入也。循王城北行，又一里，登叠彩山。山踞省城东北隅，山门当两峰间，乱石层叠错立，如浪痕腾涌，花萼攒簇，令人目眩，所谓“叠彩”也。门额书“北牖洞天”，亦为曹能始书。按北牖为隐山六洞之名，今借以颜此，以此山在城北，且两洞俱透空成牖也。其上为佛殿，殿后一洞屈曲穿山之背，其门南向，高二丈，深五丈。北透小门，忽转而东辟。前架华轩，后叠层台，上塑大士像。洞前下瞰城东，江水下绕，直漱其足。洞内石门转透处，风从前洞扇入，至此愈觉凉飔逼人，土人称为风洞。石门北向，当东转之上，有一石刻卧像，横置窦间，迦风曲肱，偃石鼓腹，其容若笑，使人见之亦欲笑。因见其上有石板平度，又有圆窦上透，若楼阁之层架，若窗楞之裂，急与静闻择道分趋。余从卧像上转攀石脊。静闻从观音座左伏穿旁窍，俱会于层楼之上。其处东复开隙，远引天光，西多垂乳，近穿地肺。余复与静闻披乳房而穿肺叶，北出而瞰观音之座，已在足下。以衣置层楼隙畔，乃复还其处，从圆窦中坠下。于是东出前轩，由洞左跻蹬，循垣而上，则拱极亭旧址也。

由址南越洞顶。攀石磴半里,遂登绝顶,则越王坛也。是为桂山,又名北山,其上石萼骈发,顶侧有平板二方,岂即所谓“石坛”耶?《志》云五代时马殷所筑,有岩桂生其巅,今已无。其前一石峰支起,或谓之四望山,当即叠彩岩。其西一石峰高与此峰并,峰半有洞高悬,望之岈然中空。亟下,仍从风洞出寺左,有轩三楹,为官府燕之所。前临四望,后倚绝顶,余时倦甚,遂憩卧一觉,去羲皇真不远。由寺中右坳复登西峰,一名于越山。上登峰半,其洞穹然东向,透峰腰而西,径十馀丈,高四丈馀。由其中望之,东西洞然,洞西坠壑而下,甚险而峻。其环砖为门,上若门限,下若关隘,瞰之似非通人行者。乃仍东下至寺右,有大路北透两峰之间。下至其麓,出一关门,其可趋东镇,其北径达北门。乃循山西行,一里,仰见一洞,倚山向北,遂拾级而登。其下先有一洞,高可丈五,而高广盘曲,亦多垂柱,界窍分岐,而土人以为马房,数马散卧于其中,令人气阻。由其左跻级更上,透洞门而入,其洞北向,以峰顶平贯为奇。而是山之洞,西又以山腰叠透为胜,外裂重门,内驾层洞,各标一异,直无穷之幻矣。

既下,又西行,始见峰顶洞门西坠处,第觉危峡空悬,仰眺不得端倪[22]。其下有遥墙环之,则藩府之别圃也。又西出大街,有大碑在侧,大书“桂岭”二字。转北行一里,则两山耸峡其中,雉堞为关[23],而通启闭焉,是为北门。门在两山耸夹中,门外两旁,山俱峭拔,即为华景、宝积众胜云。出门有路,静闻前觅素食焉。既而又南一里,过按察司,觅静闻不得,乃东从分巡司经靖藩后宰门,又东共一里,至王城东北隅,转而西向后宰门内。靖藩方结坛礼梁皇忏,置栏演《木兰传奇》,市酒传餐者,夹道云集,静闻果在焉。

余拉之东半里,出癸水门,仍抵庆真观下,觅小舟一叶,北渡入玩珠岩,岩即伏波之东麓。石壁下临重江,裂隙两层,一横者下卧波上,一竖者上穹山巅。卧波上者下石浮敞为台,上石斜骞覆之。一石柱下垂覆崖外,直抵下石,如莲萼倒挂,不属于下者,仅寸有馀焉。是名“伏波试剑石”。盖其剑非竖劈,向横披者也。后壁上双纹若缕,红白灿然,蜿蜒相向。有圆岩三晕,恰当其首,如二龙戏珠,故旧名玩珠。宋张维易曰“还珠”。双纹之后,有隙内裂,直抵竖峡下岩,嵌梯悬级,可直蹑竖峡而上垂柱之西，石台中坼[24]，横石以渡，更北穿小窦，下瞰重江，渊碧无底，所云伏波沉薏苡处也[25]。更南入山腹，穹然中虚，有光西转，北透前门，是其奥矣。但石色波光，俱不若外岩玲珑映彻也。

徘徊久之，渡子候归再三，乃舍之登舟。鼓枻回樯[26]，濯空明而凌返照，不意身世之间，有此异境也。登涯，由浮桥门入城，共里馀，返赵寓，静闻取伞往观《木兰》之剧。余憩寓中，取图、志以披桂林诸可游者。

初二日

晨餐后，与静闻、顾仆裹蔬粮，携卧具，东出浮桥门，渡浮桥，又东渡花桥，从桥东即北转循山。花桥东涯有小石突临桥端，修溪缀村东往，殊逗人心目。山峙花桥东北，其嵯峨之势，反不若东南夹道之峰，而七星岩即倚焉。其去浮桥共里馀耳。岩西向，其下有寿佛寺。即从寺左登山，先有亭翼然迎客，名曰摘星，则曹能始所构而书之。其上有崖横骞，仅可置足，然俯瞰城堞西山，则甚畅也。其左即为佛庐，当岩之口，入其内不知其为岩也。询寺僧岩所何在，僧推后扉导余入。历级而上约三丈，洞口为庐掩，黑暗，忽转而西北，豁然中开，上穹下平，中多列笋悬柱，爽朗通漏，此上洞也，是为七星岩。从其右历级下，又入下洞，是为栖霞洞。其洞宏朗雄拓，门亦西北向，仰眺崇赫。洞顶横裂一隙，有石鲤鱼从隙悬跃下向，首尾鳞鬣[27]，使琢石为之，不能酷肖乃尔。其旁盘结蟠盖，五色灿烂。

西北层台高叠。缘级而上，是为老君台。由台北向，洞若两界，西行高台之上，东循深壑之中。由台上行，入一门，直北至黑暗处，上穹无际，下陷成潭，澒洞峭裂[28]，忽变夷为险。时余先觅导者，燃松明于洞底以入洞，不由台上，故不及从，而不知其处之亦不可明也。乃下台，仍至洞底。导者携灯前趋，循台东壑中行，始见台壁攒裂绣错，备诸灵幻，更记身之自上来也。直北入一天门，石楹垂立，仅度单人。既入，则复穹然高远，其左有石栏横列，下陷深黑，杳不见底，是为獭子潭。导者言其渊深通海，未必然也。盖即老君台北向下坠处，至此则高深易位，丛辟交关，又成一境矣。其内又连进两天门，路渐转而东北，内有"花瓶插竹""撒网""弈棋""八仙""馒头"诸石，两旁善财童子，中有观音诸像。导者行急，强留谛视[29]，顾此失彼。然余所欲观者不在此也。

又逾崖而上，其右有潭，渊黑一如獭子潭，而宏广更过之，是名龙江，其盖与獭子相通焉。又北行东转，过红毡、白毡，委裘垂毯，纹缕若织。又东过凤凰戏水，始穿一门，阴风飕飗，卷灯冽肌，盖风自洞外入，至此则逼聚而势愈大也。叠彩风洞亦然，然叠彩昔无"风洞"之名，而今人称之。此中昔有风洞，今无知者。出此，忽见白光一圆，内映深壑，空濛若天之欲曙。遂东出后洞，有水自洞北环流，南入洞中，想下为龙江者，小石梁跨其上，则宋相曾公布所为也。度桥，拂洞口右崖，则崖公记在焉。始知是洞昔名冷水岩，曾公帅桂，搜奇置桥，始易名曾公岩，与栖霞盖一洞潜通，两门各擅耳。

余伫立桥上，见涧中有浣而汲者，余询："此水从东北来，可溯之以入否？"其人言："由水穴之上，可深入数里，其中名胜较之外洞，路倍而奇亦倍之。若水穴则深浅莫测，惟冬月可涉，此非其时也。"余即觅其人为导。其人乃归取松明，余随之出洞而右，得庆林观焉。以所负橐裹寄之，且托其炊黄梁以待。遂同导者入，仍由隘口东门，过凤凰戏水，抵红、白二毡，始由岐北向行。其中有弄球之狮、卷鼻之象、长颈盎背之骆驼；有土冢之祭，则猪鬣鹅掌，罗列于前；有罗汉之燕，则金盏银台，排列于下。其高处有山神，长尺许，飞坐悬崖；其深处有佛像，仅七寸，端居半壁菩萨之侧。禅榻一龛，正可趺跏而坐；观音座之前，法藏一轮，若欲圆转而行。深处复有渊黑当桥涧上流。至此，导者亦不敢入，曰："挑灯引炬，即数日不能竟，但此从无入者，况当水涨之后，其可尝不测乎？"乃返，循红白二毡、凤凰戏水而出。计前自栖霞达曾公岩，约径过者共二里，复自曾公岩入而出，约盘旋者共三里。然二洞之胜，几一网无遗矣。

出洞，饭于庆林观。望来时所见娘媳妇峰，即在其东，从间道趋其下，则峰下西开一窍，种圃灌园者而聚庐焉。种金系草，为吃烟药者。其北复有岩洞种种，盖曾公岩之上下左右，不一而足也。于是循七星山之南麓，北向草莽中，连入三洞。计省春当在其北，可逾岭而达。遂北望岭坳行，始有微路，里半至山顶，石骨崚嶒，不容着足。而石隙少开处，则棘刺丛翳，愈难跻。然石片之奇，峰瓣之异，远望则掩映，而愈披愈出，令人心目俱眩。又里半，逾岭而下，复得凿石之级，下级而省春岩在矣。

其岩三洞排列，俱东北向。最西者骞云上飞，内深入，有石如垂肺中悬。西入南转，其洞渐黑，惜无居人，不能索炬以入。然闻内亦无奇，不必入也。洞右傍通一窍，以达中洞，居中者外深而中不能远入。洞前亦有垂槎倒龙之石。洞右又透一门，以达东洞。最东者垂石愈繁，洞亦旁裂，中有清泉下注成潭，寒碧可鉴。余令顾仆守已行囊于中洞，与静闻由洞前循崖东行。洞上耸石如人，蹲石如兽。洞东则瓦石亘空，仰望如劈。其下清流萦之，曰拖剑江。即癸水也。源发尧山，自东北而抵山之北麓，乃西出葛老桥而西入漓水焉。时余转至山之东隅，仰见崖半裂窍层叠，若云嘘绡幕，连过三窍，意谓若窍内旁通，连三为一，正如叠蕊阁于中天，透琼楞于云表，此一奇也。然而未必可达，乃徘徊其下，披莽隙，梯悬崖，层累而上。既达一窍，则窍内果通中窍。第中窍卑伏，不能昂首，须从窍外横度，若台榭然，不由中奥也。既达第三窍，穿隙而入，从后有一龛，前辟一窗，窗中有玉柱中悬，柱左又有龛一圆，上有圆顶，下有平座，结跏而坐，四体恰适，即刮琢不能若此之妙。其前正对玉柱，有小乳下垂，珠泉时时一滴。

余与静闻分踞柱前窗隙，下临危崖。行道者望之，无不回旋其下，有再三不能去者。已而有二村樵，仰眺久之，亦攀跻而登。谓余："此处结庐甚便，余村近此，可以不时瞻仰也。"余谓："此空中楼阁，第恨略浅而隘，若少宏深，便可停栖耳。"其人曰："中窍之上，尚有一洞甚宏。"欲为余攀跻而上，久之，不能达。余乃下倚松阴，从二樵仰眺处，反眺二樵在上，攀枝觅级，终阻悬崖，无从上跻也。

久之，仍西行入省春东洞内，穿入中洞，又从其西腋，穿入西洞，洞多今人摩崖之刻。出洞而西，又得一洞，洞门北向，约高五丈，内稍下西转，虽渐昏黑，而崇宏之势愈甚，以无炬莫入，此古洞也。左崖大书"五美四恶"章，乃张南轩笔，遒劲完美，惜无知者，并洞亦莫辨其名，或以为会仙岩，或以为弹丸岩。拂岩壁，宋莆田陈黼题，则渚岩洞也。岂以洞在癸水之渚耶？洞西拖剑水自东北直逼崖下，崖愈穹削，高插霄而深嵌渊，甚雄壮也。石梁跨水西度，于是崖与水俱在路南矣。盖七星山之东北隅也，是名弹丸山。自省春来，共一里矣。

由其西南渡各老桥，以各乡之老所建，故以为名。望崖巅有洞高悬穹，上下俱极峭削，以为即栖霞洞口也。而细谛其左，又有一崖，展云架庐，与七星洞后门有异。亟东向登山，山下先有一刹，盖与寿佛寺、七星观南北鼎峙，山前者也。南为七星观，东上即七星洞。中为寿佛寺，东上即栖霞洞。北为此刹，东上即朝云岩也。

仰面局膝攀蹬，直上者数百级，遂入朝云岩。其岩西向，在栖霞之北，从各老桥又一里矣。洞口高悬，其内北转，高穹愈甚。徽僧太虚叠磴驾阁于洞口，飞临绝壁，下瞰江城，远挹西山甚畅。第时当返照入壁，竭蹶而登，喘汗亦迫。甫投体叩佛，忽一僧前呼，则融止也。

先是，与融止一遇于衡山太古坪，再遇于衡州绿竹庵。融止先归桂林，相期会于七星。比余至，逢人辄问，并无识者。过七星，谓已无从物色。至此忽外遇之，遂停宿其岩。因问其北上高岩之道，融止曰："此岩虽高耸，虽近崖右，曾无可登之级。约其洞之南壁，与此洞之北底，相隔只丈许，若从洞内可凿窦以通，洞以外更无悬杙梯之处也[30]。"

凭栏北眺，洞为石掩，反不能近瞩，惟洒发向西山历数其诸峰耳。西山自北而南：极北为虞山，再南为东镇门山，再南为木龙风洞山，即桂山也；再南为伏波山。此城东一支也。虞山之西：极北为华景山，再南为马留山，再南为隐山，再南为侯山、广福王山。此城西一支也。伏波、隐山之中，为独秀；其南对而踞于水口者，为漓山、穿山。皆漓江以西，故曰西山云。

初三日

留朝云岩阁上，对西追录数日《游记》。薄暮乃别融止下山，南过寿佛寺、七星观，共一里，西渡花桥，又西一里，渡浮桥，入东江门，南半里，至赵寓宿焉。

初四日

晨餐后，北一里，过靖江府东门，从东北角，又一里，绕至北门，礼忏坛僧灵室，乃永州茶庵会源徒孙也。引余辈入藩城北门。门内即池水一湾，南绕独秀山之北麓，是为月牙池。由池西南经独秀西麓，有碑夹道。西为《太平岩记》，东为《大悲》《尊胜》两咒。又南，独秀之西，有洞曰西岩。即太平洞。对岩有重门，东向乃佛庐也。方扃诸优于内，出入甚严，盖落场时恐其不净耳。寺内为灵室师绀谷所主。有须，即永州茶庵会源之徒，藩府之礼忏扃优，皆俾主之。灵室敲门引客入，即出赴忏坛，绀谷瀹茗献客，为余言：“君欲登独秀，须先启王，幸俟忏完，王撤宫后启之。”时王登峰时看忏坛戏台，诸宫人随之，故不便登。盖静闻先求之灵室，而灵室转言师者。期以十一日启，十二日登。乃复启重门，送客出。

出门即独秀岩，乃西入岩焉。其岩南向，不甚高，岩内刻诗镂画甚多。其西裂二隙，下坠有圆洼，亦不甚深，分两重而已。岩左崖镌《西岩记》，乃元至顺间记顺帝潜邸于此。手刻佛像，镂石布崖，俱极精巧，时字为苔掩，不能认也。洞上篆方石大书“太平岩”三字。夹道西碑言：西岩自元顺帝刻像，其内官镌记后，即为本朝藩封。其洞久塞，重垣闭之。嘉靖间，王见兽入其隙，逐而开之，始抉其闭而表扬焉。命曰太平岩。岩右有路可盘崖而登，时无导者，姑听之异日。乃仍从月池西北出藩城。于是又西半里，过分巡，其西有宗藩，收罗诸巧石，环置户内外，余入观之，择其小者以定五枚，俟后日来取。

乃从后按察司前南行大街一里，至樵楼，从楼北西向行半里，穿榕树门。其门北向，大树正跨其巅，巨本盘耸而上，虬根分跨而下，昔为唐、宋南门，元时拓城于外。其门久塞，嘉靖乙卯，总阃周于德抉壅闭而通焉。

由门南出，前即有水汇为大池，后即门顶，以巨石叠级分东西上，亦有两大榕南向，东西夹之。上建关帝殿，南面临池，甚为雄畅，殿西下，总阃建牙，路从总阃西循城而南一里，西出武胜门，乃北溯西江，行一里，而达隐山。其山北倚马留诸岫，西接侯山诸峰，东带城垣，南临西江，独峙坞中，不高而中空，故曰隐山。山四面有六洞环列：东为朝阳洞，寺在其下。洞口东向，下层通水，上层北辟一门，就石刻老君像，今称老君洞。山北麓下为北牖洞。洞东石池一方，水溢麓下，汇而不流，外窦卑伏，而内甚宏深。前有庵，由庵后披隙入，洞圆整危朗，后复上盘一龛，左有一窗西辟，石柱旁列，不通水窦。其北崖之上为白雀洞，在朝阳后洞西。门北向，入甚隘，前有线隙横列，上彻天光，渐南渐下，直通水。又西为嘉莲洞，亦北向，与白雀并列。洞分东西两隙，俱南向下坠，洞内时开小穴，彼此相望，数丈辄合，内坠渊黑，亦抵水。又西过一石隙，西北有石，平度错萼中，绝胜琼台，乃南转为夕阳。洞西向，洞口飞石，中门为两。门左一侧壑汇水，由水窦东通于内，右有曲穴北转，内其凄暗，下坠深潭，盖南北皆与水会焉。又南转西南山麓为南华洞。洞南向，势渐下，汇水当门，可厉入。深入则六洞同流。五洞之底，皆交连中络，惟北牖则另辟一水窦，初不由洞中通云。闻昔唐、宋时西江之水，东潆榕树门，其山汇于巨浸中，是名西湖。其诸纪游者俱云“乘舟载酒而入”。今则西江南下，湖变成田，沧桑之感有馀，荡漾之观不足矣。余初至朝阳寺，为东洞僧月印导，由殿后入洞，穿老君之侧上，出山北，乃西过白雀、嘉莲，皆北隅之洞也。西南转平石台，是日甫照不能停，乃南过夕阳，此西隅之洞也。又南转而东，过南华，则南隅之洞云。

余欲从此涉水而入，月印言：“秋冬水涸虫蛰，方可内涉，今水大深处莫测，而蛇龙居焉，老僧不能导。请北游北牖，可炊焉。兹已逾午矣。”余从之。乃东过西湖神庙，又北转过朝阳，别月印，逾隐山东北隅。其处石片分列，如张幕，如裁云，如透月，幻极纷纭，涧以采泽，不啻削芙蓉、缀蛱蝶也。有一石峰，即石池一方，下浸北麓，其内水时滴沥，声如宏钟。西入北牖庵，令顾仆就炊于庵内，余与静闻分踞北牖洞西窗上，外揽群峰，内阚洞府。久之，出饭庵前松荫下。

复由老君洞入，仍次第探焉。南抵南华，遇一老叟，曰：“此内水窦旁通，虽浅深不测，而余独熟经其内。君欲入，明当引炬，以佐前驱。”余欲强其即入，曰：“此时不及，且未松明。”乃以诘旦为期。余乃南随西江之东涯，仍一里，过武胜门，西门。又南循城西一里，过宁远门，南门。由正街南渡桥，行半里，复东入岐。路循西江南分之派，行一里，抵漓山，山之东即为漓江也。南有千手观音庵。从山之西麓转其北，则漓水自北，西江自西，俱直捣山下，山怒崖鹏骞，上腾下裂，以厄其冲，置磴上盘山腰，得雉岩寺。时已薄暮，遂停囊岩寺。遇庠友杨子正，方读书其间，遂从其后跻石峡，同蹑青萝阁，谒玉皇像。余与子正倚阁暮谈至昏黑，乃饭岩寺而就枕焉。

初五日

是为端阳节。晨起，雨大注，念令节名山，何不暂憩，乃令顾仆入城市蔬酒。余方凭槛看山，忽杨君之窗友郑君子英，朱君兄弟超凡、涤凡俱至，盖俱读书青萝阁。上午雨止，下雉岩寺，略纪连日游辙，而携饮者至。余让之，出坐雉岩寺亭，杨、郑四君复以柬来订。当午，余就亭中以蒲酒、雄黄自酬节意。下午，四君携酒至，复就青萝饮之。朱君有家乐，效吴腔，以为此中盛事，不知余之厌闻也。时方禁龙舟，舟人各以小艇私棹于山下，鼍鼓雷殷[31]，回波雪涌，殊方同俗，聊资凭吊，不觉再热。既暮，复下山西入一洞，洞在山足，门西向，高穹而中平，上镌“乐盛洞”三字，古甚，不知何人题。前有道宫，亦就荒圮。出洞，复东循雉岩崖麓，沿江而东，其东隅有石，上自山巅，下插江中，中剜而透明，深二丈，高三丈，若辟而成户，江流自北汇其中。涉其南透崖以上，即为千手大士庵。余因濯足弄水，抵暮乃上宿雉岩。

雉岩，《一统志》以为即漓山，在城南三里，阳水南支经其北，漓水南下经其东。东有石门嵌江，西有穹洞深入，南有千手大士庵，俱列其足。雉岩寺高悬山半，北迎两江颓浪，飞槛缀崖，倒影澄碧。寺西为雉山亭，南为雉山洞。洞外即飞崖斗发，裂隙迸峡，直自巅下彻，旁有悬龙矫变，石色都异。前大石平涌为莲台。台右根与后峡相接处，下透小穴入，西向台隙，摩崖登台，则悬龙架峡，正出其上。昔有阁曰青萝，今移置台端，登之不知其为台也。然胜概麇集，不以阁掩。是山正对城南，为城外第二重案山。北一里曰象鼻山水月洞，南三里曰崖头净瓶山荷叶洞，俱东逼漓江，而是山在中较高，《志》遂以此为漓山。范成大又以象鼻山水月洞为漓山，后人漫无适从。然二山形象颇相似。但雉岩石门，不若水月扩然巨观，故游者舍彼趋此。然以予权之，濒江午向三山，不特此二山相匹，崖头西北山脚，石亦剜空嵌水，跨成小门，其离立江水冲合中，三山俱可名漓也。

初六日

晨餐后作二诗。别郑、杨诸君。郑君复强少留，以一诗酬赠焉。遂下山，西南一里入大道，东南一里过南溪桥。南溪之山，高峙桥东，有水自西南直上逼西麓，绕山东北入漓去。石梁跨其上，即所谓南溪也。白龙洞在山椒，累级而上，洞门高张，西向临溪，两石倒悬洞口，岂即所谓白龙者耶？洞下广列崇殿，仰望不知为洞。由殿左透级上，得璇室如层楼，内有自然之龛，置千手观音。前临殿室之上，环瞻洞顶，为此洞最胜处。从此北向东转，遂成昏黑。

先是，买炬山僧，僧言："由洞内竟可达刘仙岩，不必仍由此洞出。"及征钱篝火入，中颇宽宏多歧。先极其东隅，上跻一隙，余以为刘仙道也。竟途穷莫进。又南下一洼，则支窦傍午，上下交错，余又以为刘仙道也。山僧言："此乃护珠岩道，崄巇莫逾[32]。与其踯躅于杳黑，不若出洞平行为便。"时所赍茅炬已浪爇垂尽，乃随僧仍出白龙。

下山至桥，望白龙之右复有洞盘空，而急于刘岩，遂从桥东循山南东转，则南面一崖，层突弥耸，下亦有窍旁错，时交臂而过。忽山雨复来，乃奔憩崖下，跻隙坐飞石上，出胡饼啖之。雨帘外窥，内映乳幕，仙仙乎有凌云餐霞之想。久之，雨止，下岩，转岩之东，则刘仙岩在是矣。岩与白龙洞东西分向，由山南盘麓而行，相去不过一里，而避雨之岩，正界其中，有观在岩下。先入觅道士炊饭，而道枕未醒，有童子师导从观右登级，先穿门西入，旋转逾门上，复透门出，又得一岩，东南向，中置三仙焉，则刘仙与其师张平叔辈也。又左由透门之上，再度而北，又开一岩，中置仙妃，岩前悬石甚巨，当洞门，若树屏，若垂帘。刘仙篆雷符于上岩右壁，又有寇忠愍准大书，俱余所欲得者。予至岩，即周览各窦。询与白龙潜通处，竟不可得。乃知白龙所通，即避雨岩下窦，导僧所云护珠岩是也。时雨复连绵不止，余乃令顾仆随童子师下观，觅米自炊。

余出匣中手摹雷符及寇书，而石崖歌则石雨淋漓，抵暮而所摹无几。又令静闻抄录张、刘二仙《金丹歌》，亦未竟。又崖间镌刘仙《养气汤方》及唐少卿《遇仙记》，未录，遂宿观。道士出粥以饷。中夜大雨，势若倒峡。

刘仙名景，字仲远，乃平叔弟子，各有《金丹秘歌》镌崖内，又有《俞真人歌》在洞门崖上，半已剥落，而《养气汤方》甚妙，唐少卿书奇，俱附镌焉。

初七日

雨滂沱不止。令顾仆炊饭观中。余与静闻冒雨登岩，各完未完之摹录。遂由玉皇祠后寻草中伏级，向东北登山，草深雨湿，里衣沾透，而瞻顾岩石，层层犹不能已。而童子师追寻至岩中，顾不见客，高声招餐，余乃还饭寺中。

饭后道士童师导由穿云岩。其岩在上岩东南绝壁下，洞口亦东南向。其洞高穹爽朗，后与左右分穿三窍，左窍旁透洞前，后与右其窍小而暗，不暗行也。洞内镌《桂林十二岩十二洞歌》，乃宋人笔。余喜其名，欲录之，而高不可及。道士取二梯倚崖间，缘缘分录，录完出洞。洞右有文昌祠，由其前东过仙人足迹，迹在石上，比余足更长其半，而阔亦如之，深及五寸，指印分明，乃左足也。其侧石上书“仙迹”二字，“迹”字乃手指所画，而“仙”字乃凿镌成之者。

由迹北上，即为仙迹岩。岩在穿云东北崖之上，在上岩东隅，洞口亦东南向，外亦高朗，置老君像焉。其内乳柱倒垂，界为两重，若堂皇之后，屏列窗棂，分内外室者。洞岩穿窦两岐，俱不深，而玲珑有馀。

徘徊久之，雨霏不止，仍从仙迹石一里抵观前，别道士童师，遂南行二里，出十里铺。铺在斗鸡西，郡往平乐大道。由铺南进灵懿石坊，东向岐路，入一里，北望穿山，隔江高悬目窦。昔从北顾，今转作南瞻，空濛雨色中，得此圆明，疑是中秋半晴半雨也。再前，望崖头北隅梳妆台下，飞石嵌江，刓成门阙。远望之，较水月似小，而与雉山石门，其势相似。然急流涌其中，荡漾尤异。倏忽之间，上见圆明达云，下睹方渚嵌水。瞻顾之间，奇绝未有。

共一里，东至崖头庙。其山在雉山之南，乃城南第三重，当午之案也。漓江西合阳江于雉山，又东会拖剑水及漓江支水于穿山，奔流南下，此山当其冲。山不甚高，而屹立扼流，有当熊之势。西向祀嘉应妃，甚灵，即灵懿庙。宋嘉定间加封嘉应善利妃。其北崖有亭，为梳妆台，下即飞崖悬嵌，中刓成门处，而崖突波倾，不能下瞰。但见回浪跃澜，漩石而出，时琤然有声耳。坐久之，返庙中。

由其后入一洞，其门西向。穿门历级下，其后岈然通望，有石肺垂洞中，其色正绿，叠覆田田，是为荷叶洞。穿叶底透山东北，即通明之口也，漓江复潆其下。由叶前左下，东转深黑中，其势穹然，不及索炬而入。初，余自雉山僧闻荷叶洞之名，问之不得其处，至是拭崖题知之，得于意外。洞亦灵幻，不负雨中踯躅。庙中无居人，赛神携火就崖而炊，前后不绝。其东北隅石崖插江，山名“净瓶”以此。须泛舟沿流观之，其上莫窥之。

仍二里出，大道旁十里铺，经白龙洞，北随溪探前所望白龙左洞，则玄岩也。岩东向，洞门高耸。下峡，由南腋东入上洞[33]。东登必由北奥，俱崇深幽邃，无炬不能遐历。洞前乳柱缤纷，不减白龙。上镌"玄岩"，字甚古。出洞，饭而雨霁。五里，入宁远门，南门。返寓，易衣浣污焉[34]。

初八日

晨餐后，市石于按察司东初旸王孙家，令顾仆先携三小者返寓，以三大者留为包夹焉。余遂同静闻里半出北门，转而东，半里，北入支径，过一塘，遂登刘岩山。先有庵在山麓，洞当其后，为刘岩洞。洞门西向，东下渊黑，外置门为藏蓌之所。此岩以刘姓者名，与城南刘仙同名实异也。

由洞右跻危级而上，是为明月洞。其洞高缀危崖之半，上削千尺，下临重壑，洞门亦西向，僧白云架佛阁于洞门之上，层叠倚岩，有飞云缀空之势。洞在阁下，东入岈然，然昏黑莫辨，无甚奇。

出洞，觅所谓望夫山。山在其北，犹掩不可睹。乃饭而下，崖半见北有支径，遂循崖少北，复见一洞西向，其门高悬，为僧伐木倒架，纵横洞前，无由上跻。方徘徊间，而白云自上望之，亟趋而下，怂恿引登，梯叠门而上，一石当门树屏。由其左透隙，则宛转玲珑，逾石脊东下，穹然直透山腹。辟门东出，外临层崖，内列堂奥，凭空下瞰，如置身云端也。洞门乳柱纵横，径窦逆裂。北有一径，高穹下坠，东转昏黑，亦有门东出，暗不复下。复与白云分踞石脊之中，谈此洞灵异。昔其徒有不逞者，入洞迷昧，不知所往。白云遍觅无可得，哀求佛前。五日，复自洞侧出，言为神所缚，将置之海，以师乞免贳之[35]。然先是觅洞中数遍，不知从何出也。此间东西透豁，而有脊有门中界之，不若穿山、叠彩、中隐、南峰诸洞，扩然平通，下望明皎，内无馀奥也。

下洞，别白云。仍一里，西过北门，门西峰当面起，削山为城。循其北麓转西北城角，下盘层石，上削危城。其西正马留山东度之脉。其南濒城为池，南汇与凉水洞桥，新西门外。而南入阳江。其北则洼汇山塘，而东浅于虞山接龙桥下者。《志》所称始安峤，当在其处也。《志》又有冷水洞，在城东，而曾公岩亦名冷水，而此又有冷水焉。凉水洞桥北，满堂皆莲花，香艳远暨，亦胜地。凉水洞在新西门外。北门在两山夹中，东、西二峰峭竖而起。东峰俗呼为马鞍，西峰俗呼为真武。东峰疑即镇南峰，《志》言有唐人勒石，尚未觅得。西峰南麓，王阳明祠。因之为城，锁钥甚壮。然北城随山南转，故北隅甚狭，渐迤而南，则东西开扩矣。

余少憩城外西北角盘崖之上，旋入北门，西谒阳明祠。复东由大街南行，则望洞西岩之穴，正当明处，若皎月高悬焉。又南，共一里，至《桂岭碑》侧。西向濒城，复得一山，则华景洞在焉。洞门东向，前有大池，后倚山，则亦因为西城者。洞前岩平朗，上覆外敞，其南昔有楼阁，今俱倾圮莫支，僧移就岩栖焉。岩后穿穴为门，其内岭岈[36]，分而为三：南入者洼暗而邃；西透者昔穿城外，因为城门，后甃石塞而断焉；北转者上出岩前，下履飞石，东临岩上，崖有旧镌一，为开庆元年手敕，乃畀其镇将者。开庆不知是何年号，其词翰俱为可观。而下有谢表并跋，则泐不能读矣[37]。

已复出至前岩，僧言："由洞左攀城而上，山之绝顶，有《诸葛碑》。"余从闻异之，亟西登城陴，乃循而南登，已从石萼丛错中攀跻山顶。此顶当是宝积山。《志》言宝积与华景相连，上多危石怪木，然今又为卧龙山，想一山而南北异名耳。顶南荒草中有两碑：一为成化间开府孔镛撰文，一为嘉靖间阃帅俞大猷修记。皆言此山昔名卧龙，故因而祀公，以公德业在天下，非以地拘也。今顶祠已废，更创山麓。从其上东俯宫衢，晚烟历历，西瞰濛渚[38]，荷叶田田。近则马留山倒影，远则侯山诸峰列翠，虽无诸葛遗踪，亦为八桂胜地。其侧崖棘中，有百合花一枝，五萼甚巨，因连根折之，肩而下山，即为按察司后矣。薄暮，共二里抵寓。

初九日

余少憩寓中。上午，南自大街一里过樵楼，市扇欲书《登秀诗》，赠绀谷、灵室二僧，扇无佳者。乃从县后街西入宗室廉泉园。廉泉丰仪修整，礼度谦厚，令童导游内园甚遍。园在居右，后临大塘，远山近水，映带颇胜，果树峰石，杂植其中，而亭榭则雕镂缋饰，板而无纹也。停憩久之。

东南一里，过五岳观。又一里，出文昌门，乃东南门也。南溪山正对其前，转若一指，直上南过石梁，梁下即阳江北分派。即东转而行，半里，过桂林会馆。又半里，抵石山南行麓，则三教庵在焉。庵后为右军崖，即方信孺结轩处。方诗刻庵后石崖上，犹完好可拓。其山亦为漓山，今人呼为象鼻山，与雉山之漓，或彼或此，未知袒当谁左。山东南隅亦有洞，南向，即在庵旁而置栅锁，因土人藏蔞其中也。洞不甚宽广，昔直透东北隅，今其后窍已叠石掩塞。循石崖东北，遂抵漓江。乃盘山溯行，从石崖危嵌中又得一洞，北向，名南极洞。其中不甚深，出其中前，直盘至西北隅，是为象鼻岩，而水月洞现焉。盖一山而皆以形象异名也。飞崖自山顶飞跨，北插中流，东西俱高剜成门，阳江从城南来，流贯而合于漓。上既空明如月，下复内外漾波，“水月”之称以此。而插江之涯，下跨于水，上属于山，中垂外掀，有卷鼻之势，“象鼻”之称又以此。水洞之南，崖半又辟陆洞。其崖亦自山顶东跨江畔，中剜圆窍，长若行廊，直透水洞之上，北踞窍口，下瞰水洞，东西交穿互映之景，真为胜绝。宋范石湖作铭勒窍壁以存。字大小不一，半已湮沕，此断文蚀柬，真可与范《铭》同珍。当觅工拓之，不可失也。时有渔舟泊洞口崖石间，因令棹余绕出洞外，复穿入洞中，兼尽水陆之观。

乃南行一里，渡漓江东岸，又二里，抵穿山下。其山西与斗鸡山相对。斗鸡在刘仙岩南，崖头山北，漓江西岸濒江之山也。东西夹漓，怒冠鼓距，两山当合名斗鸡，特东山透明如圆镜，故更以穿山名之。山之西又有一峰危立，初望之为一，抵其下，始见竖石下剖，直抵山之根，若岐若合，亭亭夹立，盖山以脆薄飞扬见奇也。土人名为荷叶山，殊得之也。穿山北麓，嘉熙拖剑之水直漱崖根，循山而南，遂与漓合。余始至其北，隔溪不得渡。望崖壁危悬，洞门或明或暗，纷纷错列，即渡亦不得上。乃随溪南行，隔水东眺，则穿岩已转，不睹空明，而山侧成峰，尖若竖指矣。又以小舟东渡，出穿山南麓，北面而登，拨草寻磴。登一岩，高而倚山半，其门南向，疑即穿岩矣。而其内乳柱中悬，琼楞层叠，殊有曲折之致。由其左深入，则渐洼而黑，水汇于中。知非穿岩，乃出。由其右复攀跻而上，则崇岩旷然，平透山腹，径山十馀丈，高阔俱五六丈，上若卷桥，下如甬道，中无悬列之石，故一望通明。洞北崖右有镌为“空明”者。由其外攀崖东转，又开一洞，北向，与穿岩并列，而后不中通，内分层奥。若以穿岩为皇堂，则此为奥室矣。其东尚有三洞门，下可望见。

至此则峭削绝径。穿岩之南，其上复悬一洞，南向，与穿岩叠起，而后不北透，内列重帏。若以穿岩为平台，则此为架阁矣。

凭眺久之，仍由旧路东下汇水岩。将南抵山麓，复见一洞，门亦南向，而列于汇水之东。其内亦有支窍，西入而隘黑无奇。时将薄暮，遂仍西渡荷叶山下。北二里，过河舶所，溯漓江东岸，又东北三里，北过訾家洲，渡浮桥而返寓。

初十日

余憩寓中，上午令取前留初旸所裹石，内一黑峰，多斧接痕。下午，得亲携往换，而初旸观戏王城后门，姑以石留其家。遂同静闻以所书诗扇及岳茗赍送绀谷，比抵王城后门，时方演剧，观者拥列门阑，不得入。静闻袖扇、茗登忏坛。适绀谷在坛，更为订期十三日。余时暴日中暑甚，不欲观戏，急托阑内僧促静闻返，乃憩寓中。

十一日

饭后出东江门，渡浮桥，共一里，过嘉熙桥，问龙隐路。龙隐岩即在桥东之南崖，乃来时所过夹路两山：北为七星，南为龙隐。其岩洞俱西向临江，七星之后穿山而东者，为曾公岩，其前有峰分岐，植立路北。龙隐之后逾岭而南者，为隐真岩。其北有石端拱，俯瞰路南，此来时初入之隘，至是始得其详也。从桥上南眺龙隐，与月牙并列东崖。第月牙稍北，度桥循山，有路可通，而龙隐稍南，须从桥下涉江而上，其大道则自端拱之石，南逾岭坳，循隐真而西，又从怡云北转始达。其间又迂回里馀矣。

余欲并眺端拱石人，遂由桥东直趋岭下，乃南上平瞻石人。又南下，即得一大塘。由塘北循山西转，其崖石俱盘削飞突。崖有隐真岩，建阁祠。共里馀，抵山之西南隅，其峰益嵯峨层叠，中空外耸，上若鹊桥悬空，心异之。知龙隐在下，始攀隙而登。上有台址，拂崖读记，则怡云亭之废迹也。由其上转罅梯空，穿石锷上跻，其石片片悬缀，侧者透峡，平者架桥，无不嵌空玲珑。既而踞坐桥下，则上覆为龛，攀历桥上，则下悬成阁，此真龙角之宫，蟾口之窟也。

下至怡云，其右即龙隐在焉。洞门西向，高穹广衍，无奥隔之窍。而顶石平覆，若施幔布幄，有纹二缕，蜿蜒若龙，萃而为头，则悬石下垂，水滴其端，若骊珠焉。此龙隐之所由其名也。其洞昔为释迦寺，僧庐甚盛，宋人之刻多萃其间，后有《元祐党人碑》，则其尤著者也。今已废弃，寂无人居，岂释教之盛衰，抑世变之沧桑也？洞右近口，复绾台垂柱，环为层龛，内瞩重洞，外瞰深流，此为最胜。

出岩，已过午矣。仍从怡云南麓，东北逾端岭，过"拱石人"处。乃西转循街共里馀，将至花桥，令顾仆北炊于朝云岩，即融止所栖处。共里馀，余与静闻南沿西麓，随流历磴半里，入月牙岩。其岩西向，与龙岩比肩而立，第此则叠石通磴，彼则断壁削崖，路分通塞耳。其岩上环如玦而西缺其口，内不甚深而半圆半豁，形如上弦之状，钩帘垂幌，下映清泠，亦幽境也。

既而仍由街北过七星，入寿佛寺。寺在七星观北，其后即栖霞大洞。僧空生颇雅饬，因留客。时余急于朝云之餐，遂辞。乃从其北而东蹑磴，则朝云之餐已熟，亟餐之，下午矣。下山，北过葛老桥，东入一王孙之苑，中多果木，方建亭饬庑焉。地幽而制板，非余所欲观也。

时余欲觅屏风，而遍询莫识，或有以黄金岩告者，谓去城东北五里，其道路吻合，疑即此山。及询黄金，又多指朝云下佛庐当之，谓内阁王公所建。此乃王公非黄金也。求屏风而不得，并黄金而莫从，乃贸贸焉望东北而趋。约三里，遇负担而询之，其指村北山曰："此即是矣。"此中土人，鲜知其名，乃从村右北趋，问之村人，仍不知也。中犹疑信参半，及抵山东麓，则削崖平展，列嶂危悬，所云屏风，庶几不远。

已转北麓，则洞门如峡，自下高穹，山顶两崖，阔五丈，高十馀丈。初向南平入，十丈之内，忽少转东南向，忽明穴天开，自下望之，层楼结蜃，高镜悬空，即非屏风岩，亦异境也。从此遂高跻也。又十馀丈而出明穴之口。先，余一入洞，即采嫩松拭两崖，开藓剔翳，而古刻露焉。字尽得松膏之润，如摹拓者然，虽蚀亦渐可辨，右崖镌"程公岩"三大字。西有记文一通，则是岩为鄱阳程公崇宁帅桂时所开，而程子邻嗣为桂帅，大观四年，属侯彭老为记，梵仙赵岍书之者也。《志》言屏风岩一名程公，至此乃憬然无疑，而转讶负担指点之人所遇之奇也。乃更拭其西，又镌《壶天观铭序》，有“石湖居士名之曰空明之洞”之文，而后不著撰名，第复草书二行于后曰：“淳熙乙未廿八日，酌别碧虚七人复过壶天观。”姓字在栖霞，必即范公无疑，又不可无栖霞一番详证矣。左崖镌张安国诗题，其字甚放逸。其西又携《大宋磨崖碑》，为李彦弼大书深刻者。其书甚大而高，不及尽拭而读之。遂西向登级，上登穴口，其内岩顶之石，层层下垂，若云翼势空，极其雄峻。将至穴口，其处少平。北奥有大石幢，盘叠至顶，圆若转轮[39]，累若覆莲，色碧形幻，何造物之设奇若此也[40]。是处当壶天观故址，劫尘荡尽，灵穴当悬，更觉空明不夹。出穴而西，其外山回崖转，石骨森森，下即盘峰成窝。窝底有洞北向，心颇异之。遂不及返观前洞，竟从明穴之后觅径西南下，及抵窝入洞。洞不甚深，乃即逾窝而西，有石峰骈枝并起：一为石工锤凿垂尽，一犹亭亭独立。从其东更南三里，已出葛老桥之西。于是循朝云、七星西麓，西度花桥。时方日落，市人纷言流贼薄永城，省城戒严，城门已闭。亟驰一里，过浮桥，而门犹半启，得返寓焉。

十二日

复二里，过初旸宗室，换得一石，令顾仆肩之，欲寄于都府街东裱工胡姓家，适大雨如注。共里馀，抵胡。胡亟来接，入手而石尖砼然中断，余无如之奈何，姑置其家。候雨少止，遂西过都府前，又西径学宫，乃南行，共二里而出丽泽门。门外有巨塘汇水，水自西北城角马留过脊处南抵振武门，北入阳江，自北而南，有石梁跨之，曰凉水洞桥。其梁北塘中，莲花盛开，幽香艳色，坐梁端树下眺之，令人不能去。又西南行一里，已出隐山之外，从其西度湖桥，溯阳江北岸而西，通侯山背，而大道犹在西南，当自振武门西度定西桥。

时余欲觅中隐山，久询不得，《志》言在城西南十里，乃转而南行。又一里，抵振武门。于是越桥西行一里，忽见路右有山森然，有洞岈然，即北趋其下。前有古寺，拭碑读之，则西山也。西山之胜，余以为与隐山、西湖相近，先是数询之不获，然亦不知有洞也。亟舍寺趋洞，洞门南向，其东又有裂石，自峰顶下跨成门，复舍洞趋之。则其门南北豁然，亦如雉山、象鼻之中空外跨，但彼则急流中贯，此则澄潭外绕耳。然其外跨之石，其上欹叠交错，尤露奇炫异放，亦未遽入门中。行绕其东，遂抵山北，则北向亦有洞岈然。穿洞而南，横透山腹，竟与南洞南北贯彻，第中有夹门，有垂柱，不若穿山中洞、风洞西岩一望皎然耳。然其内平整曲折，以小巧见奇，固居然一胜也。出南洞，望洞左有磴叠嵯峨。循之北跻峰顶，则怪异之石，锷簇锋攒，中旋为平凹，长若沟洫，光滑特异。既下至南洞前，始东入石门。其门乃片石下攒，垂石上覆，中门高辟，众窍旁通，内穹一室，外启八窗，亦以小巧见奇，又一胜也。停憩久之，望其西峰，石亦耸列。从寺后西历其上，由峰崿中历级南下，出庆元伯祠，乃弘治时孝穆皇太后祠其父者。西循大道，行又三里，由岐径北趋木陵村。

先是，求中隐不得，至此有居人朱姓者，告余曰："中隐、吕公，余俱未之闻。惟木陵村有佛子岩，其洞三层，道里相同，或即此岩未可知。"余颔之，遂从此岐入。西北二里，望见石峰在侯山东麓，洞门高悬。乃令顾仆就炊村氓家，余同静闻北抵岩下。其岩之东，先有二洞南向，余先入最东者，则洞敞而不深，稍西则洞门侧裂，外垂列乳，中横一屏。屏后深峡下坠，屏东西俱有门可瞰而下。由峡中北入，其窍旁裂，渐隘而黑，乃复出。又西上入大洞，其洞南下北上，穹然高透，颇如程公岩。瞻右崖有题，亟以松枝磨拭之，则宋绍兴甲戌七月望吕愿忠题中隐山《吕公洞诗》也。后署云："假守洛阳吕叔恭游中隐山无名洞，客有言：'此洞因君显，当以吕公名之。'余未敢。披襟在坐者，皆曰：'当甚。'因书五十六字镌于壁。"余见之，更憬然喜。始知佛子岩之即吕公，吕公岩之即中隐也。于是北跻后穴，其内云翼劈空，叠层倒骞，与洞俱上，不作逼隘之观。而穴口高朗，更大于程公岩之后穴也。

出口而北，有石磴二道：一东北下山麓，一西北跻山顶。余先从其下者，则北向之麓，皆崆峒如云嘘幔覆。外有倒石，界而为门，列而为窗，而内蜿蜒旁通，绕若行廊复道，北下洞之最幽奇者也。既而复上中洞后穴，从其左西北跻级而上，忽复得一洞。其洞北入南穹，扩然平朗，南向之中一石耸立如台，上有石佛，不知其自来，洞右有记，言此洞从前路塞莫上，一日，有樵者入憩，忽睹此像，异而建之，此宋初也。佛子洞之名所由也。其前有巨石柱，如屏中峙，东西界为两门：西窍大而正，自下远眺，从窍直透北山，而东则隐焉。东窍狭而偏，其窍内东旋一龛，中圆覆而外夹如门，门上龙虎交两旁，有因而雕绘之者，及失天真，则真之宫也。窍外循崖东转，又辟一门，下临中洞之上，则关帝之座也。余得一佛子，而中隐吕公岩诸迹，种种毕现，诚意外之奇遇也。仍由洞北东下，穿中洞南出，再读吕公五十六字题，识之以待归录。

出洞中，复循山西行。又开一洞，南向与中洞并列，中存佛座、柱础，则昔时梵宇也，而内不甚宏。由其西攀磴而上，又有南向之洞，余时腹已枵然，急下山，饭于木陵氓家。

氓言："西向侯山之下，尚有铜钱岩，可透出前山。北向赵家山，亦有洞可深入。南向茶庵之西，又有陈抟岩，颇奇。"余思诸岩不能遍历，而侯山为众峰之冠，其岩不可交臂而过。遂由中隐旧路越小桥西，共一里，抵侯山庙。庙后山麓漫衍，蹈水披丛，茫不得洞，但见有级上跻，几欲贾勇一登绝顶，而山前行者，高呼日暮不可登。第西南遥望大道之南，削峰东转，有洞东北穹焉。不知为铜钱，为陈抟，姑望之而趋。交大道南去，共一里，抵其下。洞门东北向，高倚山半，而前有潴水，汇而成潭。从潭上拾级攀棘，遂入洞中。其洞乱石堆门，外高内深，历石级西南下，直坠洞底，则水涯渊然。内望有一石横突而出，若龙首腾空，下有仄崖嵌水，内有裂隙旁通。余抵龙首之下，畏仄崖峭滑，逡巡未前，而从者高呼日暮路险，此可莫入，乃从之出。

下山循麓转出东南，则此山之背，似复有门，前复汇水，岂所云铜钱岩可透前山者，乃即此耶？其处西峰骈耸，无侯山之高而峭拔过之。日暮急驰，姑留以为后日之游。共二里，南出大道，回顾其西路南夹道之山，上有一窍东西透空，亦与佛子、穿岩无异，俱留为后游。执途人问："前所入北向洞何名？"则架梯岩，一名石鼓洞也。时途中又纷言城门已闭，竭蹶东趋三里，过茶庵，又二里，过前木陵分岐处，已昏黑矣。度已不及入城，又三里，抵振武门，犹未全掩也。侧身而入，从容抵寓。

十三日

早促饭。即出靖藩城北门，过独秀西庵，叩绀谷，已入内宫礼忏矣。登峰之约，复欲移之他日。余召与其徒灵室期，姑先阳朔，而后来此。

乃出就日门，过木龙南洞，由其下渡江，还望木龙洞下层，复有洞滨江穿麓，潆流可爱。上江东涯，即溯江流北行，不半里，入千佛阁，乃平殿也。前有大榕一株。问所谓辰山者，自庵至渡头东街，僧俗少及长俱无一知。乃东向苍莽行，冀近山处或得一识者，如屏风岩故事。随大路东北五里，眺尧山在东，屏风岩在南，独辰山茫然无辨。一负刍者，执而问之，其人曰："余生长于此，未闻所谓辰山。无已，则东南数里，有寨山角，其岩前后相通，或即此也。"余欲从之，将东南行，忽北望一山去路不一里，而其山穹然有洞，洞口有石当门，赭色斑烂，彪炳有异，亟问何名。负刍者曰："老虎山也。"余谓静闻："何不先了此，而后觅辰山。"

遂北由岐行一时，抵山下，有耕者，再问之，语如初。乃望高贾勇，遂先登洞口斑烂石畔，穿入跨下，其内天光自顶四射，由下北透其腹，再入重门，支峡后裂，层庋上悬，俱莫可度。返南，向重门内攀崖上跻，遂履层楼，徘徊未下。忽一人来候洞前，乃下问之，曰："是山名老虎山，是洞名狮子口，以形也。又名黄鹂岩，以色也。山前有三洞：下曰平地，中曰道士，上曰黄鹂。"似欲为余前驱者。余出洞，见山顶石丛参错，不暇与其人语，遂循路上跻。其石片片皆冰棱铁色。久之下岭，石棱就夷，棘道转没。方踯躅间，前候者自山下释耒趋上，引余左入道士岩。岩亦南向，在黄鹂之东而稍下，所谓中洞也。洞之前壁，右镌李彦弼、左镌胡槻诗，皆赠刘升之者。升之家山下，读书洞间，故当道皆重之。拂读诗叙，始知是山之即为辰山。又得辰山之不待外索，更奇甚。前得屏风岩于近山之指示，又得中隐山于时登之摹拟，若此山近人皆以为非，既登莫知其是，而数百年之遗迹，独耿然示我也。其孰提醒而孰嘿导之耶？

余就岩录诗，因令顾仆随导者往其家就炊，其人欣然同去。录未竟，其人复来候往就餐，余乃随之穿东侧门而出。其门内剖重龛，外耸峡壁。东向下山，以为其家不远，瞻眺无近村，始知尚在东北一里外也。其人姓王名世荣，号庆宇，山四旁惟兹姓最近，为山之主。抵王氏，主人备餐加豆，且留宿焉。

余见尧山渐近，拟为明日游，因俞其请而以馀晷索近胜。庆宇乃肩梯束炬前导，为青珠洞游。不约而随者数十人，皆王姓。遂复趋辰山北麓。其洞北向，裂峡上并山顶，内界两层。始向南，入十馀丈，乃攀崖而上，其中穹窿而暗。稍转而西，乃竖梯向北崖上跻。既登，遂北入峡中五丈馀，透出横峡。其峡东西横亘，上高俱不见顶。由东行四五丈，渐辟生光，有大石柱中悬。绕出柱西，其峡又南北竖裂：南入而临洞底，即穹窿暗顶之上也；北出而临洞门，即裂峡分层之巅也。洞门中列二柱，剖为一门二窗，延影内射，正当圆柱。余诧以为奇，而导者曰："未也。"转从横峡口，又由西行四五丈，有窍南入，甚隘。悉去衣赤体，伏地蛇伸以进。其穴长三丈，大仅如筒，又曲折而有中悬之柱，若范人之身，而为之窍者。时从游两人，以火炬先入，余继之。半晌而度，即西坠度板，然后后入者得顶踵而入，几几手度一人，须磨捱一时矣。过隘，洞复穹然，上崇下陷，乃俯南降，垂乳纷列，迥与外异，导者曰："未也。"又西逾一梁，梁横南北若阈，下可由穴以坠，上可截梁而度。越梁西下，石乳愈奇。西洼既穷，复转北上，靡丽盈眸，弥转弥胜。盖此洞与山南之黄鹂正南北相当，而南则层叠轩朗，涤虑怡神，可以久托；北则重闳崄巇，骇心悯目，所宜暂游。洵一山皆空，其环峙分门者虽多，无逾此二妙矣。出，复东循北麓，过洞门一，不甚深，转南向而循东麓，先过高穹之洞一，又过内削三曲一，又过狗头岩一，皆以高悬不入。又南过道士后峡门，又南得和合岩。其岩亦东向，内辄南裂成峡，而峡东壁上镌和合二仙像，衣褶妙若天然，必非尘笔可就。南向者三，即平地、道士、黄鹂也。《志》称辰山有洞三级，第指其南耳。惟西面予未之穷。

出青珠洞，过北洞一，东麓洞五，转西向而循南麓，遂入平地岩。其门南向，初入欹侧，不堪平行，侧身挨北缘东隙而上，内境既穹，外光渐闷。时火炬俱弃北隅，庆宇复欲出取，而暮色亦上，不堪栖迟，乃谢之出。亦以此洞既通中洞，已穷两端，无复中撷矣。乃从山东北一里，复抵王氏。庆宇之母，已具餐相待。是夜月色甚皎，而蚊聚成雷，庆宇撤己帐供客，主仆俱得安寝。

十四日

早餐于庆宇处。遂东行过一聚落，又东北共三里，过矮山。其山在尧山之西、漓水之东，其北复耸一枝，如拇指之附，乃石山最北之首峰也。山南崖削立，下有白岩洞。洞门南向，三窦旁通，其内垂石如莲叶卷覆，下多透漏，列为支门，其后少削，而下辄复平旷。转而西入数丈，仍南透天光。出洞而东有庵两重，庵后又有洞甚爽，僧置牛栏猪苙于中，此中之点缀名胜者如此。北小山之顶，一小石尖立，特起如人，山之名“矮”，以矮于众山。余见其嶙峋，欲以雅名易之，未能也。于是东向溯小溪行，共二里，抵尧山西麓，由王坟之左渡一小石桥，乃上山，入古石山坊，共二里，抵玉虚殿。其处山回成坞，西向开洋，水自山后转峡而来，可润可耕，名天赐田，而土人讹为“天子田”。由殿右转入山后，则两山夹而成涧，乃南向溯涧，半里，又逾涧东上，半里始登岭角，于是从岭上望东北最高峰而登。适得樵者，询帝尧庙所在。其人指最高峰曰：“庙在此顶，今已移麓，惟存二石为识，无他可睹也。”乃益东北上，三过狭脊，三登三降。又二里，始登第一高峰，然庙址无影响，并二石亦莫辨焉。盖此中皆石峰森立，得土山，反以为异，故群而称之，犹吾地皆土山，而偶得一石峰也。大舜虞山已属附影，犹有《史记》苍梧之文，而放勋何与于此哉！若谓声教南暨，则又不独此山也。或者曰：“山势岩峣。”又或曰：“昔为瑶人所穴，以声音之同，遂讹为过化所及。如卧龙之诸葛，此岂三国版图哉！”其山之东，石峰攒丛，有溪盘绕其间，当即大坝之上流，出于廖家村西者也。凭眺久之，仍五里下，饭于玉虚殿。又二里，抵山麓小桥，闻其北有尧庙，乃县中移以便伏腊故事者。其东南有寨山角、铁峰山，其名颇著。乃又南渡一桥，于是东南循尧山南麓而趋，将先探铁峰，遂可西南转及寨山、黄金而返也。

五里，已出尧山东南坞。其南石峰森森，而东南一峰，尤铮铮屼突[41]。余疑其为铁峰山，得两人自东来问之，曰：“铁峰在西，已逾而东矣。”余不信，曰：“宁失铁峰，此铮铮者不可失也。”益东南驰松篁间，复得一小沙弥，询铁峰，曰：“前即是矣。”出林，夹右转石山而南，将抵铮铮突峰之西，忽一老者曳杖至，再询之，则夹右而转者，即铁峰。其东南铮铮者，乃天童观后峰。铮铮者可望而不可登，铁峰山则可登而不可入。盖铁峰颇似独秀，其下有岩洞，昔有仙留记，曰：“有人开得铁峰山，真珠金宝满担担。”故先后多凿崖通窍者，及将得其门，辄坠石闭塞焉。老者指余循南麓遍探，仍返勘东麓，俱无深入容身之窍。乃西驰一里，转入南岐。又一里，抵冷水塘，小桥跨流，急涌西南而去。

一村依山逐涧，亦幽栖之胜，而其人不之觉也。村南石峰如屏，东西横亘，从西嘴望之，只薄若立指。从其腋东转南山之坳，则遂出山南大道，始驰而西。共三里，过万洞寺，则寨山在其西矣。其地石山始开，平畴如砥，而寨山兀立其中。望其东崖，穹然壁立，悬崖之上，有室飞嵌，而不见其径。转循山南，抵山西麓，乃历级北上，当寨山西北隅，崖开一罅，上架横梁，乃逾梁入洞，贯腹而东，透出东崖，已在嵌室之内矣。余时急于东出西洞，真形俱不及细按。及透东洞，始解衣憩息，竟图托宿其间，不暇更问他胜矣。

十五日

寨山洞中多蚊，无帐，睡不能熟。晨起，晓日即射洞而入，余不候盥栉，辄遍观洞中。盖其洞西北东南，前后两辟，而中则通隘，仅容一人。由西麓上山腰，透入飞石下，旋转蹑其上，卷石为桥，以达洞门。门西北向，门内洞界为两，南北并列，俱平整可居。北洞之后，即通隘透腹处也，隘长三丈。既入，即宽辟为岩，悬乳垂莲，氤氲左右，而僧结屋掩其门。东岩上下，俱极崇削，惟屋左角馀飞台一掌，不为屋掩。余先是中夜为蚊所驱，时出坐其上。月色当空，见平畴绕麓，稻畦溢水，致甚幽旷。东岩之下，亦有深洞，第不透明。路当山麓，南转始得东上。余既晨餐，西北望黄金岩颇近，亟趋焉，不复东寻下洞也。

下山西麓，过竹桥，由村北西北行。三里，抵岩之阳。其山骨立路北，上不竖石如观音，有伏石如虾蟆，土人呼为“蟆拐拜观音。”拐，即蛙之土名也。自九疑瑶峒，俱以取拐为务。其下即裂为洞，洞不深而高，南北交透，前低后峻。后门之半，复有石横飞，若驾虹空中，门界为二。既内外分启，亦上下层分，映彻之景，莫此为甚，土人俱指此为黄金岩。余既得之黄公之外，又觉此洞之奇，虽中无镌刻，而心有馀幸。由洞内上跻北之驾虹之下，俯瞰北麓，拖剑江直啮其下，而西去焉。踞坐久之，仍南下出洞，其右复有一洞，门亦南向高裂，其内则深入而不透，若重峡而已。已从西麓北转山之西北，亦有一洞西向，则中穹而不深，亦不透。其对山有东向之洞，与此相向，若门庑对列。其洞则内分四支如“十”字，东、北二门则外透而明。然东其所入，北乃悬崖也。西、南二峡则内入而黑，然西其上奥，南乃深潭也。拖剑之水在东峰之北，抵此洞前，转北循山，当洞有桥跨之。桥内汇而为池，亦山丛水曲之奥矣。出洞，不知其名，心诧其异。见汲水池中者，姑问之，其人曰：“此洞无名。其上更有一洞，可跻而寻也。”亟从之，适雨至不为阻，披箐透崖而上。

南、北两石屏并立而起，微路当其中，甚峻。洞峙南屏后，门亦东向，而不宏甚。门左刻石一方，则宋人遗迹也。言此洞山回水绕，洞名黄金，为东坡居士香火院。岩中东坡题额可拓，予急觅之。洞右有旧镌，上有“黄金岩”三字可辨。其下方所书，则泐剥无馀矣。始知是洞为黄金，而前乃其东峰之洞。一黄金洞而既能得土人之所不知，又能知土人之所误指，且又知其为名贤所遗，第东坡不闻至桂为可疑耳。洞内无他奇，而北转上透天光，断崖崩溜，无级可攀。乃出门左，见北屏内峡，有路上跻，第为积莽所翳，雨深蔓湿，不堪置足。余贾勇直前，静闻不能从焉。既登，转而南，则上洞也。洞门北向。门外棘蔓交络，余缕分而节断之，乃得入门。门内旁窦外通，重楼三叠，下俯其深，上眺亦异。然其上俱无级罅可攀。谛视久之，见中洞之内，有旁窦玲珑，悬隙宛转，可穿而上，第隘而层折，四体难舒。于是脱衣赤体，蛇伸蠖曲[42]，遂出上层平度阁上，踞洞口飞石驾梁之上，高呼静闻，久而后至，亦以前法教猱而升，乃共下焉。

时顾仆待下洞桥端甚久，既下，越桥将西趋屏风山，欲更录《程公岩记》并《壶天观铭序》。回望黄金岩下，其西北麓诸洞尤多，乃复越桥而西，随拖剑绕山北麓，其处又得北向洞二，西向洞三，或旁透多门，或内夹深峡，一山之麓，靡不嵌空，若垂云覆翼焉。极西一洞门，亦自西北穿透东南，亦北低南峻，与东峰(缺字)。

午，令顾仆先炊王庆宇处，余与静闻西望屏风山而趋。将渡拖剑水，望屏风、黄金两山之中，又南界一山，其下有洞北向，复迂道从之。则其洞亦旁分两门，一北、一东，此山之东北隅洞也。其西有级上跻，再上而级崩路削，又有洞北向。其前有垣，其后有座，乃昔时梵宇所托，虽后左深窍可入，然暗不能穷。乃下抵西北隅，则旁透之洞，中空之峡，又连辟焉，颇与黄金岩之西北同。而正西一洞，高穹层列，纷拏杰张，此又以雄厉见奇，非寻常窈窕窟也。土人见予久入，诧而来视。余还问其名，知为飞石洞。

从此遂西度石堰，共一里，入程公岩，录东崖记、铭二纸。铭乃范成大，记乃侯彭老。崖高石侧，无从缘拭，抄录甚久，有数字终不能辨。时已过午，腹中枵然[43]，乃出岩北趋王氏。不半里，过一村，以衣质梯，复肩至岩中，缘拭数字，尽录无遗。复缘拭西崖《张安国碑》，以其草书多剥，有数字不辨焉。时已下午，于是出洞还梯。

北二里，饭于王氏。王氏杀鸡为黍，待客愈隆。其母再留止宿，余急于入城，第以胡榭诗下刘居显跋未录，居显，升之乃郎，攀凳拂拭，而庆宇复负而前趋。西一里，入道士岩东峡门，穿入洞中，拭左崖，再读跋，终以剥多置。又校得胡诗三四字，乃入洞右隅之后腋，即与下洞平地岩通者。其隙始入甚隘，少进而西，则高下穹然，暗不可辨。庆宇欲取火为导，余曰："不若以馀晷探外未悉之洞也。"遂仍出东峡，循东麓而北过狗头洞。洞虽奇而名不雅，竟舍之。

其北麓又有一洞，北门亦东向，外若裂罅，攀隙而上，历转三曲，遂透三窗，真窈窕之鹫宫，玲珑之鹙宇也。出洞，再北，即为高穹之洞。其门南向，上盘山顶，与北之青珠并。入其内，即东转而上跻，已而北转，渐上渐黑，虽崇峻自异，而透朗独悭，非余之所心艳也。出洞，日已薄暮，遂别庆宇南趋二里，过屏风山西麓，至是已周其四面矣。又三里，过七星岩，又一里，入浮桥门，浮桥共三十六舟云。则离寓已三日矣。

注释

[1] 叆叇（àidài）：本云盛貌。文中引申为昏暗不明。

[2] 倩（qiàn）：请人替自己做事。

[3] 镳（biāo）：马嚼子。亦指乘骑。

[4] 颉颃（xiéháng）：双声联绵字。本"飞而上曰颉，飞而下曰颃"，文中引申为不相上下。

[5] 瀹（yuè）：亦作"籥"。浸渍；烹煮。煨（wēi）：本盆中火，文中引申为在热灰里把食物煨熟。

[6] 鼺（liú）：同"鼦"。一种食竹根的鼠，大于家鼠。

[7] 空门：佛教名词。指超乎色相现实的境界。《大乘义章》："空者，理之别曰，绝众相，故名为空。"

[8] 深莽：草木深邃貌。

[9] 闷（bì）：本指闭门，文中指闭塞不通。

[10] 拏（nú）：妻、儿女的统称。

[11] 箐（jīng）：细竹名。

[12] 舫：相并合的船。

[13] 披窾（kuǎn）：以手分开空处。窾，物体中空。

[14] 骈（pián）：两马并驾一车，文中引申为并列。

[15] 裈（kūn）：满裆裤。

[16] 擘（bò）：大拇指。

[17] 遑（huáng）：闲暇。

[18] 瀹茗：煮茶。

[19] 蜚（fēi）：这里通“飞”。　漾（yàng）：飘动；晃动。

[20] 尘胃：凡俗之胃。

[21] 岈（xiā）然：谷中空荡之貌。

[22] 端倪：头绪；迹象。

[23] 雉堞（zhìdié）：城上呈齿形的矮墙。雉，长三丈，高一丈。堞，女墙也。

[24] 坼（chè）：裂开；分裂。

[25] 薏苡：本植物名。文中指“薏苡之谤”“薏苡明珠”。东汉马援因食薏苡，“以胜瘴气”，死后被诬陷蒙冤。详见《后汉书·马援传》。

[26] 枻（yì）：船舷；船桨。文中指船。

[27] 鬛（sāi）：多须之貌。

[28] 澒洞（hòngdòng）：叠韵联绵词。水盛大貌。

[29] 谛（dì）视：细察，详审。

[30] 杙（yì）：小木桩。

[31] 鼍（tuó）：扬子鳄，又称鼍龙、猪婆龙。凶猛爬行动物，体长丈馀，皮可制鼓。

[32] 崄（xiǎn）巇：险峻貌。

[33] 腋：本指人的胳肢窝，或禽兽翅腿与腹部连接处。文中犹山腰、山凹。

[34] 浣（huàn）污：洗涤污秽。

[35] 贳（shì）：赊欠。后引申为抵押。

[36] 谽岈（hánxiā）：双声联绵字，谷中大而空貌。

[37] 泐（lè）：石依纹理而裂散。

[38] 濛渚：弥漫笼罩貌。

[39] 转轮：转动的轮子。

[40] 造物：造物者；造物主。文中犹运气；福分。

[41] 阢（wù）突：犹突兀，山耸立貌。

[42] 蠖（huò）：尺蠖。虫名，一名“步屈”“造桥虫”，能屈伸。

[43] 枵（xiāo）然：腹空饥饿貌。枵，木大而中空。

◎黔游日记二

新解

黔，当时贵州布政使司所辖之地，即今贵州省。

此为徐霞客于崇祯十一年（1638）53岁时游黔盘江桥所记日记。今选释其中一部分。

戊寅四月二十五日[1]

晨起，自鼎站西南行一里馀，有崖在路右，上下各有洞，洞门俱东南向，而上洞尤空阔，以高不及登。路左壑泉已成涧，随之南半里，山回壑尽，脊当其前，路乃上跻。水则自其下入穴。盘折二里，逾坳脊，是为梅子关。越关而西，路左有峡，复坠坑而下，东西径一里，而西复回环连脊。路循其上平行而西，复逾脊，始下陟。二里，又盘坞中山西南转，二里复西北上。一里，是为黄土坝。盖鼎站之岭至此中降，又与西岭对峙成峡，有土山中突而连属之。其南北皆坠峡下，中踞若坝然，其云黄土坝者以此。有数家倚西山而当其坳，设巡司以稽察焉。又上逾岭脊，共五里，为白云寺。于是遂西南下，迤逦四里，途中扛担络绎，车骑相望，则临安道母忠，以钦取入京也。司道无钦取之例，其牌如此，当必有说。按母，川人，本乡荐，岂果有卓异特达圣聪耶？然闻阿迷之僭据未复，而舆扛之纷纭实繁，其才与操，似俱可议也。又至坞底，西北上一里为新铺。由铺西稍逾岭头，遂直垂垂下。

五里，过白基观。观前奉真武，后奉西方圣人，中颇整洁。时尚未午，驼骑方放牧在后。余乃入后殿，就净几，以所携纸墨，记连日所游，盖以店肆杂沓，不若此之净而幽也。僧檀波，甚解人意，时时以茶蔬米粥供。下午，有象过，二大二小，停寺前久之。象奴下饮，濒去，象辄跪后二足，又跪前二足，伏而候升。既而驼骑亦过，余方草记甚酣，不暇同往。又久之，雷声殷殷，天色以云幕而暗，辞檀波，以少礼酬之，固辞不受。

初，余以为去盘江止五里耳，至是而知驼骑所期旧城，尚在盘江上五里，亟为前趋。乃西向直下三里，有枯涧自东而西，新构小石梁跨之，曰利济桥。越桥，度涧南，又西下半里，则盘江沸然，自北南注。其峡不阔而甚深，其流浑浊如黄河而甚急。万山之中，众流皆清，而此独浊，不知何故。余三见此流：一在武宣入柳江，亦甚浊；一在三镇北罗木渡，则清；一在此复浊，想清乃涸时也。

循江东岸南行，半里，抵盘江桥。桥以铁索，东西属两崖上为经，以木板横铺之为纬。东西两崖，相距不十五丈，而高且三十丈，水奔腾于下，其深又不可测。初以舟渡，多漂溺之患，垒石为桥，亦多不能成。崇祯四年，今布政朱，名家民，云南人。时为廉宪，命普安游击李芳先，四川人，以大铁练维两崖，练数十条，铺板两重，其厚仅八寸，阔八尺馀。望之飘渺，然践之则屹然不动，日过牛马千百群，皆负重而趋者。桥两旁，又高维铁练为栏，复以细练经纬为纹。两崖之端，各有石狮二座，高在三四尺，栏练俱自狮口出。东西又各跨巨坊。其东者题曰“天堑云航”，督部朱公所标也；其西者题曰“□□□□”，傅宗龙时为监军御史所标也。傅又竖穹碑，题曰“小葛桥”，谓诸葛武侯以铁为澜沧桥，数千百载，乃复有此，故云。余按：渡澜沧为他人，乃汉武故事，而澜沧亦无铁桥。铁桥故址在丽江，亦非诸葛所成者。桥两端碑刻祠宇甚盛，时暮雨大至，不及细观。

度桥西，已入新城门内矣。左转瞰桥为大愿寺。西北循崖上，则新城所环也。自建桥后，增城置所，为锁钥之要云。闻旧城尚在岭头五里，急冒雨竭蹶跻级而登，一里半，出北门。又北行半里，转而西，逶迤而上者二里，雨乃渐霁。新城内所上者峻，城外所上者坦。西逾坳，循右峰北转，又半里，则旧城悬岭后冈头矣。入东门，内有总府镇焉。其署与店舍无异，早晚发号用喇叭，声亦不扬，金鼓之声无有也。青崖总兵姓班，三汊总兵姓商，此间总兵姓胡。添设虽多，而势不尊矣。是夜，宿张斋公家，军人也。

二十六日

驼马前发，余饭而出旧城西门。始俱西南行，从岭坞升降，五里，有一二家在南陇下，为保定铺。从其侧西上岭，渐陟隆崇。三里，忽有水自岭峡下，循峡而上，峡中始多田塍，盖就水而成者。时已插莳矣。又上二里，是为凉水营。由营西复从山坞逶迤而上，渐上渐峻。又五里，遇驼马方牧，余先发。将逾坳，坐坳下石间少憩。望所谓海马嶂者，欲以形似求之。

忽有人自坳出，负罂汲水[2]，由余前走南岐去。余先是望南崖回削有异，而未见其岐，至是亟随之。抵崖下，则穹然巨洞，其门北向，其内陷空而下，甚宏。其人入汲于石隙间，随处而是，皆自洞顶淙淙散空下坠，土人少凿坯承之。水从洞左顶下者最盛，下有石台承之。台之侧，凿以贮汲者。洞从右下者最深，内可容数百人，而光明不闷，然俱无旁隙别窍，若堵墙而成者也。出洞，仍由旧路出大道，登坳即海马嶂，有真武阁跨坳间。余入憩阁间，取笔楮记游，而驼马已前去。

久之乃行，其内即为海马铺，去城十里矣。其处北两日半程，为小米马场。有堡城下临盘江，隔江即水西地。南两日程，为乖场河，水涨难渡，即出铅之所也。又西循南岭而行，见其坞皆北向坠，然多中洼而外横亘者。连西又稍上二平脊，共三里，则北度而矗者，其峰甚高，是为广山。其上李芳先新结浮屠[3]，为文曲星[4]，盖安南城东最高之巅也。又西二里为茶庵。其北有山，欹突可畏，作负隅之势者，旧名歪山，今改名威山。余望之有异，而亟于趋城，遂遵大路而西。又三里，复逾一阜，又二里，税驾于安南城之东关外逆旅陈贡士家[5]。

二十七日

驼马已发，余乃饭。问知城东五里由茶庵而北，有威山，山间有洞从东透西。又有水洞，其中积水甚深，其前正瞰卫城。遥指其处，虽在山巅，然甚近也。乃同顾仆循昨来道，五里，东抵茶庵，遂由岐北向入山。一里，抵山左腋，则威山之脉，自北突而南，南耸而北伏，南削而北垂，东西皆亘崖斜骞而南上。从南麓复起一小峰，亦如之。入东峡又一里，直抵山后，则与东峰过脊处也。由脊北下，其深而路芜。由脊西转，循山北峰之半西行，路芜而磴在。循之行，则北坞霾雾从坞中起[6]，弥漫北峰，咫尺不可见，而南面威山之北，惟行处犹朗，而巅亦渐为所笼。西行半里，磴乃南上。拾级而登者半里，则峰之北面全为雾笼矣。乃转东北上，则东崖斜骞之上也。石脊甚狭，由东北上西南，如攀龙尾而升，复见东南峰外，澄霄丽日，遥山如靛。余所行之西北，则弥沦如海，峰上峰下，皆入混沌，若以此脊为界者。盖脊之东南，风所从来，故夙霾净卷；脊之西北，风为脊障，毒雾遂得倚为窟穴。予夙愿一北眺盘江从来处，而每为峰掩，至是适登北岭，而又为雾掩。造化根株，其不容窥测如此！

攀脊半里，有洞在顶崖之下。其门东向，上如合掌，稍洼而下，底宽四五丈，中有佛龛僧榻，遗饭犹存，而僧不知何往。两旁颇有盒盦之龛。其后直透而西，门乃渐狭而低，亦尖如合掌。其门西径山腹而出，约七丈馀，前后通望而下不见者，以其高也。出后门，上下俱削崖叠石。路缘崖西南去，十馀丈，复有洞西向，门高不及丈，而底甚平，深与阔各二丈。而洞后石缕缤纷，不深而幻，置佛座其中，而前建虚堂，已圮不能存。其前直瞰卫城，若垂趾可及。偶雾气一吞，忽漫无所睹。不意海市蜃楼，又在山阿城郭也。然此特洞外者也。由洞左旁窍东向入，其门渐隘而黑。攀石阈上，其中坎坷嵚嵌，洼窦不一，皆贮水满中而不外溢。洞顶滴沥，下注水池，如杂珮繁弦，铿锵远近。洞内渐转东北，势似宏深渊坠，既水池高下，无可着足，而无火炬遥烛，惟从黑暗中听其遥响而已。余所见水洞颇多，而独此高悬众峰之项，又潴而不流[7]，无一滴外泄。向所望，以为独石凌空，而孰意其中乃函水之具耶。

出洞，仍循崖而北，入明洞后门，抵前洞。从僧榻之左，有旁龛可登，攀而上之，则有隙西透，若窗而岐为两。其后复有洞门西向，在崖路之上，其门颇敞。第透隙处，双棂逼仄，只可外窥，不能穿之以出耳。先是余入前洞，见崖间有镌“三明洞”三字者，从洞中直眺，但见前后，而不知旁观更有此异也。下洞，由旧路三里，出茶庵，适按君冯士俊以专巡至。从来直指巡方，不逾关岭、盘江，冯以特命再任，故历关隘至此耳。时旌旗穿关逾坳，瞻眺之，空山生色。第随其后抵安南，不免徒骑杂沓[8]。五里之程，久乃得至。乃饮于陈氏肆中。遂入东门，西抵卫前，转南而出南门，南向行岭峡间。共平上二里，有脊自西北度东南。度处东平为塍[9]，西忽坠坑深下，有小水自坑中唧唧出。路随之，西循北崖下坠，即所谓乌鸣关也，乌鸣关在安南卫。土人呼为老鸦关。西向直下一里，有茶庵跨路隅。飞泉夹洒道间，即前唧唧细流，至此而奔腾矣。庵下崖环峡仄，极倾陷之势。又曲折下半里，泉溢渎道。有穹碑，题曰“甘泉胜迹”。其旁旧亦有亭，已废，而遗址丰碑尚在，言嘉靖间有僧施茶膳众，由岭下汲泉甚艰，一日疏地得之。是言泉从僧发者。余忆“甘泉”之名，旧《志》有之，而唧唧细流，实溢于岭上，或僧疏引至此，不为无功，若神之如锡卓龙移，则不然也。

又拾级西南下一里，下抵峡口，循西崖之足，转而西行，北则石崖排空，突兀上压；南则坠壑下盘，丘埕纵横[10]，皆犁为田。虽升降已多，犹平行山半也。又西半里，有泉自北崖裂隙间，宛转下注，路经其前，为架桥横度。泉落于桥内，复从桥下泻峡去。坐桥上仰观之。崖隙敧曲，泉如从云叶间堕出，或隐或现，又瀑布一变格也。循崖又西，迤逦平上，两过南度之脊，渐转西北，共五里，为乌鸣铺。复西北，下峡间一里馀，有小水一自东峡来，一自北峡来，各有石梁跨之，合于路左而东南去。度两石桥，又西南上岭。一里，从岭头过一哨，有数十家夹道。又从岭上循北界大山西向行，其南复平坠成壑，下盘错为田甚深。其南遥山与北界环列者，耸如展屏，而北角独尖竖而起，环此壑而东度土脊一支，遥属于北界大山，所过岭头夹哨处，正其北属之脊也。

余先是从海马嶂西，即遥从岭隙见西峰缭绕，而此峰独方顶，迥出如屏，问骑夫：“江西坡即此峰否？”对曰：“尚在南。”余望其坳入处，反在北，心惑之，至是始知其即东向分支之脊。路虽对之行，而西坡实在其北。循北岭升降曲折，皆在峰半行。又西北二里，西南二里，直坠坡而下者二里，缘岭西转者一里，是为纳溪铺。盖在北崖南坠之下，虽所下已多，而犹然土山之脊也。由铺西望，则东西山又分两界，有水经其中。第此两界俱支盘陇错，不若关岭之截然屏夹也。复西南下一里半，有水从东崖坠坑而出，西悬细若马尾。从其北，路亦坠崖而下。又二里馀，抵坞中，巨桥三门，跨两陇间。水从东一门涌而北出，其西二门，皆下平为田，岂水涸时耶？其水自西南诸峡中，各趋于桥之南，坠峡而下，经桥下，北注而出于盘江上流。岂纳溪之名以此耶？

度桥复西北上岭，是为江西坡，以岭在溪之西也。路从夹冈中透壁盘旋而上，一里，出峡，复拾级上。一里，得茅庵，在坡之半。又北上拾级，半里，抵岭头，其北有峰夹坞，尚高。东望纳溪铺之缀东崖者，高下正与此等。于是又西向平陟岭间二里，挟南峰转循其西，又西向行半里，则岭上水多左右坠。又东北下转，则一深堑甚逼，自西南坠东北，若划山为二者。度小石梁而西，又西北逾岭头，共一里，而入西坡城之东南门，是为有嘉城。

二十八日

出西坡城之西北门，复西向陟岭，盘折而上二里，始升岭头。其北岭尚崇。循其南而西，又二里，望西北一峰，甚近而更耸，有雾笼其首，以为抵其下矣。又西一里，稍降而下，忽有脊中度，左右复中坠成峡，分向而去。其度脊阔仅二尺，长亘二三丈而已，为东西联属之蒂。始知西坡一山，正如一芝侧出，东西径仅十里，南北两垂，亦不过二三十里，而此则其根蒂所接也。度脊，始上云笼高峰。又二里盘峰之南，是为倪纳铺，数十家后倚高峰，南临遥谷。其所望方顶屏列之峰，正亘其南。指而询之，土人曰："是为兔场营。其南为马场营，最南为新、安二所。"新为新城所，安为安笼所，即与广西安隆土司为界者。由铺之西半里，有脊自山前坞中南度，复起山一支，绕于铺前。脊东西流水，俱东南入纳溪桥之上流者，第脊西之流，坠峡南捣甚逼。又稍北，循崇山而西半里，有脊自南岭横亘而北，中平而不高。有堡楼峙脊间，是为保家楼已为罗罗哨守处。其脊自西南屏列而来，至此北度，东起而为高峰，即倪纳后之雾笼者。西亘而成石崖，即与来脊排闼为西夹坞者[11]。由脊北循石崖直西，行夹坞之上，是为三条岭。西四里，石崖垂尽，有洞高穹崖半，其门南向，横拓而顶甚平。又有一斜裂于西者，其门亦南向，而门之中有悬柱焉。其前坞中水绕入西南峡，路乃稍降。复西上岭坳，共三里，为芭蕉关，数十家倚北山南突之坳间。水绕突峰之南，复北环关西而出。过关，则坠峡而下，复与水遇。是为普安东境之要害，然止铺舍夹路，实无关也。

由其西降峡循水，路北重崖层突，多赭黑之色。闻有所谓"吊崖观音"者，随崖物色之。二里，见崖间一洞，悬踞甚深，其门南向而无路，乃攀陟而登。则洞门圆仅数尺，平透直北十馀丈而渐黑，似曾无行迹所入者。乃返出洞口，则满地白骨，不知是人是畜也。仍攀崖下，又西有路，复北上崖间，其下门多牛马憩息之所，污秽盈前。其上层有垂柱，空其端，而置以小石大士，乃出人工，非天然者。复下循大路，随溪西一里，溪转北向坠峡去，于是复西涉坡阜，共六里，而至新兴城，自芭蕉关而来，所降不多，而上亦不远，其坞间溪犹出山上也。入东门，出西门，亦残破之馀也。有碑为天启四年都御史乌程闵公所复。中有坐镇守备。是晚按君宿此。又西行岭峡间二里，连逾二岭脊，皆自南北度者。忽西开一深壑，中盘旋为田，其水四面环亘，不知出处。路循东峰西南降，一里，复转南向上，一里，又转东南上，半里，逾岭脊而南，乃西南下，一里，抵坞中，闻水声淙淙甚急，忽见一洞悬北崖之下，其门南向而甚高，溪水自南来，北向入洞，平铺洞间，深仅数寸，而阔约二丈。洞顶高穹者将十丈，直北平入者十馀丈，始西辟而有层坡，东坠而有重峡，内亘而有悬柱，然渐昏黑，不可攀陟矣。此水当亦北透而下盘江者。出洞，征洞名于土人，对曰："观音洞。"征其义，以门上崖端有置大士像于其穴者也。

洞前溪由东南峡中来，其峡底颇平，大叶蒲丛生其间，淬绿锷于风前，摇青萍于水上，芃芃有光[12]。循之西南半里，又西穿岭隙间，渐循坡蹑脊。二里，有一二家在北峰下。其前陷溪纵横，水由西南破壑去，路由西北循岭上。一里，出岭间，是为蔺家坡。西南骋望，环山屏列甚遥，其中则峰巅簇簇，盘伏深壑间，皆若儿孙匍匐成行，无与为抗。从此乃西北下，直降者二里，又升降陇脊西行者二里，有庵缀峰头，曰罗汉松，以树名也。自逾新兴西南岭，群峰翠色茸茸，山始多松，然无乔枝巨本，皆弱干纠缠，垂岚拂雾，无复吾土凌霄傲风之致也。其前又西南开峡。从峡中直下者三里，转而西平行者一里，有城当坳间，是曰板桥铺城，城当峡口。仰眺两界山，凌空而起，以为在深壑中矣，不知其西犹坠坑下也。路在城外西北隅，而入宿城中之西门。

二十九日

出板桥城之西门，北折入大路，遂拾级下。有小水自右峡下注，逾其左，随之行。一里，则大溪汪然，自西南转峡北注，有巨石梁跨其上，即所谓三板桥也。今已易之石，而铺犹仍其名耳。桥上下水皆阔，独桥下石峡中束，流急倾涌。其水西北自八纳山发源，流经软桥，又西南转重谷间，至是北捣而去，亦深山中一巨壑也。越桥西，溯溪北崖行。一里，溪由西南谷来，路入西北峡去。于是升降陇坳，屡越冈阿，四里，直西，山复旷然平伏，独西南一石峰耸立。路乃不从西平下，反转南仰跻。半里，盘石峰东南，有石奋起路右，首锐而湾突，肩齐而并耸，是曰鹦哥嘴。又西转而下者，一里半，有铺肆夹路，曰革纳铺。土音“纳”俱作“捺”。至是而始知所云“捺溪”“倪捺”，皆“纳”字也。惟此题铺名。又从峡平行，缘坡升降，五里，有哨舍夹路，曰软桥哨。由哨西复坠峡下，遥见有巨溪从西峡中悬迅东注，下峡一里，即与溪遇。其溪转向南峡去，路从溪北，溯溪循北山之麓西行。二里，有巨石梁南北跨溪上，即所谓软桥也。余初疑冉姓者所成，及读真武庙前断碑，始知为“软”。想昔以篾索为之，今已易之石，而犹仍其名耳。

度桥而南，遂从溪南，西向缘南崖而上，其跻甚峻。半里，平眺溪北，山俱纯石，而绿树缘错成文。其中忽有一瀑飞坠，自峰顶直挂峡底。缘南崖西上，愈上愈峻，而北眺翠纹玉瀑，步步回首不能去。上二里，峡底溪从西北而出，岭头路向西南而上。又一里，过真武庙。按君自新兴而来，越此前去。由其西南向行，遂下坞中。又西南共四里，两越小岭而下，有峡自东南达西北。又两界山排闼而成者，其中颇平远，有聚落当其间，曰旧普安。按君饭于铺馆。余复先之而西北，由坞中行。东北界山，逶迤缭绕，不甚雄峻。西南界山，踊跃离立，复露森罗。峡踪虽远，然两头似俱连脊，中平而无泄水之隙者。又西三里，有石峰中起，分突坞间。神宇界其下，曰双山观。按君自后来，复越而前去。又西一里，则西脊回环于前，遂坞穷谷尽。坞底有塘一方，汇环坡之麓，四旁皆石峰森森，绕塘亦多石片林立，亦有突踞塘中者。于是从塘西南上回坡，一里，登其脊。又宛转西行岭头，岭左右水俱分泻深谷。北出者，当从软桥水而入盘江上流；南流者，当从黄草坝而下盘江下流。又西向从岭头升陟，其上多中洼之宕，大者盘壑为田，小者坠穴为阱。共五里，为水塘铺，乃饭于庙间。过铺西下岭，逶迤山半，又五里，过高笠铺，南向行陇间。逾一平岭西南下，又五里，有小溪自北峡来，石桥南跨之。度其南，北门街夹峙冈上。逾冈南下，始成市，有街西去，为云南坡大道。直南又一小溪，自西南峡来，石桥又南跨之。桥南即为普安城，州、卫俱在其中。按君已驻署中矣。其城西半倚山脊，东半下临东溪，南北二门，正当西脊之东麓，而东门则濒溪焉。南门外石桥，则三溪合于北，经东门而西环城南，又南去而注于水洞者。北门外石桥：第一桥，即云南坡之水，绕城西北隅而为堑，东下而与北溪合于城东；第二桥，即小溪自西北来者，《一统志》

所云“目前山之水”也；第三桥，即小溪自北来者，《一统志》所云“沙庄之水”也。三溪交会于城之东北，合而南去，是为三一溪，经城南桥而入于水洞。其城自天启初，为水西叛逆，诸蛮应之，攻围一年而破，后云南临安安南土官沙姓者，奉调统兵来复，至今疮痍未复[13]。然是城文运，为贵竹之首，前有蒋都宪，今有王宫詹，名祚远。非他卫可比。州昔惟土官，姓龙，其居在八纳山下，统十二小土司。今土官名子烈，年尚少。后设流官，知州姓黄。并治焉。

州东北七十里，有八纳。其山高冠一州，四面皆石崖崭绝，惟一径盘旋而上，约三十里。龙土官居在其下。其顶甚宽平，有数水塘盈贮其上，软桥之水所由出也。土音以“纳”为“但”，而《梵经》有“叭吧哆”之音，今老僧白云南京人。因称叭吧山。遂大开丛林，而彝地远隔，尚未证果。

州南三十里，有丹霞山。其山当丛峰之上，更起尖峰卓立于中。西界有山一支，西南自平彝卫屏列而北，迤逦为云南坡，而东下结为州治。西屏之中，其最高处曰睡寺山，正与丹霞东西相对。其东界有山，南自乐民所分支而北，当丹霞山南十里。西界屏列高山横出一支，东与东界连属，合併而北，夭矫丛沓，西突而起者，结为丹霞山。东北耸突而去者，渐东走而为兔场营方顶之山，而又东北度为安南卫脉。其横属之支，在丹霞山南十里者，其下有洞，曰山岚洞，其门北向。水从洞中出，北流为大溪，经丹霞山之西大水塘坞中，又北过赵官屯，又东转而与南板桥之水合。由洞门溯其水入，南行洞腹者半里，共洞划然上透，中汇巨塘，深不可测。土人避寇，以舟渡水而进，其中另辟天地，可容千人。而丹霞则特拔众山之上，石峰峭立，东北惟惟八纳山与之齐抗。八纳以危拥为雄，此峰以峭拔擅秀。昔有玄帝宫，天启二年，毁于蛮寇；四年，不昧师徽州人。复鼎建。每正、二月间，四方朝者骈集，日以数百计。僧又捐赀置庄田，环山之麓，岁入谷三百石。而岭间则种豆为蔬，岁可得豆三十石。以供四方。但艰于汲水，寻常汲之岭畔，往返三里，皆峻级；遇旱，则往返十里而后得焉。

五月初一日

余束装寄逆旅主人符心华寓，兰溪人。乃南抵普安北门外，东向循城行。先是驼骑议定自关岭至交水，至是余欲往丹霞，彼不能待，计程退价。余仓卒收行李，其物仍为夫盗去。穷途之中，屡遭拐窃，其何堪乎！复随溪南转，过东门，又循而抵南门，有石梁跨溪上。越其南，水从西崖向南谷，路从东坡上南岭。西眺水抵南谷，崖环壑绝，遂往洞南入。时急于丹霞，不及西下，二里，竟南上岭，从岭上行。又二里，逾岭转而西，其两旁山腋多下坠之穴，盖其地当水洞东南，其下中空旁透，下坠处，皆透穴之通明者也。又西南一里，路右一峡下迸，有岩西南向，其上甚穹，乃下探之。东门有侧窦如结龛，门内洼下而中平，无甚奇幻。遂复上南行，又一里，逾岭脊，遂西南渐下，行坡峡间。一里，过石亭垒址，其南路分两岐：由东南者，为新、安二所黄草坝之径；由西南者，则向丹霞而南通东民所道也。遂从西南下。

从岭峡中平下者二里，东顾峡坑坠处，有水透崖南出，余疑为水洞所泄之水，而其势颇小，上流似不雄壮。从其西，遂西南坠坑而下。一里，抵壑中，则有溪汪然自西而东注，小石梁跨其上，曰南板桥。以别于北大道之三板桥也。其下水西自石洞出，即承水洞之下流，至是而复透山腹也。水从桥东又合南峡一溪，东向而去，东北合软桥下流，出北板桥而东与盘江合。其南峡之溪，则自大水塘南山岚洞来。二溪一北一南，皆透石洞而出，亦奇矣。越南板桥南一里，溯南来溪入南溪，转而西行峡中。又二里，则有坝南北横截溪上。其流涌坝下注，阔七八丈，深丈馀，绝似白水河上流之瀑，但彼出天然，而此则人堰者也。坝北崖有石飞架路旁，若鹢首掉虚[14]，而其石分窍连枝，玲珑上透，嵌空凑合，亦突崖之一奇也。又西三里，路缘北崖而上。西越之而下，共半里，山回水转，其水又自南向北而来者。其先东西之峡甚束，至是峡之成南北者渐宽。又循溪西崖南向行一里，南逾一突嘴，则其南峡开而盘成大坞。南望有石梁横跨溪上，半里，度石梁而东，过一村，又东半里，遂东南上坡，始与南来之溪别。东上半里，过一村，又东半里，转而南稍下，共半里，逾小溪而上，过赵官屯，遂由屯村北畔东南入坞。二里，复上岭。一里，转峡处有水飞坠山腰，循山嘴又西转而南，半里，随峡东入。又半里，峡中有水自东峡出，即飞瀑之上流也。小石梁跨峡而南，石碑剥落，即丹霞山《建桥记》文也。

由桥南西向盘岭，为大水塘之道。由桥东向，溯水而入，其下峡中箐树蒙密，水伏流于下，惟见深绿一道，迤逦谷底。又东半里，内坞复开，中环为田，而水流其间。路循山南转。半里，入竹树间，有一家倚山隈结庐[15]，下瞰壑中平畴而栖。余以为非登山道矣。忽一人出，呼余由其前，稍转而东，且导余东南登岭，乃下耕坞中去。及余跻半里，复西入樵径，其人自坞中更高呼“稍东”，遂得正道。其处四山回合，东北皆石山突兀，而余所登西南土山，则松阴寂历，松无挺拔之势，而偃仆盘曲[16]，虽小亦然。遂藉松阴，以手掬所携饭，抟而食，觉食淡之味更长也。既而循坡南上者半里，又入峡西上者一里，又南逾坳脊间半里。其坳两旁石峰东西涌起，而坳中则下陷成井，灌木丛翳其间，杳不可窥。已循东峰之南，又转而东南，盘岭半里，其两旁石峰，又南北涌起，而峡中又下陷成洼。又稍转东北，路成两岐：一由北逾峡，一由东上峰。余不知所从，乃从东向而上者，其两旁石峰，复南北涌起。半里陟其间，渐南转，又半里，南向跻其坳，则两旁石峰又东西涌起。越脊南，始见西南一峰特耸，形如天柱，而有殿宇冠其上。乃西南下洼间。半里，复南上冈脊，回望所越之脊，有小洞一规，其门南向。其西有石峰如展旗，其东冈之上，复起乱峰如涌髻，而南冈则环脊而西，遂矗然起丹霞之柱焉。其中回洼下陷，底平如镜，已展土为田，第无滴水，不堪插莳[17]。由冈西向，跻级登峰，级缘峰西石崖，其上甚峻。已而崖间悬树密荫，无复西日之烁，直跻半里，始及山门。其门西北向，而四周笼罩山顶。时僧方种豆垅坂间[18]，门闭莫入。久之，一徒自下至。号照尘。启门入，余遂以香积供。既而其师影修至，遂憩余阁中，而饮以茶蔬。影修又不昧之徒也。时不昧募缘安南，影修留余久驻，且言其师在，必不容余去，以余乃其师之同乡也。余谢其意，许为暂留一日。

初二日

甚晴霁。余时徙倚四面[19]，凭窗远眺，与影修相指点。其北近山稍伏，其下为赵官屯，渐远为普安城，极远而一峰危突者，八纳也。相去已百里。其南稍下，而横脊拥其后，为山岚洞；极远而遥峰隐隔者，乐民所之南，与亦佐县为界者也。其西坠峡而下，为大水塘，坞中自南而北，山岚洞之水，北出南板桥者也；隔溪则巨峰排列，亦自南而北，所谓睡寺山矣；山西即亦资孔大道，而岭障不可见。其东仅为度脊，上堆盘髻之峰；稍远则骈岫丛沓，迤逦东北去，为兔场营方顶山之脉者也。山东南为归顺土司。普安龙土司之属，与粤西土司同名。越其东南，为新、安二所，黄草坝诸处，与泗城接界矣。是日，余草记阁中。影修屡设茶，供以鸡葼菜[20]、蔃浆花[21]、藤如婆婆针线，断其叶蒂，辄有白浆溢出。花蕊每一二十茎成一丛。茎细如发，长半寸。缀花悬蒂间，花色如淡桃花。连丛采之。黄连头，皆山蔬之有风味者也。

初三日

饭后辞影修。影修送余以茶酱。粤西无酱，贵州间有之而甚贵，以盐少故。而是山始有酱食。遂下山。

十里，北过赵官屯。十里，东北过南板桥。七里，抵普安演武场。由其西横岭西度，一里，望三一溪北来，有崖当其南，知洞在是矣，遂下。则洞门北向迎溪，前有巨石坊，题"碧云洞天"，始知是洞之名碧云也。土人以此为水洞，以其上有佛者为干洞。洞前一巨石界立门中，门分为二，路由东下，水由西入。入洞之中，则扩然无间，水循洞西，路循洞东，分道同趋。南向十馀丈，渐昏黑矣。忽转而东，水循洞北，路循洞南，其东遂穹然大辟。遥望其内，光影陆离，波响腾沸，而行处犹暗暗也。盖其洞可入处，已分三层：其外入之门为一层，则明而较低；其内辟之奥为一层，则明而弥峻；当内外转接处，为一层，则暗而中圻，稍束如门，高穹如桥，耸豁不如内层，低垂不如外层，而独界其中，内外回眺，双明炯然。然从暗中仰瞩其顶，又有一圆穴上透，其上亦光明开辟，若楼阁中函，恨无由腾空而上也。东行暗中者五六丈而出，则堂户宏崇，若阿房、未央，四围既拓，而峻发弥甚。水从东南隅下捣奥穴而去，光从西北隅上透空明而入。其内突水之石，皆如踞狮泛凫，附壁之崖，俱作垂旂矗柱。盖内奥之四隅，西南为转入之桥门，西北为上透之明穴，东南为入水之深窍。而独东北回环迴邃，深处亦有穴高悬，其前有眢窟下坠[22]，黑暗莫窥其底。其上有侧石环之，若井栏然，岂造物者恐人暗中失足耶？由窟左循崖而南，有一石脊，自洞顶附壁直垂而下，痕隆起壁间者仅五六寸，而鳞甲宛然，或巨或细，是为悬龙脊，俨有神物浮动之势。其下西临流侧，石畦每每，是为十八龙田。由窟右循崖而东，有一石痕，亦自洞顶附壁直垂而下，细纹薄影，是为蛇退皮，果若遗蜕黏附之形。其西攀隙而上，则明窗所悬也。其窗高悬二十丈，峻壁峭立，而多侧痕错锷。缘之上跻，则其门扩然，亦北向而出，纵横各三丈馀，外临危坡，上倚峭壁，即在水洞之东，但上下悬绝耳。门内正对矗立之柱。柱之西南，即桥门中透之上层也。余既跻明窗，旋下观悬龙、蛇蜕，仍由砻桥下出，饭于洞门石上。石乃所镌诗碑，游人取以为台，以供饮馔。其诗乃张涣、沈思充者。诗不甚佳，而涣字极遒活可爱。镌碑欲垂久远，而为供饮之具，将磨滤不保矣。亟出纸笔录之。仍入内洞，欲一登砻桥上层，而崖壁悬峭，三上三却。再后，仍登明窗东南，援矗柱之腋，透出柱南，平视砻桥之背，甚坦而近，但悬壁无痕，上下俱绝攀践，咫尺难度。于是复下而出洞。日已下舂，因解衣浴洞口溪石间。半载夙垢，以胜流浣濯之，甚快也！

既而拂拭登途，忽闻崖上歌笑声，疑洞中何忽有人，回瞩之，乃明窗外东崖峭绝处，似有人影冉冉。余曰："此山灵招我，不可失也。"先是，余闻水洞之上有梵龛，及至，索之无有。从明窗外东眺，层崖危耸，心异之，亦不见有攀缘之迹。及出水洞觅路，旁有小径，隐现伏草间，又似上跻明窗者。以为此间乃为断崖绝磴耳，不意闻声发阙，亟回杖上跻。始向明窗之下，旋转而东，拾级数十层，复跻危崖之根，则裂窍成门。其门亦北向，内高二丈馀，深亦如之。左有旁穴前透，多裂隙垂棂，僧以石室之为室；右有峭峡后坼，上颇亂氳盘结，而峻不可登。洞中有金仙三像，一僧栖其间，故游者携樽罍就酌于此[23]。非其声，余将芒芒返城，不复知水洞之外，复有此洞矣。酌者仆从甚都，想必王翰林子弟。余远眺而过之。

下山，循溪溯流，二里，有大道，即南门桥。遂从南门入，蹑山坡北行。城中荒敝甚，茅舍离离，不复成行。东下为州署，门廨无一完者。皆安酋叛时，城破鞠为丘莽，至今未复也。出北门，还抵逆旅。是晚觅夫不得，遂卧。按君是早返辕矣。

初四日

觅夫不得，候于逆旅。稍散步北寺，惟有空楼层阁，而寂无人焉，乃构而未就者。还，闷闷而卧。

初五日

仍不得夫。平明微雨，既止，而云油然四布。是日为端午，市多鬻蒲艾者。雄黄为此中所出，然亦不见巨块。市有肉而无鱼。余兀坐逆旅，囊中钱尽，不能沽浊醪解愁[24]，回想昔年雉山之乐，已分霄壤[25]。

初六日

夜雨达旦。夫仍不得。既午，遇金重甫者，麻城人也，贾而儒，索观余诸公手卷。为余遍觅夫，竟无至者。

初七日

囊钱日罄，而夫不可得。日复一日，不免闷闷。是早，金重甫言将往荆州，余作书寄式围叔。下午，彼以酒资奉，虽甚鲜而意自可歆[26]。

初八日

候夫虽有至者，而恶主代为措价[27]，力阻以去。下午得骑，亦重价定之，无可奈何也。余所遇恶人，如衡阳劫盗，狗场拐徒，并此寓窃钱去者，共三番矣。此寓所窃，初疑为骑夫，后乃知为符主也。人之无良如此！夫劫盗拐徒无论，如南宁梁仲宇、宝檀僧并此人，俱有害人之心。余以万里一身，脱其虎口，亦幸矣！

初九日

平明以行李付骑，别金重甫乃行。是早云气稀郁，从普安北门外第一溪桥北循西峡入，过税司前，渐转西南，皆溯小溪西岸行。西山崇隆，小瀑屡屡从山岭悬注。南五里，始西南登坡，是为云南坡。初二里稍夷，又一里半，甚峻。过一脊而西复上坳，共一里为马鞍岭。越而西，遂循岭西向西南行。于是升降在岭头，盘折皆西南，俱不甚高深。五里，稍降坞中，为坳子哨。先是，每处有打哨之苦。此为第一哨。今才奉宪禁，并于一处，过无问者。又南越一坳，大雨淋漓。仍前升降大峰之西，冒雨又十五里而至海子铺，山坞稍开颇大，中有水塘，即所谓海子也。有小城在其南，是为中火铺。普安二十二哨，俱于此并取哨钱，过者苦焉。先各哨分取，今并取于此。哨目止勒索驼马担夫，见余辈亦不甚阻挠。余乃入城，饭于肆。

复出南门，南向登山。五里，遇驼马方牧于山坡，雨复大至，余乃先行。升降高下，俱依东大山而南。两旁多眢井坠坑，不辨水从何出。又五里，为大河铺。有水自铺东平泻坡陀下，漫流峡中，路随之而南。天乃大霁，忽云破峰露，见西南有山甚高。土人称为黑山。云气笼罩，时露一斑，直上与天齐。望而趋五里，大河之水，已渐坠深堑，似从西北坼峡去。路东南缘岭透峡东下，则山环坞合间，中洼为塘，水满其中而四面皆高，不知出处。又东透坳下，坞间又复洼而成塘，与前虽有高下，而潴水莫泄同之。又东缘南峰而转越其东。则东坞大开，深盘远错，千塍环壑于下。度其地在丹霞山南，山岚洞西南。余谓壑底水即北透山岚者，征之土人云："西峰下有入水洞，水坠穴去，不知所出。"从西峰稍下共五里，是为何郎铺。越铺南，又上岭，仍依东岭行。回望云笼高峰已在西北，时出时没。兴云酿雨，皆其所为，虽山中雨候不齐，而众山若惟瞻其马首者。

循东岭南下峡中，有溪自南而来，溯之行其东岸。共五里，路忽由水渡西岸，而暴雨涨流，深涌莫能越。方欲解衣赴之，忽东山之上有呼者，戒莫渡，招余东上岭行。余从之，遂从莽棘中上东岭。已得微道，随之南二里，得北来大道，果从东岭上降者。盖涉溪者乃西道，从岭者乃东道，水涸则从西，水涨则从东也。西流之中，有一线深坑，涸时横板以渡，兹涨没无影，非其人遥呼，几不免冯河之险矣[28]。从东岭下一里，则大道西濒溪，道中水漫数寸，仍揭而溯之。一里，有石梁跨溪上。其溪自西南抵东山之麓，至是横折而西，从梁下抵西山之麓，乃转北去。盖其源发于西南火烧铺西分水岭，按《志》：分水岭在普安西南百二十里，即此。北流经此，又北抵黑山、何郎之南，不知所泄，即土人亦莫能悉也。石梁西麓，有穴纷骈纵横如"亦"字，故名其地曰亦字孔。今讹为"亦资孔"，乃土音之溷也。梁南半里即为亦字孔驿，有城倚西山下，而水绕其东焉。比至，雷雨大作。宿于西门内周铺。

注释

[1] 戊寅：即崇祯十一年（1638）。
[2] 罂（yīng）：陶器。比缶大，腹大口小，汲水用。
[3] 浮屠：又作“浮图”。本佛、佛陀，亦指佛塔。
[4] 文曲星：即“文昌星”，古代主持科举、掌文运的星宿。
[5] 税驾：犹解驾，停车。文中指休息。
[6] 霾（mái）：本大风扬土而下，文中引申为云雾遮掩。
[7] 潴（zhū）：流水停积之处。
[8] 杂沓：纷杂繁多。
[9] 塍（chéng）：田埂；畦田。
[10] 丘垤（dié）：小土堆，小土丘。
[11] 排闼（tà）：推开门，撞开门。门屏之间曰闼。
[12] 芃芃（péngpéng）：草木繁茂貌。
[13] 疮痍（chuāngyí）：痈疽，创伤。多喻民生疾苦。
[14] 鹢（yì）：水鸟名。文中形容似鹢首之舟。
[15] 隈（wēi）：山之弯曲处。
[16] 偃仆（yǎnpū）：倒下。偃，向后倒；仆，向前倒。
[17] 莳（shì）：移栽。分秧匀插，引申为栽种、种植。
[18] 垅坂：田地分界的土堆、田埂。坂，山坡。
[19] 徙（xǐ）倚：犹徘徊、逡巡。
[20] 鸡葼（zōng）菜：草名，可食。
[21] 藟（lěi）浆花：蔓草名。葛类，叶似艾，白色，赤子，可食。
[22] 眢（yuān）：目不明，引申为井枯无水。
[23] 罍（léi）：古代盛酒器皿，用青铜或陶制成，上刻有云雷纹。
[24] 醪（láo）：汁渣混合的浊酒。即醪糟、江米酒。
[25] 霄壤：天和地，天地之间。比喻相去甚远，差距极大。
[26] 歆（xīn）：欣喜，悦服。
[27] 揹价：犹抬高价钱。
[28] 冯（píng）河：涉水渡河。

◎滇游日记四

新解

滇，指当时云南布政使司所辖之地，即今云南省。

此系崇祯十一年（1638）十月徐霞客游滇日记。

戊寅十月初一日

凌晨起，晴爽殊甚，从三家村啜粥启行。即西由峡中，已乃与溪别，复西逾岭。共三里，入报恩寺。仍转东二里，过松花坝桥，又循五龙山而南三十里，循省城东北隅南行。已乃转西，度大桥，则大溪之水自桥而南，经演武场而出火烧铺桥，下南坝矣。从桥西入省城东门。饭于肆，出南门，抵向所居停处，则吴方生方出游归化寺未返。余坐待之，抵暮握手，喜可知也。见有晋宁歌童王可程，以就医随吴来，始知方生在唐守处过中秋，甚洽也。

初二日

余欲西行，往期阮仁吾所倩担夫，遇其侄阮玉湾、阮穆声，询候甚笃[1]。下午，阮仁吾至寓，以担夫杨秀雇约至。余期以五日后再往晋宁，还即启行。仁吾贶以番悦香扇[2]。

初三日

余欲往晋宁，与唐玄鹤州守、大来隐君作别。方生言："二君日日念君，今日按君还省，二君必至省谒见，毋中涂相左也。盍少待之？"乃入叩玉湾，并叩杨胜寰，知丽江守相望已久。既而玉湾来顾寓中，知按君调兵欲征阿迷，然兵未发，而路人皆知之，贼党益猖狂于江川、澂江之境矣。玉湾谓余："海口有石城、妙高，相近有别墅，已买山欲营构为胜地。请备车马，同行一观。"余辞以晋宁之行不容迟，因在迤西羁久也。

彼又云："缅甸不可不一游，请以腾越庄人为导。"余颔之。

初四日

余束装欲早往晋宁，主人言薄暮舟乃发，不若再饭而行。已而阮玉湾馈榼酒[3]，与吴君分饷之。下午，由羊市直南六里，抵南坝，下渡舟，既暮乃行。是晚，西南斗风，舟行三十里，至海夹口泊。三鼓，乃发棹，昧爽[4]，抵湖南涯北圩口，乃观音山之东南濒海处。其涯有温泉焉，舟人有登浴者，余畏风寒，不及沐也。于是挂帆向东南行。二十里，至安江村，梳栉于饭肆[5]。仍南四里，过一小桥，即西村四通桥分注之水，为归化、晋宁分界处。又南四里，入晋宁州北门，皆昔来暗中所行道也。至是始见田畴广辟，城楼雄壮焉。入门，门禁过往者不得入城，盖防阿迷不靖也。既见大来，各道相思甚急。饭而入叩州尊，如慰饥渴，遂留欢晏。夜寝于下道，供帐极鲜整。

初五至初七日

日日手谈于内署，候张调治、黄从月、黄沂水禹甸与唐君大来，更次相陪，夜宴必尽醉乃已。

初八日

饮后与黄沂水出西门，稍北过阳城堡，即所谓古土城也。其西北为明惠夫人庙，庙祀晋宁州刺史李毅女。夫人功见《一统志》。有元碑，首句云："夫人姓杨氏，名秀娘，李毅之女也。"既曰"李女"，又曰"姓杨"，何谬之甚耶？岂夫人之夫乃姓杨耶？然，辞不达甚矣。人传其内犹存肉身，外加髹焉[6]，故大倍于人。余不信，沂水云："昔年鼠伤其足，露骨焉，不妄也。"是日，州幕傅良友来拜，馈以榼醴。傅，江西德化人。

初九日

余病嗽，欲发汗，遂卧下道。

初十日

嗽不止，仍卧下道。唐君晨夕至榻前，邀诸友来看，极殷绻[7]。

十一日

余起复入内署，盖州治无事，自清晨邀以入，深暮而出，复如前焉。是日傅幕复送礼。余受其鸡肉，转寄大来处。下午，傅幕之亲姜廷材来拜。姜，金溪人。

十二日

唐州尊馈新制长褶棉被。余入谢，并往拜姜于傅署，遏学师赵，相见蔼蔼。及往拜于学斋，遇杨学师，交相拜焉。询赵师："陆凉有何君巢阿否？"赵，陆凉人，故询之。赵言："陆凉无之，当是浪穹人。然同宦于浙中，相善。"赵君升任于此，过池州，问六安何州君，已丁艰去矣[8]。四月初至镇远，其所主之家，即何所先主者。是其归已的。但余前闻一僧言，贵州水发时，城中被难者，有一浙江盐官，扛二十馀，俱遭漂没，但不知其姓。以赵君先主镇远期计之，似当其时，心甚惴惴[9]，无可质问也。从陈木叔《集》中，转得二知己，为吴太史淡人及何六安巢阿，俱不及面。岂淡人为火毙于长安，今又有此水厄？若果尔，何遇之奇也！

十三日

州尊赴杨贡生酌，张调治以骑邀游金沙寺，以有庄田在其西麓也。出西门，见门内有新润之房颇丽，问之，即调治之兄也。名□□，以乡荐任常州判，甫自今春抵家。以谗与调治不睦。

出西门，直西行田塍中，路甚坦。其坞即南自河涧铺直北而出者，至此乃大开洋，北极于滇池焉。西界山东突濒坞者，为牧羊山，北突而最高者，为望鹤山。其北走之馀脉为天城，又西为金沙，则散而濒海者也。东界山西突而屏城南者，为玉案山。北峙而最高者，为盘龙山。其环北之正脊，为罗藏山，则结顶而中峙者也。州治倚东界之麓。大堡、河涧合流于西界之麓，北出四通桥，分为两流：一直北下滇海；一东绕州北入归化界，由安江村入滇海。

经坞西行三里，上溪堤，有大石梁跨溪上，是为四通桥。由桥西直上坡，为昆阳道。西北由岐一里半，为天女城，上有天城门遗址，古石两叠，如雕刻亭檐状。昔李毅之女秀，代父领镇时筑城于此，故名。城阜断而复起，西北濒湖者，其山长绕，为黄洞山。西南并天城而圆耸夹峙者，为金沙山。此皆土断续，南附于大山者也。金沙之西，则滇海南漱而入，直逼大山。金沙之南，则望鹤山高拥而北瞰，为西界大山北隅之最。其西则将军山耸崖突立，与望鹤骈峙而出，第望鹤则北临金沙，天城、将军则北临滇海耳。黄洞山之西，有洲西横海中，居庐环集其上，是为河泊所，乃海子中之蜗居也[10]。今已无河泊官，而海子中渡船犹泊焉。其处正西与昆阳对，截湖西渡，止二十里。陆从将军山绕湖之南，其路倍之。

由天女城盘金沙山北夹，又一里半，而入金沙寺。寺门北向，盘龙莲峰师所建也，寺颇寂寞。由寺后拾级而上，为玉皇阁，又上为真武殿，俱轩敞，而北向瞻湖，得海天空阔之势。山之西麓，则连村倚曲，居民聚焉。入调治山楼，饭而登山，凭眺寺中。下步田畦水曲，观调治家人筑场收谷。戴月入城，皎洁如昼，而寒悄逼人。还饭下道，不候唐君而卧。唐君夜半乃归，使人相问，余已在梦魂中矣。

十四日

在署中。

十五日

在州署。夜酌而散,复出访黄沂水。其家寂然,花阴历乱,惟闻犬声。还步街中,恰遇黄。黄乃呼酒踞下道门,当月而酌,中夜乃散。

十六日

余欲别而行,唐君谓:“连日因歌童就医未归,不能畅饮。使人往省召之,为君送别,必少待之。”余不能却。

十七、十八日

皆在州署。

十九日

在州署。夜月皎而早阴霾。

二十日、二十一日

在州署。两日皆倏雨倏霁[11]。

二十二日

唐君为余作《瘗静闻骨记》,三易稿而后成。已乃具酌演优,并候杨、赵二学师及唐大来、黄沂水昆仲,为同宴以饯。

二十三日

唐君又馈棉袄夹裤,具厚赆焉。唐大来为余作书文甚多,且寄闪次公书，亦以青蚨贶[12]，乃入谢唐君，为明日早行计。

晋宁乃滇池南一坞稍开，其界西至金沙山，沿将军山抵三尖村，与昆阳界，不过二十里。东至盘龙山顶，与澂江界，不过十里。北至分水河桥，与归化界，不过五里。南入山坞，与澂江界，不过十里。总计南北不过十五里，东西不过三十里，不及诸蛮酋山徼一曲也。

晋宁之水，惟四通桥为大。其内有二溪，俱会于牧羊山下石壁村。一为大坝河，即河涧铺之流，出自关索岭者，余昔往江川由之；一为大甫河，出自铁炉关者，与新兴分水之岭界。二水合而出四通桥，又分其半，东灌州北之田。至州东北，又有盘龙山涧之水，自州城东南隅，循城北流，引为城濠，而下合于四通东灌之水，遂北为归化县分界，而出安江村。其河乃唐公新浚者。

晋宁二属邑，俱在州东北境，亦滇海东南之馀坞也。归化在州北二十里，呈贡又在归化北四十里，呈贡北即昆明县界。东北即板桥路，东即宜良界，东南即罗藏山，阳宗界。归化北五里，有莲花洞山，一名龙洞，有水出其间。罗藏山在归化东十里，盘龙山东北之主峰也，东南距澂江府四十里。其山高耸，总挈众山，与邵甸之梁王山对，亦谓之梁王山，以元梁王结寨其上也。西北麓为滇池，东南麓为明湖、抚仙湖。水之两分其归者，以此山为界。水之三汇其壑者，亦以此山为环。然则比邵甸梁王，此更磅礴矣。其脉自铁炉关东度为关索岭，又东为江川北屈颡巅山，遂北走为此山。又东至宜良县西境，又北度杨林西岭，又北过兔儿关，又北结为邵甸梁王山，而为果马、月狐之脊焉。

晋宁四门昔皆倾圮，唐玄鹤莅任，即修城建楼，极其壮丽。

晋宁东至澂江六十里，西至昆阳四十里，南至江川七十里，北至省会一百里，东南至路南州一百五十里，东北至宜良一百六十里，西南至新兴州一百二十里。西北至安宁州一百二十里。

唐晋宁初授陕西三水令，以御流寇功，即升本州知州，以忧归，补任于此。乃郎年十五岁，文学甚优，落笔有惊人语，馀三子俱幼。

唐大来名泰选贡，以养母缴引，诗、画、书俱得董玄宰三昧[13]。余在家时，陈眉公即先寄以书云："良友徐霞客足迹遍天下，今来访鸡足并大来先生，此无求于平原君者，幸善视之。"比至滇，余囊已罄，道路不前，初不知有唐大来可告语也。忽一日，遇张石夫谓余曰："此间名士唐大来，不可不一晤。”余游高峣时，闻其在傅玄献别墅，往觅之，不值。还省，忽有揖余者曰：“君岂徐霞客耶？唐君待先生久矣。”其人即周恭先也。周与张石夫善，与张先晤唐，唐即以眉公书诵之，周又为余诵之。始知眉公用情周挚，非世谊所及矣。大来虽贫，能不负眉公厚意，因友及友。余之穷而获济，出于望外如此。

唐大来，其先浙之淳安籍，国初从戎于此。曾祖金，嘉靖戊子乡荐，任邵武同知，从祀名宦。祖尧官，嘉靖辛酉解元。父懋德，辛卯乡荐，临洮同知，皆有集，唐君合刻之，名《绍箕堂集》。李本宁先生为作序，甚佳。

大来言历数先世，皆一仕一隐，数传不更，故其祖虽发解，竟不仕而年甚长，今大来虽未发解，而诗翰为滇南一人，真不忝厥祖也[14]。但其胤嗣未耀，二女俱寡，而又旁无昆季[15]，后之显者，将何待乎？

大来之岳为黄麟趾，字伯仁，以乡荐任山东嘉祥令，转四川顺庆府某县令。卒于任，即黄沂水禹甸之父、从月之兄也。其祖名明良，嘉靖乙酉乡荐，仕至毕节兵宪，有《牧羊山人集》。

大来昔从广南出粤西，抵吾地，亦以粤西山水之胜也。为余言：“广南府东半日多程，有宝月关甚奇。从广南东望，崇山横障，翠截遥空，忽山间一孔高悬，直透中扃，光明如满月缀云端，真是天门中开。路由其下盘跻而入，大若三四城门。其下旁又一窍，潜通滇、粤之水。”予按黄麟趾《昭阳关诗》注云：“关口天成一石虎头，耽耽可畏。”诗曰：“何代凿鸿濛[16]？峦山窈窱通。五丁输地力，一窍自天工。域畛华彝界，关当虎豹雄。弃繻愁日暮[17]，驱策乱流中。”按昭阳，即此洞也。唐君谓之宝月者，又其别名耳。此路东去即归顺，余去冬为交彝所梗，不能从此。

盘龙山莲峰祖师，名崇照，元至正间以八月十八日涅槃，作偈曰：“三界与三涂，何佛祖不由；不破则便有，能破则便无。老僧有吞吐不下，门徒不肯用心修。切忌切忌。”师素不立文字，临去乃为此，与遗蜕俱存。至今以此日为“盘龙会”云。

邵真人以正，初名璇，晋宁人。其父名仁，叔名忠，俱由苏州徙此。阁老刘逸《挽忠诗》有曰：“三郎足下风云达，忠子玘，领乡荐。小阮壶中日月长。即真人。”末句又曰：“怅望苏州是故乡。”见《州志》。

晋时晋宁之地曰宁州。南蛮校尉李毅持节镇此，讨平叛酋五十八部。惠帝时李雄乱，毅死之。女秀有父风，众推领州事，竟破贼保境。比卒，群酋为之立庙。是时宁所辖之境虽广，而驻节之地，实在于此。至唐武德中，以其为晋时宁州统会之地，置晋宁县。此州名之所由始也。州名宦向有李毅及王逊、姚岳等。迨万历间吴郡许伯衡修《州志》，谓今晋宁州地已非昔时五十八部之广，以一隅而僭通部之祀，非诸侯祭封内山川义，遂一并撤去之，并《志》《传》亦削去，只自我朝始。遂令千载英灵，空存肸蠁[18]，一方故实，竟作尘灰，可叹也！然毅虽削而其女有庙在古城，岳虽去而岳亦有庙在州西，有功斯土，非竖儒所能以意灭者也。许伯衡谓昔时宁州地广，今地狭，李毅虽嫡祖晋宁，不得而祀之，犹支子之不得承祧祀大宗也[19]。余谓晋宁乃嫡冢，非支子比，毅所辖五十八部虽广，皆统于晋宁，今虽支分五十八部，皆其支庶，而晋宁实承祧之主。若晋宁以地狭不祀，将委之五十八部乎？五十八部复以支分，非所宜祀，是犹嫡冢以支庶众多，互相推委，而虚大宗之祀也。然则李毅一方宗祖，将竟委之若敖乎？故余谓唐晋宁、唐大来首以复祀李毅为正。

二十四日

街鼓未绝，唐君令人至，言早起观天色，见阴云酿雨，风寒袭人，乞再迟一日，候稍霁乃行。余谢之曰："行不容迟，虽雨不为阻也。"及起，风雨凄其[20]，令人有黯然魂消意。令庖人速作饭，余出别唐大来。时余欲从海口、安宁返省，完省西南隅诸胜，从西北富民观螳螂川下流，而取道武定，以往鸡足。乃以行李之重者，托大来令人另赍往省，而余得轻具西行焉。方抵大来宅，报晋宁公已至下道，亟同大来及黄氏昆玉还道中。晋宁公复具酌于道，秣马于门[21]。时天色复朗，遂举大觥[22]，登骑就道。

从西门三里，度四通桥，从大道西行。半里，上坡，从其西峡，转而西南上一里半，直蹑望鹤岭西坳。又西下涉一涧，稍北，即濒滇池之涯。共五里，循南山北麓而西，有石耸起峰头，北向指滇池，有操戈介胄之状[23]，是为石将军，亦石峰之特为巉峭者。其西有庙北向，是为石鱼庙。其西南又有山西突起，亚于将军者，即石鱼山也。又西二里，海水中石突丛丛，是为牛恋石。涯上村与乡，俱以"牛恋"名。谓昔有众牛饮于海子，恋而不去，遂成石云。于是又循峡而南二里，逾平坡南下，有水一塘，直浸南山之足，是为三尖塘。塘南山峦高列，塘北度脊平衍。脊之北，即滇池、牛恋。塘水不北泄而东破山腋，始知望鹤之脉自西来，不自南来也。从塘北西向溯坞入，其坞自西而东，即塘水之上流也。

三里，坞西尽处，有三峰排列其南：最高者即南山之再起者也；其中一峰则自南峰之西，绕峡而北，峙为中峰焉；北峰则濒滇池而东度，为石将军、望鹤山之脉矣。中峰之东，有村落当坞，是为三尖村。晋宁村落止此。西沿中峰而上一里，与南峰对夹之中，复阻水为塘，不能如东塘之大，而地则高矣。又平上而西，一里，逾中峰之脊。从脊上西南直行，为新兴道。逾脊西北下，即滇池南涯，是为昆阳道，而晋宁、昆阳以是脊为界焉。于是昆阳新、旧州治，俱在一望。

直下半里，沿滇池南山陇半西行，二里馀，有村在北崖之下，滇池之水环其前，是曰赤峒里，亦池滨聚落之大者，而田则不能成壑焉。又西由村后逾岭南上，既西下，三里，有村倚南山北麓。盘其嘴而西，于是西峡中开，自南而北，与西界山对夹成坞。其脊南自新兴界分支北下：西一支直走而为新、旧州治，而北尽于旧寨村；东一支即赤峒里之后山，滨池而止。东界短，西界长，中开平坞为田，一小水贯其中，亦自南而北入滇池，即《志》所称渠滥川也。按《隋书》：史万岁为行军总管，自蜻蛉川至渠滥川[24]，破三十馀部，当即指此。

由东嘴截坞而西，正与新城相对，而大道必折而南，盘东界之嘴以入，三里，始西涉坞。径坞三里，又随西界之麓北出，一里半，是为昆阳新城。又北一里半，为昆阳旧城，于是当滇池西南转折处矣。旧城有街衢阛堵而无城郭，新城有楼橹雉堞而无民庐，乃三四年前，旧治经寇，故卜筑新邑，而市舍犹仍旧贯也。旧治街自南而北，西倚山坡，东瞰湖涘，至已日西昃[25]，亟饭于市。此州有天酒泉、普照寺，以无奇不及停履[26]。

遂北行，四里，稍上，逾一东突之坳，其山自西界横突而出，东悬滇海中。路逾其坳中北下，其北滇海复嵌坞西入。其突出之峰，远眺若中浮水面，而其西实连缀于西界者也。乃西转涉一坞，共四里，又北向循滇池西崖山麓行。五里，又有小峰傍麓东突，南北皆湖山环抱之。数十家倚峰而居，是为旧寨村。由村北过一坞，其坞始自西而东，坞北有山一派，亦自西而东，直瞰滇海中。北二里，抵山下，直蹑山北上。一里馀，从崩崖始转东向山半行。又里馀，从东岭盘而北，其岭南、北、东三面俱悬滇海中，正东与罗藏隔湖相对。此地杳僻隔绝，行者为畏途焉[27]。岭北又有山一支，从水涯之北，亦自西而东，直瞰滇海中，与此岭南北遥对成峡，滇海驱纳其中，外若环窝，中骈束户，是为海口南岭。北下之处，峻削殊甚。余虑日暮，驱马直下。二里，复循坞西入，二里，西逾一坳。由坳西下，山坞环开，中为平畴，滇池之流，出海就峡，中贯成河，是为螳螂川焉。二里，有村傍坞中南山下，过之，行平畴间，西北四里，直抵川上。有聚落成衢，滨川之南，是曰茶埠墩，即所谓海口街也，有公馆在焉。监察御史案临，必躬诣其地，为一省水利所系耳。先是唐晋宁谓余，海口无宿处，可往柴厂莫土官盐肆中宿，盖唐以候代巡，常宿其家也。余问其处，尚相去六七里，而日色已暮，且所谓海门龙王庙者，已反在其东二里。又闻阮玉湾言，有"石城"之胜，亦在斯地，将留访焉。遂不复前，觅逆旅投宿[28]。

二十五日

令二骑返晋宁，余饭而蹑屩，北抵川上。望川北石崖矗空，川流直啮其下。

问所谓"石城"者，土人皆莫之知，惟东指龙王堂在盈盈一水间。乃溯川南岸东向从之。二里，南岸山亦突而临川，水反舍北而逼南。南崖崩嵌盘沓，而北崖则开绕而受民舍焉，是为海门村。与南崖相隔一水。不半里，中有洲浮其吭间，东向滇海，极吞吐之势。峙其上者，为龙王堂。时渡舟在村北岸，呼之莫应。余攀南崖水窟，与水石相为容与[29]，忘其身之所如也。久之，北崖村人以舟至，遂渡登龙王堂。堂当川流之中，东临海面，时有赛神者浮舟而至，而中无庙祝。后有重楼，则阮祥吾所构也。庙中碑颇多，皆化、治以后抚按相度水利，开浚海口，免于泛滥，以成濒海诸良田者，故巡方者以此为首务云。

出庙渡北岸，居庐颇集。其北向所倚之山有二重：第一重横突而西，多石，而西垂最高，即矗削而濒于川之北岸者；第二重横突而东，多土，而东绕最远，即错出而尽为池之北圩者[30]。二重层叠于村后。盖北自观音山盘礴而尽于此。村氓俱阮氏庄佃，余向询阮玉湾新置"石城"

之胜，土人莫解，谓阮氏有坟在东岸。误指至此，村人始有言“石城”在里仁村。其村乃倮㑩寨，正与茶埠墩对。从此有小径向山后峡中西行，三里可至。

余乃不东向阮坟，而西觅里仁焉。即由村后北逾第一重石峰之脊，北向下，路旁多错立之石，北亦开坞，而中无细流。一里，随坞西转，已在川北岸矗削石峰之后，盖峰南漱逼川流，故取道于峰北耳。其内桃树万株，被陇连壑，想其蒸霞焕彩时[31]，令人笑武陵、天台为爝火矣[32]。西一里，过桃林，则西坞大开，始见田畴交塍，溪流霍霍，村落西悬北山之下，知其即为里仁村矣。盖其坞正南矗立石山，西尽于此。坞濒于川，亦有一村临之，是为海口村，与茶埠墩隔川相对，有渡舟焉。其坞之东北逾坡，坞之西北循峡，皆有路，凡六十里而抵省会，而里仁村当坞中北山下。半里，抵村之东，见流泉交道，山崖间树木丛荫，上有庙宇，盖龙泉出其下也。东坞以无泉，故皆成旱地；西坞以有泉，故广辟良畴[33]。由村西盘山而北，西坞甚深，其坞自北峡而出，直南而抵海口村焉。村西所循之山，其上多蹲突之石，下多崆峒之崖[34]，有一窍二门，西向而出者。余觉其异，询之土人，“石城”尚在坞西岭上，其下亦有龙泉，可遵之而上。共北半里，乃西下截坞而度，有一溪亦自北而南，中干无流。涉溪西上，共半里，闻水声潇潇[35]，则龙泉溢西山树根下，潴为小潭，分泻东南去。由潭西上岭半里，则岭头峰石涌起，有若卓锥者，有若夹门者，有若芝擎而为台，有若云卧而成郭者。于是循石之隙，盘坡而上，坠壑而下。其顶中洼，石皆环成外郭，东面者巑岏森透[36]，西面者穹覆壁立。南向则余之逾脊而下者，北面则有石窟曲折，若离若合间，一石坠空当关，下覆成门，而出入由之。围壑之中，底平而无水。可以结庐，是所谓“石城”也。

透北门而出，其石更分枝簇萼。石皆青质黑章，廉利棱削，与他山迥异。有牧童二人引余循崖东转，复入一石队中，又得围崖一区，惟东面受客如门。其中有趺座之龛，架板之床，皆天成者。出门稍南，回顾门侧，有洞岈然，亟转身披之。其峒透空而入，复出于围崖之内，始觉由门入，不若由洞入更奇也。计围崖之后，即由“石城”中望所谓东面巑岏处矣。出洞，仰眺洞上石峰层沓，高耸无比。复有一老倮㑩披兽皮前来，引余相与攀跻，其上如众台错立，环中洼而峙其东。东眺海门，明镜漾空，西俯洼底，翠瓣可数，而隔崖西峰穹覆之上，攒拥尤高。乃下峰，复度南脊，转造西峰，则穹覆上崖，复有后层分列，其中开峡。东坠危坑而下，其后则土山高拥，负扆于上[37]，耸立之石，或上覆平板，或中剖斜棂。崖胁有二小穴如鼻孔，群蜂出入其中，蜜渍淋漓其下，乃崖蜂所巢也。两牧童言："三月前土人以火熏蜂而取蜜，蜂已久去，今乃复成巢矣。"童子竞以草塞孔，蜂辄嗡嗡然作铜鼓声。凭览久之，乃循坠坑之北，东向悬崖而下，经东石门之外，犹令人一步一回首也。

先是从里仁村望此山，峰顶耸石一丛，不及晋宁将军峰之伟杰，及抵其处，而阖辟曲折，层沓玲珑，幻化莫测，钟秀独异。信乎灵境之不可以外象求也。盖是峰西倚大山，此其一支东窜，峰顶中坳，石骨内露，不比他山之以表暴见奇者。第其上无飞流涵莹之波，中鲜剪棘梯崖之道，不免为兔狐所窟耳。老倮㑩言："此石隙土最宜茶，茶味迥出他处。今阮氏已买得之，将造庵结庐，招净侣以开胜壤，岂君即其人耶？"余不应去。信乎买山而居，无过此者。

下山仍过坞东，一里，经里仁村。东南一里，抵螳螂川之北。西望海口，有渡可往茶埠，而东眺濒川，石崖耸削。先从茶埠隔川北望，于巑岏嵌突中，见白垣一方，若有新茅架其上者。今虽崖石掩映，不露其影，而水石交错，高深嵌空，其中当有奇胜，遂东向从之。抵崖下，崖根插水，乱石潆洄，遂攀跻水石间。沿崖南再东，忽见石上有痕，蹑崖直上，势甚峻。挂石悬崖之迹，俱倒影水中。方下见为奇，又忽闻謦咳声落头上，虽仰望不可见，知新茅所建不远矣。再穿下覆之石，则白垣正在其上。

一道者方凿崖填路，迎余入坐茅中。其茅仅逾方丈，明窗净壁，中无供像，亦无爨具，盖初落成而犹未栖息其间者。道人吴姓，即西村海口人。向以贾游于外，今归而结净于此，可谓得所托矣。坐茅中，上下左右，皆危崖缀影，而澄川漾碧于前，远峰环翠于外。隔川茶埠，村庐缭绕，烟树堤花，若献影镜中。而川中凫舫贾帆[38]，鱼罾渡艇[39]，出没波纹间。棹影跃浮岚，橹声摇半壁，恍然如坐画屏之上也。

既下，仍西半里，问渡于海口村，南度茶埠街。入饭于主家，已过午矣。茶埠有舟，随流十里，往柴厂载盐渡滇池。余不能待，遂从村西遵川堤而行。其堤自茶埠西达平定，随川南涯而筑之。盖川水北依北岸大山而西，其南岸山势层叠，中多小坞，故筑堤障川。堤之南，屡有小水自南峡出，亦随堤下注。从堤上西行，川形渐狭，川流渐迅。七里，有村庐倚堤，北下临川，堤间有亭有碑，即所谓柴厂也。按旧碑谓之汉厂，莫土官盐肆在焉。至此，川迅石多，渐不容舟，川渐随山西北转矣，堤随之。又西北七里，水北向逼山入狭，路西向度坞登坡。又二里，数家踞坡上，曰平定哨。时日色尚高，以土人言前途无宿店[40]，遂止。

二十六日

鸡再鸣，饭而出店，即北向循西山行。三里，曙色渐启，见有岐自西南来者，有岐自东北来者，而中道则直北逾坳。盖西界老山至此度脉而东，特起一峰，当关中突，障扼川流，东曲而盘之，流为所扼，稍东逊之，遂破峡北西向，坠级争趋，所谓石龙坝也。此山名为九子山，实海口下流当关之键。平定哨在其南，大营庄在其东，石龙坝在其北。山不甚高大，圆阜特立，正当水口，故自为雄耳。山巅有石九枚，其高逾于人，骈立峰头。土人为建九子母庙，以石为九子，故以山为“九子母”也。

余时心知正道在中，疑东北之岐为便道，且可一瞰川流，遂从之。一里，抵大营庄，则川流轰轰在下，舟不能从水，陆不能从峡，必仍还大路，逾坳乃得，于是返辙，从峰西逾岭北下。共二里，有小水自西南峡来，渡之。复西上逾坡，则坡北峡中螳川之不，自九子母山之东，破峡北出，转而西，绕山北而坠峡，峡中石又横岨而层阂之[41]。水横冲直捣，或跨石之顶，或窜石之胁，涌过一层，复腾跃一层，半里之间，连坠五六级，此石龙坝也。此水之不能通舟，皆以此石为梗。昔治水者多燔石凿级，不能成功。土人言凿而辄长，未必然也。

石级既尽，峡亦北转。路从峡西山上，随之北行。下瞰级尽处，峡中有水一方，独清潴，土人指为青鱼塘，言塘中青鱼大且多。按《志》：昆阳平定乡小山下有三洞，泉出汇而为潭，中有青鱼、白鱼，俗呼“随龙鱼”，岂即此耶？

北二里，峡稍开，有村在其下，为青鱼塘村。北二里，西北蹑一岭，此岭最高，始东见观音山与罗汉寺、碧鸡山两峰东峙。又北见遥山一重，横亘众山之北，西尽处特耸一峰最高，为笔架山。其西又另起一峰，与之骈立，则老龙之龙山也。东尽处分岐双岫，亦最高，为进耳山。其南坳稍伏而豁，则大道之碧鸡关也。两最高之间，有尖峰独锐，透颖于横脊之南，是为龙马山。其下则沙河之水所自来也。惟西向诸山，稍伏而豁，大道之往迤西者从之，而老脊反自伏处南度。老龙之脊，西北自丽江、鹤庆东，南下至楚雄府南，又东北至禄丰、罗次北境，又东至安宁州西北境，东突为龙山。遂南从安宁州之西，又南度三泊县之东，又南向绕昆阳州之西南，乃折而东，经新兴州北，为铁炉关。又东经江川县北，为关索岭，又东峙为屈颡巅山。乃折而东北，为罗藏山，则滇池、抚仙湖之界脊也。

始西一里，逾其巅，又西北下一里，则螳川之水，自岭之北麓环而西，又转而南。岭西有村，濒川而居，置渡川上，是曰武趣河，昆阳西界止此，过渡即为安宁州界。武趣之河，绕村南曲，复转西峡去。路渡河即西北上坡。连越土垅二重，共五里，北下有水一塘，在东坞中。又北二里，有水一塘，在西坞中。又北一里半，有村在路东。又北一里半，坡乃北尽，坡北始开东西大坞。乃下坡西向行坞中。二里，有水东北自北界横亘中尖峰下来，是为沙河。其流颇大，石梁东西跨之。河从梁下南去。螳川之水，自武趣西峡转而北来。二水合于梁南，半里，遂西北至安宁州城之南，于是北向经城东而北下焉。过沙河桥，又西北一里，则省中大道自东北来，螳大川自城南来，俱会于城东，有巨石梁东西跨川上，势甚雄壮。过梁即为安宁城。

入其东门，阛阓颇集[42]，乃沽饮于市，为温泉浴计。饮毕，忽风雨交至。始持伞从南街西行，已而知道禄裱大道，乃返而至东门内，从东街北行。半里，过州前，从其东复转北半里，有庙门东向，额曰“灵泉”。余以为三潮圣水也。入之，有巨井在门左，其上累木横架为梁，栏上置辘轳以汲，乃盐井也。其水咸苦而浑浊殊甚。有监者，一日两汲而煎焉。安宁一州，每日夜煎盐千五百斤。城内盐井四，城外盐井二十四。每非大者煎六十斤，小者煎四十斤，皆以桶担汲而煎于家。

又西转过城隍庙而北，半里，出北门，风雨凄凄，路无行人，余兴不为止，冒雨直前。随螳川西岸而北，三里半，有村在西山麓，其后庙宇东向临之，余不入。又北二里半，大路盘山西北转，有岐下坡，随川直北行。余乃下，从岐一里半，有舟子舣舟渡，上川东岸，雨乃止。复循东麓而北，抵北岭下，川为岭扼，西向盘壑去。路乃北向陟岭，岭颇峻。一里，逾岭北，又一里，下其北坞。有小水自东北来，西注于川，横木桥度之。共一里，又西北上坡，有村当坡之北，路从其侧。一里，逾坡而北，再下再上，共三里，西瞰螳川之流，已在崖下。

崖端有亭，忽从足底涌起，俯瞰而异之，亟舍路西向下。入亭中，见亭后石骨片片，如青芙蓉涌出。其北复有一亭，下乃架木而成者。瞰其下，则中空如井，有悬级在井中，可以宛转下坠。余时心知温泉道尚当从上北行，而此奇不可失，遂从级坠井下。其级或凿石，或嵌木，或累梯，共三转，每转约二十级，共六十级而至井底。井孔大仅围四尺，其深下垂及底，约四五丈。井底平拓，旁裂多门，西向临螳川者为正门，南向者为旁门。旁门有屏斜障，屏间裂窍四五，若窗棂户牖，交透叠映。土人因号之曰“七窍通天”。“七窍”者，谓其下之多门；“通天”者，谓其上之独贯也。旁门之南，崖壁巉削[43]，屏列川上。其下洞门另辟骈开，凡三四处，皆不甚深透。然川漱于前，崖屏于上，而洞门累累，益助北洞之胜。再南崖石转突处，有一巨石下坠崖侧，迎流界道，有题其为“醒石”者，为冷然笔。冷然，学道杨师孔号。杨系贵州人。石北危崖之上，有大书“虚明洞”三大字者，高不能瞩其为何人笔。其上南崖有石横斜作垂手状，其下亦有洞西向，颇大而中拓，然无嵌空透漏之妙。“虚明”二字，非此洞不足以当之。“虚明”大书之下，又有刻“听泉”二字者，字甚古拙，为燕泉笔。燕泉，都宪何孟春号。何，郴州人，又自叙为吾邑人。又其侧有“此处不可不饮”，为升庵笔，升庵，杨太史慎号。而刻不佳，不若中洞。门右有“此处不可不醉”，为冷然笔，刻法精妙，遂觉后来者居上。又“听泉”二字上，刻醒石诗一绝，标曰“姜思睿”，而醒石上亦刻之，标曰“谱明”。谱明不知何人，一诗二标，岂谱明即姜之字耶？此处泉石幽倩，洞壑玲珑，真考槃之胜地[44]，惜无一人栖止。大洞之左，穹崖南尽，复有一洞，见烟自中出，亟入之。其洞狭而深，洞门一柱中悬，界为二窍。有倮儸囚发赤身，织草履于中，烟即其所炊也。洞南崖尽，即前南来之坞，下而再上处也。时顾仆留待北洞，余复循崖沿眺而北。北洞之右，崖复北尽，遂蹑坡东上，仍出崖端南来大道。

半里，有庵当路左，下瞰西崖下，庐舍骈集，即温泉在是矣。庵北有一亭，高缀东峰之半，其额曰“冷然”。当温泉之上，标以“御风”之名，杨君可谓冷暖自知矣。由亭前蹑石西下，石骨棱厉。余爱其石，攀之下坠，则温池在焉。池汇于石崖下，东倚崖石，西去螳川数十步。池之南有室三楹，北临池上。池分内外，外固清莹，内更澄澈，而浴者多就在外池。内池中有石高下不一，俱沉水中，其色如绿玉，映水光艳烨然[45]。余所见温泉，滇南最多，此水实为第一。池室后当东崖之上，有佛阁三楹，额曰“暖照”。南坡之上，有官宇三楹，额曰“振衣千仞”。皆为土人锁钥，不得入。

余浴既，散步西街，见卖浆及柿者，以浴热，买柿啖之。因问知虚明之南，尚有云涛洞，川之西岸，曹溪寺旁，有圣水，相去三里，皆反在其南，可溯螳川而游也。盖温池之西滨螳川东岸，夹庐成衢，随之而北，百里而达富民。川东岸山最高者为笔架峰，即在温池东北，《志》所谓岱晟山也。川西岸山最高者为龙山，曹溪在其东陇之半，《志》所谓葱山也。二山夹螳川而北流，而葱山则老脊之东盘者矣。

余时抵川上，欲先觅曹溪、圣水，而渡舟在川西岸，候之不至，遂南半里，过虚明诸洞下。南抵崖处，坡曲为坞，宜仍循川岸而南，以无路，遂上昔来大路隅，由小岐盘西崖而南。亦再下再上，一里半，有一村在坡南，是为沈家庄。老妇指云涛洞尚在南坡外。又南涉坞，半里，登坡，路绝而不知洞所在。西望隔川有居甚稠，其上有寺，当即曹溪，有村童拾薪川边，遥呼而问所谓云涛洞者。其童口传手指，以川隔皆不能辨。

望见南坡之下，有石崖一丛，漫趋之。至其下，仰视石隙，丛竹娟娟，上有朱扉不掩。登之，则磴道逶迤，轩亭幽寂，馀花残墨，狼藉蹊间，云牖石床，离披洞口。轩后有洞门下嵌，上有层楼横跨，皆西向。先登其楼。楼中供大士诸仙像。香几灯案，皆以树根为之，多有奇古者。其南有卧室一楹，米盎书簏[46]，犹宛然其内，而苔衣萝网，封埋已久，寂无径行，不辨其何人所构，何因而废也。下楼入洞，初入若室一楹，侧有一窞[47]，下陷窈黑；其北又裂一门，透裂入，有小窍斜通于外，见竹影窜入，即堕黑而下。南下杳不知其所底，北眺亦有一牖上透，第透处甚微，光不能深烛。以手扪隘，以足投空，时时两无所著，又时时两有所碍。既至其底，忽望西南有光烨然，转一隘，始见其光自西北顶隙透入。其处底亦平，而上复穹焉高盘。倏然有影掠隙而过，心异之，呼顾仆，闻应声正在透光之隙，其所过影即其影也。复转入暗底，隙隘崖悬，无由着足。然而机关渐熟，升跻似易，觉明处之魂悸，不若暗中之胆壮也。再上一层，则上牖微光，亦渐定中生朗，其旁原有细级，宛转崖间，或颓或整，但初不能见耳。出洞，仍由前轩出扉外，见右崖有石刻一方，外为棘刺结成窠网，遥不能见。余计不能去，竟践而入之，巾履俱为钩卸，又以布缚头护网，始得读之。乃知是庵为天启丙寅州人朱化孚所构。朱，壬辰进士。其楼阁轩亭，俱有名额，住山僧亦有名有诗，未久而成空谷，遗构徒存，只增慨耳。

既下至川岸，若一航渡之，即西上曹溪。时不得舟，仍北三里，至温泉，就舟而渡，登西岸，溯川南行。望川东虚明崖洞若即若离，杳然在落花流水之外。南一里，又见川东一崖，排突亦如虚明，其下亦有多洞迸裂，门俱西向，有大书其上为“青龙洞”、为“九曲龙宫”者。隔川望之，不觉神往。土人言此二洞甚深，篝火以入，可四五里，但中黑无透明处。此洞即在沈家庄北，余前从虚明沿川岸来，即可得之，误从其上行崖端而不知，深为怅怅。然南之云涛，北之虚明，既已两穷，此洞已去而复得之对涯，亦未为无缘也。

又南一里，抵川西村聚。从其后西上山，转而南，又西上，共一里，遂入曹溪寺。寺门东向，古刹也。余初欲入寺觅圣泉，见殿东西各有巨碑，为杨太史升庵所著，乃拂碑读之。知寺中有优昙花树诸胜，因觅纸录碑，遂不及问水。是晚炊于僧寮[48]，宿于殿右。

二十七日

晨起寒甚。余先晚止录一碑，乃殿左者，录未竟，僧为具餐，乃饭而竟之。有寺中读书二生，以此碑不能句来相问。余为解示。二生：一姓孙，安宁州人；一姓党，三泊县人。党生因引余观优昙树[49]。

其树在殿前东北隅二门外坡间，今已筑之墙版中，其高三丈馀，大一人抱，而叶甚大，下有嫩枝旁丛。闻开花当六月伏中，其色白而淡黄，大如莲而瓣长，其香甚烈而无实。余摘数叶置囊中。

遂同党生由香积北下坡，循坳而北，一里半，观圣泉。泉从山坡大树根下南向而出，前以石环为月池，大丈馀，潴水深五六寸馀，波淙淙由东南坡间泻去。余至当上午，早潮已过，午潮未至，此正当缩时，而其流亦不绝，第潮时更涌而大耳。党生言：“穴中时有二蟾蜍出入，兹未潮，故不之见。”即碑所云金醌，号曰“神泉”者矣。月池南有亭新构，扁曰“问潮亭”，前巡方使关中张凤翮为之记。党生又引余由泉西上坡，西北缘岭上半里，登水月庵。庵东北向，乃葱山之东北坳中矣。庵洁而幽，为乡绅王姓者所建。庭中水一方，大仅逾尺，乃建庵后劚地而出者[50]，庵前有深池，泉不能畜也。既复下至圣泉，还至曹溪北坡坳，党生别余上寺，余乃从岐下山。

一里，抵昨村后上山处，由村后南行半里，复东望川东回曲中，石崖半悬，飞楼临丹，即云涛洞也。川水已从东盘曲，路犹循西山南向下，因其山坞自南而转也。一里馀，始循南山而东。二里，则其川自坞北曲而南，与路遇。既过，路又循东山溯溪转而北。一里，乃东向陟南山之北，一里，乃转东南行。一里，南陟一西来之峡，又南上坡。一里，与前来温泉渡西大道合，始纯南行。六里，入北城门。见有二女郎，辫发双垂肩后，此间幼童、女，辫发一条垂脑后，女郎及男之长者，辫发两条垂左右耳旁；女仍用包髻，男仍用巾帽冠其上。若傍傍则辫发一条，周环于脑额。若箍其首者。又有男子未冠者，从后脑下另挽一小鬏若螺[51]，缀于后焉。手执纨扇，嫣然在前。后有一老妇随之，携牲盒纸锭，将扫墓郊外。此间重十月朔祭扫。家贫不及者，至月终亦不免也。南中所见妇女，纤足姣好[52]，无逾此者。

入城一里半，饭于东关，乃出，逾巨石梁，遵大道东北行。半里，有小溪自东坞来，溯之行，从桥南东去。三里半，上坡。又一里，逾东安哨岭。岭不甚峻，东北从横亘大山分陇西南下，为安宁东第一护城之砂者也。过岭东下，始见沙河之水，自东北来。随其坞东入，过站摩村，共十五里，为始甸铺。又四里，过龙马山，屼屼北透，横亘大山之南。路绕其前而东又四里，始与沙河上流之溪遇。有三巩石梁东跨其上，是曰大桥。其水自东北进耳二尖峰西、棋盘山南峡来，西南至安宁城东，南入于螳川者也。又半里，东上坡，宿于高枧桥村。

二十八日

平明，东行一里半，上坡，为安宁东界，由此即为昆明地。陂陀高下，以渐升陟而上。八里，其坞自双尖后进耳山来，路遂由南陇上。又二里，山坳间有聚庐当尖，是为碧鸡关。盖进耳之山峙于北，罗汉之顶峙于南，此其中间度脊之处，南北又各起一峰夹峙，以在碧鸡山之北，故名碧鸡关，东西与金马遥对者也。关之东，向东南下为高峣，乃草海西岸山水交集处，渡海者从之。向西北下为赤家鼻，官道之由海堤者从之。余时欲游进耳，遂西北下坡半里，循西山北行。二里，有村在西山之麓，是为赤家鼻。大道由其前北去，乃西折而入村，村倚山而庐。有池潴坡侧，大不逾五尺，村人皆仰汲焉。中复有鱼，有垂钓其上者，亦龙潭之浅者也。由池南上坡，岭道甚峻。半里，登冈上，稍北而曲，有坊当道，则进耳山门外坊也。其寺尚隔一坑。由坊西望见寺后，大山环于上，此冈绕于前，内夹深坑，旋转而入，若耳内之孔。寺临孔上盘朵边以进，取名之义，非身履此冈，不见其亲切也。进坊，西向沿坑入，半里，有岐西逾大山之坳，而入寺之路，则沿坑南转。盘崖半里，西上，入寺中，寺门东向。登其殿，颇轩爽[53]，似额端，不似耳中也。方丈在殿北，有楼三楹在殿南。其楼下临环坑，遥揽滇海，颇如太华之一碧万顷，而此深远矣。入方丈，有辛贡士伯敏者，迎款殷勤。僧宝印欲具餐，辛挥去，令其徒陈履惇、陈履温二陈乃甲戌进士，履忠弟。及其弟出见，且为供荤食。复引余登殿南眺海楼，坐谈久之。

余欲趋棋盘山，问道于宝印。宝印曰："由坊东下山，自赤鼻山宝珠寺上为正道，路且三十里。由此寺北，西逾大山之坳，其路半之，但空山多岐，路无从觅耳。"乃同辛君导余从殿后出，遂北至坳下东来岐路，始别去。余乃西上，半里，逾坳，半里，西北稍下，一里，涉中洼。洼西复有大山，南北横峙，与东界进耳后双尖，并坳北之巅，东西夹成中洼。由洼西复循西山之东，北行一里，循岭北转而西，稍下，一里，度峡西上，其西复有大山，南北横峙，遂西向横蹑之。一里半，登其冈，见西南随坞有路，上逾其脊，将趋之。有负刍者来曰："棋盘路在北，不在西也。"乃循西山之东，又北行，其路甚微，若断若续。二里半，从西山北坳，透脊西出，始望见三家村在西坞中。村西盘峙一峰，自北而南，如屏高拥，即棋盘山也。其脉北自妙高寺、三华山西南来，复耸此峰。分支西度，为温泉之笔架山；分支南下，为始甸后之龙马山，南环东亘，即为所逾之脊，而南度为进耳、碧鸡者也。脊北山复横列东北，至宝珠、赤鼻而止，为三家村东界护山。余昔来自金马以东，即遥望西界山横如屏，其顶复有中悬如覆釜，高出其上者，即此棋盘峰也，而不知尚在重壑之内，外更有斯峰护之，洵西峰之领袖矣[54]。从坳西转，循东山北崖半里，乃西向下。一里，行壑中，有水北流，西涉之，又半里，抵三家村，其村倚棋盘东麓。路当从村北西上，乃误由村南度脊处，循峡西南上，竟不得路。攀蹑峡中三里。登一冈。有庵三楹踞坪间，后倚绝顶，其前东瞰滇中，乃发僧玄禅与僧裕庵新建者。玄禅有内功，夜坐峰头，晓露湿衣，无所退怖，庵中四壁未就，不以为意也。日已西昃，迎余瀹茗煮粥，抵暮乃别。西上跻峰，一里，陟其巅。又西向平行顶上一里，有寺东北向，即棋盘寺也。时已昏黑，遂啜茗而就榻。

二十九日

凌晨起，僧为余炊。余乃独蹑寺后绝顶，时晓露甚重，衣履沾透。顶间无高松巨木，即丛草亦不甚深茂，盖高寒之故也。顶颇平迥，其西南皆石崖矗突，其性平直而中实，可劈为板，省中取石，皆于此遥负之，然其上反不能见，以坳于内也。西北坞中有大壑回环，下有水二方，村庐踞其上，即《志》所载勒甸村龙泉也。其水分青白色。西南峡中水，则循龙马山东而去，当即沙河之源矣。东南即三家之流。是顶亦三面分水之处，第一入滇池，两入螳川，皆一派耳。由顶远眺，则东北见尧林山尖耸，与邵甸梁王山并列，东南见罗藏山环峙海外，直南见观音山屼突，为碧鸡绝顶掩映，半浮半隐，直西则温泉笔架山连翩而去。惟西北崇山稍豁，则螳川之所向也。

下山饭于寺。乃同寺僧出寺门东行三十步，观棋盘石。石一方横卧岭头，中界棋盘纹，纵横各十九道。其北卧石上，大书"玉案晴岚"四大字，乃碧潭陈贤所题。南有二石平度，中夹为穴，下坠甚深，僧指为仙洞。昔有牧子坠羊其中，遂以石填塞之。僧言此山之腹，皆崆峒，但不得其门而入耳。穴侧亦有陈贤诗碑，已剥不可读。乃还寺，录昆明令汪从龙诗碑。

仍令幼僧导往峰西南，观凿石之崖。其崖上下两层，凿成大窟如厦屋。其石色青绿者，则腻而实；黄白者，则粗而刚。其崖间中嵌青绿色者两层，如带围，各高丈馀，故凿者依而穴之。其板有方有长，方者大径五六尺，长者大径二三丈，皆薄一二寸，其平如锯，无纤毫凹凸，真良材也。

还从寺前东向下，一里，过新庵之左，直下者一里半，过三家村左，渡涧。又一里半，东逾石山之坳。其山乃东界北走之脉，至此复突一峰，遂北尽焉。从坳东坠崖而下，复渐成一坑。随之行三里，为宝珠寺。未至寺，其西坠峡处，坑水溃而为瀑，悬崖三级下，深可十五六丈，但水细如络丝，不如匹练也。宝珠寺东向倚山之半，亦幽亦敞。由其前坠坡直下，五里，抵山麓，为石鼻山。聚落甚盛，盖当草海之西，碧鸡关大道即出其下也。

由村转北，一里半，东北与大道合，于是东向湖堤。二里半，有村当堤之冲，曰夏家窑。过此，遂遵堤行湖中，堤南北皆水洼，堤界其间，与西子苏堤无异。盖其洼即草海之馀，南连于滇池，北抵于黄土坡，西濒赤鼻山之麓，东抵会城，其中支条错绕，或断或续，或出或没。其濒北者，《志》又谓之西湖，其实即草海也。昔大道迂回北坡，从黄土坡入会城。傅玄献为侍御时，填洼支条，连为大堤，东自沐府鱼塘，西接夏家窑，横贯湖中，较北坡之迂，省其半焉。东行堤上一里半，复有冈、有桥，有栖舍介水中央。半里，复遵堤上东行湖中。遥顾四围山色，掩映重波间，青蒲偃水，高柳潆堤，天然绝胜。但堤有柳而无花，桥有一二而无二六，不免令人转忆西陵耳。又东二里，湖堤既尽，乃随港堤东北二里，为沐府鱼池。又一里半，抵小西门，饭于肆。东过闸桥，滨濠南而东一里，入城南旧寓。

问吴方生，则已隔晚向晋宁矣。已而见唐大来寄来行李书画，俱以隔晚先至；独方生则我来彼去，为之怅怅，乃计复为作书，令顾仆往晋宁谢唐君，别方生，并向大来索陶不退书。陶讳挺，有诗翰声，向官于浙。前大来欲为作书，闻其已故，乃止。适寓中有高土官从姚安来。知其犹在，皆虚传如眉公也。故复索书往见之。

十一月初一日

晨起余先作书，令顾仆往投阮玉湾，索其导游缅甸书，并谢向之酒盒。余在寓作晋宁诸柬，须其反命，即令往南坝候渡。下午顾仆去，余欲入城拜阮仁吾，令其促所定负担人为西行计，适阮穆声来顾，已而玉湾以书来，期明日晤其斋中，遂不及入城。

初二日

晨起，余欲自仁吾处，次第拜穆声，后至玉湾所，忽玉湾来邀甚急，余遂从其使先过玉湾。则穆声已先在座，延于内斋，款洽殊甚。既午，曰："今日总府宴抚按，当入内一看即出，故特延穆声奉陪。"并令二幼子出侍客饮。果去而即返，洗盏更酌。已而报抚按已至，玉湾复去，嘱穆声必款余多饮，须其出而别。余不能待，薄暮，托穆声代别而返。

初三日

晨往阮仁吾处，令促负担人，即从其北宅拜穆声。留晨餐，引入内亭，观所得奇石。其亭名"竹在"，余询其故。曰："父没时，宅为他人所有。后复业，惟竹在耳。"亭前红梅盛开。此中梅俱叶而花，全非吾乡本色，惟一株傍亭檐，摘去其叶，始露面目，犹故人之免胄相见也。石在亭前池中，高八尺，阔半之，玲珑透漏，不瘦不肥，前后俱无斧凿痕，太湖之绝品也。云三年前从螺山绝顶觅得，以八十馀人舁至[55]。其石浮卧顶上，不经摧凿而下，真神物之有待者。余昔以避雨山顶，遍卧石隙，乌睹有此类哉！

下午，过周恭先，遇于南门内，正挽一友来顾。知金公趾为余作《送静闻骨诗》，相与同往叩之。则金在其庄，不相值。金公趾名初麟，字颇肖董宗伯，风流公子也，善歌，知音律，家有歌童声伎。其祖乃甲科，父伟，乡荐，任江西万安令。公趾昔好客，某奏劾钱士晋军门，名在疏中，黜其青衿焉。其友遂留至其家，割鸡为饷，肴多烹牛杂脯而出，甚精洁。其家乃教门，举家用牛，不用豕也。其友姓马，字云客，名上捷，号阆仙。寻甸府人。父以乡科任沅州守，当安酋困黜省时，以转饷功，擢常德太守。军兴旁午[56]，独运援黔之饷，久而无匮，以劳卒于任。云客其长子也，文雅蕴藉，有幽人墨士之风。是晚篝灯论文，云客出所著《拾芥轩集》相订，遂把盏深夜。恭先别去，余遂留宿其斋中。窗外有红梅一株盛放，此间皆红梅，白者不植。中夜独起相对，恍似罗浮魂梦间，然叶满枝头，转觉翠羽太多多耳。

初四日

马君留晨餐。恭先复至，对弈两局。又留饭。过午，乃出城，以为顾仆将返也。及抵寓，顾仆不见，而方生已俨然在楼。问："何以来？"曰："昨从晋宁得君书，即骑而来送君。骑尚在，当迟一日复往晋宁。"问："昔何以往？"曰："往新兴，便道晋宁看君耳。"问："顾行何在？"曰："尚留晋宁候渡。"始知方生往新兴，以许郡尊考满，求雷太史左右之于巡方使君之侧也。雷名跃龙。以礼侍丁忧于家。巡方使为倪于义，系四川人。

初五日

方生为余作永昌潘氏父子书、父名嗣魁，号莲峰，丙子科第十名。子名世澄，号未波，丙子科解元。腾越潘秀才书，名一桂。又为余求许郡尊转作书通李永昌，永昌太守李还素，昔自云南别驾升，与许同僚。又为余求范复苏医士，江西人转作书通杨宾川。宾川守杨大宾，黔人，号君山，原籍宜兴人，以建平教中于南场，与又生乡同年也。前又生有书来，然但知其家于黔，而不如其宦于宾。书为盗失，并不知其家之所在，但忆昔年与其弟宜兴总练同会于又生坐。今不知其弟尚在宜兴否？怜余无赀，其展转为余谋，胜余自为谋也。下午，顾行自晋宁返，并得唐大来与陶不退书。阮仁吾所促负担人亦至。

初六日

余晨造别阮玉湾、穆声，索其所作《送静闻骨诗》。阮欲再留款，余以行李已出辞。乃出叩任君。任君，大来妹婿。大来母夫人在其家，并往起居之。任固留饭，余乃趋别马云客，不值，留诗而还。

过土主庙，入其中，观菩提树。树在正殿陛庭间甬道之西，其大四五抱，干上耸而枝盘覆，叶长二三寸，似枇杷而光。土人言其花亦白而带淡黄色，瓣如莲，长亦二三寸，每朵十二瓣，遇闰岁则添一瓣。以一花之微，而按天行之数，不但泉之能应刻，州勺漏泉，刻百沸。而物之能测象如此，亦奇矣。土人每以社日群至树下，灼艾代灸，言灸树即同灸身，病应炙而解。此固诞妄，而树肤为之瘢瘤无馀焉。

出庙，饭于任，返寓，周恭先以金公趾所书诗并贶至，又以马云客诗扇至。阮玉湾以诗册并贶至，其弟镨亦使人馈贶焉。迨暮，金公趾自庄还，来晤，知余欲从筇竹往，曰："余辈明晨当以筇竹为柳亭。"余谢之曰："君万万毋作是念。明晨，君在温柔梦寐中，余已飞屐峰头矣，不能待也。"是晚许郡尊亦以李永昌书至，惟范复苏书未至也。

初七日

余晨起，索饭欲行，范君至，即为作杨宾川书。余遂与吴方生作别。循城南濠西行二里，过小西门，又西北沿城行一里，转而北，半里，是为大西门。外有文昌宫、桂香阁峙其右，颇壮。又西半里，出外隘门，有岐向西北者，为富民正道；向正西者，为筇竹寺道。余乃从正西傍山坡南行，即前所行湖堤之北涯也。五里，其坡西尽，村聚骈集，是为黄土坡。坡西则大坞自北而南，以达滇海者也。西行坞塍中二里，有溪自西北注而南。石梁横其上，是即海源寺侧穴涌而出之水，遂为省西之第一流云。又西一里半，有小山自西山横突而出，反自南环北。路从其北嘴上，一里半，西达山下。有峡东向，循之西上，是为筇竹。由峡内越涧西南上，是为圆照。由峡外循山嘴北行，是为海源。先有一妇骑而前，一男子随而行者，云亦欲往筇竹。随之，误越涧，南上圆照，至而后知其非筇竹也。圆照寺门东向，层台高敞，殿宇亦宏，而阒寂无人[57]。还下峡，仍逾涧北，令行李往候于海源，余从峡内入。一里半，涧分两道来，一自南峡，一自北峡。二流交会处，有坡中悬其西。于是渡南峡之涧，即蹑坡西北上，渐转而西，一里半，入筇竹寺。

其寺高悬于玉案山之北陲[58]，寺门东向，斜倚所踞之坪，不甚端称，而群峰环拱，林壑潆沓，亦幽邃之境也。入寺，见殿左庖脍喧杂[59]，腥膻交陈，前骑来妇亦在其间。余即入其后，登藏经阁。望阁后有静室三楹，颇幽洁，四面皆环墙回隔，不见所入门，因徘徊阁下。忽一人迎而问曰："先生岂霞客耶？"问："何以知之？"曰："前从吴方翁案征其所作诗，诗题中见之，知与丰标不异也。"问其为谁，则严姓，名似祖，号筑居，严冢宰清之孙也。为人沉毅有骨，澹泊明志，与其侄读书于此。所望墙围中静室，即其栖托之所。因留余入其中，恳停一宿。余感其意，命顾仆往海源安置行李，余乃同严君入殿左方丈。问所谓禾木亭者，主僧不在，锁钥甚固。复遇一段君，亦识余，言在晋宁相会，亦忘其谁何矣。段言为金公趾期会于此，金当即至。三人因同步殿右，循阶坡而西北，则寺后上崖复有坪一方，其北崖环抱，与南环相称。此旧筇竹开山之址也，不知何时徙而下。其处后为僧茔，有三塔皆元时者，三塔各有碑，犹可读。读罢还寺，公趾又与友两三辈至，相见甚欢。窥其意，即前骑来妇备酒邀众客，以筇竹为金氏护施之所，公趾又以夙与余约，故期备于此，而实非公趾作主人也。

时严君谓余，其侄作饭于内已熟，拉往餐之。

顷之，住持僧体空至。其僧敦厚笃挚，有道行者，为余言："当事者委往东寺监工修造，久驻于彼，今适到山。闻有远客，亦一缘也。必多留寺中，毋即去。"余辞以："鸡山愿切，此一宵为严君强留者，必不能再也。"体空谓："今日诸酒肉汉混聒寺中，明晨当斋洁以请。"遂出。

余欲往方丈答体空，严君以诸饮者在，退而不出。余见公趾辈同前骑妇坐正殿东厢，始知其妇为伎而称觞者。余乃迂从殿南二门侧，曲向方丈。体空方出迎，而公趾辈自上望见，趋而至曰："薄醴已备[60]，可不必参禅。"遂拉之去。抵殿东厢，则筑居亦为拉出矣。遂就燕饮。其妇所备肴馔甚腆。公趾与诸坐客，各歌而称觞，然后此妇歌，歌不及公趾也。既而段君去，余与筑居亦别而入息阴轩。迨暮，公趾与客复携酒盒就饮轩中，此妇亦至，复飞斝征歌[61]。二鼓，乃别去。

余就寝。寝以纸为帐，即严君之榻也。另一榻，亦纸帐，是其侄者，严君携被襆就焉[62]。既寝，严君犹秉灯独坐，观余《石斋诗帖》并诸公手书。余魂梦间闻其哦三诗赠余，余寝熟不能辨也。

初八日

与严君同至方丈叩体空。由方丈南侧门入幽径，游禾木亭。亭当坡间，林峦环映，东对峡隙，滇池一杯，浮白于前，境甚疏窅，有云林笔意。亭以茅覆，窗棂洁净。中有兰二本，各大丛合抱：一为春兰，止透二挺；一为冬兰，花发十穗，穗长二尺，一穗二十馀花。花大如萱，乃赭斑之色，而形则与兰无异。叶比建兰阔而柔，磅礴四垂。穗长出叶上，而花大枝重，亦交垂于旁，其香盈满亭中。开亭而入，如到众香国中也。三人者，各当窗一隙，踞窗槛坐。侍者进茶，乃太华之精者。茶洌而兰幽，一时清供[63]，得未曾有。"禾木"者，山中特产之木，形不甚大，而独此山有之，故取以为名。相仍已久，而体空新整之，然目前亦未睹其木也。体空恳留曰："此亭幽旷，可供披览。侧有小轩，可以下榻，阁有藏经，可以简阅[64]。君留此过岁，亦空山胜事。虽澹泊，知君不以膻来，三人卒岁之供，贫僧犹不乏也。"余谢："师意甚善。但淹留一日，余心增歉一日。此清净界反成罪戾场矣。"

坐久之，严君曰："所炊当熟，乞还餐之。"出方丈，别体空，公趾辈复来，拉就殿东厢，共餐鼎肉汤面，复入息阴轩饭。严君书所哦三诗赠余，余亦作一诗为别。出正殿，别公趾，则行李前去，为体空邀转，不容行。余往恳之，执袖不舍。公趾、筑居前为致辞曰："唐晋宁日演剧集宾，欲留名贤，君不为止。若可止，余辈亦先之矣。"师曰："君宁澹不膻，不为晋宁留，此老僧所以敢留也。"余曰："师意既如此，余当从鸡山回，为师停数日。"盖余初意欲从金沙江往雅州，参峨嵋。滇中人皆谓此路久塞，不可行，必仍归省，假道于黔而出遵义。余不信，及濒行，与吴方生别，方生执裾黯然曰[65]："君去矣，余归何日？后会何日？何不由黔入蜀，再图一良晤？"余口不答，而心不能自已。至是见体空诚切[66]，遂翻然有不由金沙之意。筑居、公趾辈交口曰："善。"师乃听别。出山门，师犹远送下坡，指对山小路曰："逾此可入海源上洞，较山下行近。"

既别，一里半，下至峡中，令肩行李者逾南涧[67]，仍来路出峡，往海源寺。余同顾仆逾北涧，循涧北入，即由峡东向蹑岭。一里，逾岭东，稍东下，半里，折而北。又半里，已遥见上洞在北岭，与妙高相并，而路则践危石，历巉磴而下。下险，即由山半转而北行。半里，有大道东南自海源上坡，从之。西北上半里，岭上乱石森立，如云涌出。再北，遂得上洞。洞门东向，高穹轩迥[68]，其内深六七丈，阔与高亦如之。顶穹成盖，底平如砥，四壁围转，无嵌空透漏之状。惟洞后有石中突，高丈馀，有隙宛转，逾之而入，洞壁亦嵌而下坠，深入各二丈馀，底遂窅黑，坠隙而下，见有小水自后壁滴沥而下。至底而水不见，黑处亦渐明。有樵者见余入，驻外洞待之，候出乃去。洞中野鸽甚多，俱巢于洞顶，见人飞扰不定，而土人设机关以取之。又稍北，共半里而得中洞。洞门亦东向，深、阔、高俱不及上洞三之一，四壁亦围转无他岐，惟门左旁列一柱，又有二孔外透为异耳。余从洞前望往妙高大路，自海源由山下村落，盘西山北嘴而西上，洞前有如线之路，从岭北逾坳而西，即从岭头行，可省陟降之烦。乃令顾仆下山招海源行李，余即从洞岭北行，期会于妙高。

洞北路若断若续，缘西山之半，其下皆村聚，倚山之麓，大路随之，余行岭半一里，有路自下村直上，西北逾岭从之。一里，逾岭西，峰头有水一塘在洼中，由塘北西下一里，山复环成高坞，自南向北。坞口石峰东峙，嶙峋飞舞，踞众壑之交。石峰北，又有坞自西而东。西坞重壑层叠，有大山临之，其下路交而成蹊焉。余望之行半里，北下至石山之西。又半里，西抵西坞之底，路当从西坞北崖缘峡而上，余误从西坞南崖蹑而登。一里，逾岭脊而西，即见西北层冈之上，有佛宇重峙，余知即为妙高，而下有深峡间隔，路反折而西南，已觉其误。循之行一里，以为当截峡北度，便可折而入寺，乃坠峡西北下。半里，涉底，复攀峡西北上，以为寺在冈脊矣，而何以无路。又半里，及登脊，则犹然寺前环峡之冈，与寺尚隔一坑也。冈上有一塔，正与寺门对。复从其东北下坑半里，由坑底再上北崖，则犹然前坞底缘峡处也。北上半里，冈头有茶庵当道，是为富民大路。庵侧有坊。沿峡端西循坡半入，半里，是为妙高寺。寺门东向，前临重峡，后倚三峰，所谓三华峰也。三尖高拥，攒而成坞，寺当其中，高而不觉其亢，幽而不觉其阒，亦胜地也。正殿左右，俱有官舍，以当富民、武定之孔道故。寺中亦幽寂。土人言妙高正殿有辟尘木，故境不生尘，无从辨也。瞻眺久之，念行李当至，因出待于茶庵侧。久之，乃从坡下上。

余因执途人询沙朗道，或云："仍下坡，自普击大道而去，省中通行之路也，其路迂而易行。"或云："更上坡，自牛圈哨分岐而入，此间间达之路也，其路近而难知。"余曰："既上，岂可复下？"遂更上坡。三里，逶迤逾岭头，即循岭北西向盘崖行。又二里，有小石峰自岭北来，与南峰属，有数家当其间，是曰牛圈哨。东西之水，从此分矣。从哨西直下，则大道之出永定桥者。余乃饭，而从岭脊北向行。一里，稍下涉壑，即从壑北上坡，缘坡东北上，回望壑底，西坠成峡，北走甚深。路东北逾坡，其东犹下滇池之峡也。又一里半，从岭头逾坳而北。北行一里，再逾一西窦之坳，其北遂仍出西峡上，于是东沿山脊行。又北一里半，西瞰有村当峡底，是为陡坡。其峡逼仄而深陡，此村居之最险者。从岭上随岭东转半里，有路自东坳间，透而直西，遂坠西峡下，此陡坡通省之道。乃遵之东上，半里，逾坳东，于是南沿山脊行。又东半里，稍东北下峡中。半里，有水一池潴路南，是为清水塘，在度脊之北。塘北遂下坠成坑。随之北下一里，过峡底，有东来大道，度峡西北去，此即自省会走富民间道也。随之，复从峡西傍西山北行。二里，又转而西，遇一负薪者，指北向从岐下峡中行。将半里，至其底，即清水塘之下流也。又从峡西缘坡麓行，细径断续，乱崖崩颓。二里半，逾涧，缘东麓，又北一里，乃出峡口。于是北坞大开，南北遥望，而东界老脊与西界亘峰，夹而成坞。始从畦塍北行，一里，有溪颇巨，自坞北来，转而西去。余所从南来之水，亦入之，同入西南峡中。路北渡之，一里，有村聚倚西山之麓，高下层叠，是为沙朗。入叩居停，皆辞不纳，以非大路故，亦昆明之习俗也。最后入一老人家，强主之，竟不为觅米之炊。

初九日

令顾仆觅米具炊。余散步村北，遥睇此坞东北自牧养北梁王山西支分界，东界虽大脊，而山不甚高，西界虽环支，而西北有石崖山最雄峻。又南为沙朗西山，又南为天生桥，而南属于陡坡东峡之山。其山东西两界，既夹成大坞，而南北亦环转连属。其中水亦发源于龙潭，合南北峡而成溪，西注于富民螳螂，然不能竟达也，从坞西南入峡，捣入山洞，其洞深黑莫测，穿出西山，与陡坡之涧合。洞上之山，间道从之，所谓“天生桥”也。然人从其上行，不知下有洞，亦不知洞之西透。山之中空而为桥，惟沙朗人耕牧于此，故有斯名。然亦皆谓洞不可入，有虎狼，有妖祟，劝余由村后逾山西上，不必向水洞迂折。余不从。

既饭，乃南循坡麓行。一里半，与溪遇，遂同入西峡。其峡南北山壁夹而成，路由溪北沿北山之麓入。一里，仰见北崖之上，石壁盘突，其间骈列多门[69]，而东一门高悬危瞰，势独雄豁，而蹬迹甚微，棘翳崖崩，莫可著足。乃令顾仆并行李俟于下，余独攀跃而上。久之，跻洞东，又见一门侧迸，余以为必中通大洞，遂从其侧倒悬入大洞门。其门南向甚穹，洞内层累北上，深十馀丈，而阔半之。然内无旁窦，即前外见侧迸之门，亦不中达也。

出洞，欲东上侧门。念西洞尚多，既下，欲再探西洞，望水洞更异，遂直从洞下，西趋水洞。又半里，西峡既尽，山环于上，洞辟于下。水从东来逼南崖，捣西洞入，路从其北坠冈下。余令肩夫守行李于冈上，与顾仆入洞。

洞门东向，高十馀丈，而阔半之。始涉水从其南崖入，水漱北崖而环之。入五六丈，水环北崖，路环南崖，俱西转，仰见南崖之上，层覆叠出，突为危台，结为虚楼，皆在数丈之上，氤氲阖辟，与云气同为吞吐。从其下循之西入，北崖尚明，水漱之，南崖渐暗，路随之。西五六丈，南崖西尽，水从北崖直捣崖下，西崖遂下嵌成潭，水呜呜其中，作冲激声，遂循西崖北折去。路乃涉水循东崖，北向随之，洞转而北，高穹愈甚，延纳馀朗，若昧若明。又五六丈，水漱北崖复西转，余亦复涉西崖，于是水再环北崖，路再环南崖，竟昏黑不可辨，但闻水声潺潺。又五六丈，复西遇水。其水渐深，既上不可见，而下又不可测，乃出。

出复四渡水而上冈。闻冈上有人声，则沙朗人之耕陇者。见余入洞，与负行李人耦语待之[70]。为余言："水之西出，即陡坡北峡，山之上度，即天生桥间道所从，如前之所标记者。"始恨不携炬，竟西从洞中出也。其人又为余言："富民有老虎洞在大溪之上，不可失。"余谢之。

乃西上蹑岭，一里半，登其脊，是为天生桥。脊南石峰嶙峋，高耸而出。其脉自陡坡东，度脊而北。间道循其东陲，陡坡之涧，界其西麓，至此又跨洞而北属于沙朗后西山。水从其下穿腹西出，路从其上度脊西行。脊西瞰，即陡坡涧水直走而北，至此西折，脊上之路，亦盘壑西坠。益信出水之洞，即在其下，心悬悬欲一探之。西行山半者一里，见有岐直下峡底，遂令顾仆同负囊者由大道直前，余乃独下趋峡中。

半里，抵峡底，遂溯水东行。一里，折而南，则后洞庞然西向，其高阔亦如前洞。水后其中踊跃而出，西与南来之涧，合而北去。余溯流入洞，二丈后，仰睇洞顽，上层复裂通于门外。门之上，若桥之横于前，其上复流光内映，第高穹之极，下层石影氤氲，若浮云之上承明旭也。洞中流初平散而不深，随之深入数丈，忽有突石中踞，浮于水面。其内则渊然深汇，旁薄崖根，不能溯入矣。洞顶亦有石倒骞，以高甚，反不觉其天矫。其门直而迴，故深入而犹朗朗，且以上层倒射之光，直彻于内也。出洞，还顾洞门上，其左悬崖甚峭，上复辟成一门，当即内透之隙。乃涉涧之西，遥审崖间层叠之痕，孰可着足，孰可倒攀，孰可以宛转达，孰可以腾跃上。乃复涉涧抵崖，可依所审法试之。半晌遂及上层，外门更廓然高穹也。入其内，为龛为窝，为台为榭，俱浮空内向。内俯洞底，波涛破峡，如玉龙负舟，与洞顶之垂幄悬帔[71]，昔仰望之而隐隐者，兹如缨络随身[72]，幢幡覆影矣，与蹑云驾鹤又何异乎？坐久之，听洞底波声，忽如宏钟，忽如细响，令我神移志易。

及下，层崖悬极，一时不得腠理[73]，攀挂甚久。忽有男妇十馀人，自陡坡来，隔涧停睇。迨余下，问何所事，余告以游山。两男子亦儒者，问其上何有。余告以景不可言尽。恐前行者渐远，不复与言，遂随水少北转[74]，而西行峡中。

一里，渐上北坡，缘坡西行。三里，峡坞渐开，又四里，坞愈开。其北崖逾山南下者，即沙朗后山所来道，其南坡有聚落倚南山者，是为头村。路至此始由坞渡溪。溪上横木为桥，其水即陡坡并天生桥洞中所出，西流而注于螳螂川者也。从溪南随流行一里，过头村之西，沿流一里半，复上坡西行。二里，再下坞中。半里，路旁有卖浆草舍倚南坡，则顾仆与行李俱在焉。遂入饭。又西盘南山之嘴，一里馀，为二村。村之西，有坞北出，横涉而过之。凌半里，复上坡，随南山而西，上倚危崖，下逼奔湍[75]。五里，有村在溪北，是为三村。至是南界山横突而北，北界山环三村之西，又突而南，坞口始西窒焉。路由溪南跻北突之坡而上，一里半，抵峰头。其峰北瞰三村溪而下，溪由三村西横啮北峰之麓，破峡西出，峡深嵌逼束，止容水不容人，故路逾其巅而过。是为罗鬼岭，东西分富民、昆明之界焉。过岭西下四里，连过上、下罗鬼两村，则三村之流，已破峡西出，界两村之中而西。又有一溪自北坞来，与三村溪合并西去，路随之。行溪南二里，抵西崖下，其水稍曲而南，横木梁渡之。有村倚北山而聚，是为阿夷冲。又从其西一里半，逾一坡，又一里半，昏黑中得一村，亦倚北山，是为大哨。觅宿肆不得，心甚急。又半里，乃从西村得之，遂宿其家。

初十日

鸡鸣起饭，出门犹不辨色。西南行塍中一里半，南过一石桥，即阿冲溪所出也。溪向西北流，路度桥南去。半里，又一水自东南峡中来，较小于阿夷冲溪，即《志》所云洞溪之流也。二流各西入螳螂川。度木桥一里馀，得大溪汤汤，即螳螂川也。自南峡中出。东北直抵大哨西，乃转北去，而入金沙江。有巨石梁跨川上，其下分五巩，上有亭。其东西两崖，各有聚落成衢，是为桥头。过桥，西北一里，即富民县治。

由桥西溯川南行，七里，为河上洞。先是有老僧居此洞中，人以“老和尚洞”呼之，故沙朗村人误呼为“老虎洞”。余至此，土人犹以为老和尚也。及抵洞，见有刻为河上洞者，盖前任县君以洞临溪流，取“河上公”之义而易之。

甫过桥，余问得其道，而顾仆与负囊者，已先向县治。余听其前，独沿川岸溯流去。一里，西南入峡。又三里，随峡转而南，皆濒川岸行。又二里，见路直蹑山西上，余疑之，而路甚大，姑从之。一里，遇樵者，始知上山为胡家山道，乃土寨也。乃复下，濒川而南。一里，其路又南上山。余觇其旁路皆翳[76]，复随之。蹑山南上，愈上愈峻，一里，直登岭脊而不见洞。其脊自西峰最高处横突而东，与东峰壁夹川流，只通一线者也。盖西岸之山，南自安宁圣泉西龙山分支传送而来，至此耸为危嶂，屏压川流，又东北坠为此脊，以横扼之。东岸之山，东自牛圈哨岭分支传送而来，至此亦耸为危嶂，屏压川流，又西与此脊对而挟持之。登此脊而见脊南山势崩坠，夹川如线，川自南来，下嵌其底，不得自由，惟有冲跃。脊南之路，复坠渊而下，以为此下必无通衢，而坠路若此，必因洞而辟，复经折随之下，则树影偃密，石崖亏蔽，悄非人境。下坠一里，路直逼西南高峰下，其峰崩削如压，危影兀兀欲坠。路转其夹坳间，石削不容趾，凿孔悬之，影倒奔湍间，犹窅然九渊也。至是余知去路甚远，已非洞之所丽，而爱其险峭，徘徊不忍去。

忽闻上有咳声，如落自九天，已而一人下，见余愕然，问何以独踞此。余告以寻洞。曰：“洞在隔岭之北，何以逾此？”余问：“此路何往？”曰：“沿溪蹑峭，四十里而抵罗墓。”则此路之幽阒，更非他径所拟矣。虽不得洞，而觇此奇峭，亦一快也。返跻一里，复北上脊。见脊之东有洞南向，然去川甚远，余知非河上洞。而高揽南山，凭临绝壑，亦超然有云外想，遂披棘攀崖入之。其洞虽不甚深，上覆下平，倒插青冥[77]，呼吸日月，此为最矣。

凭憩久之，仍逾脊北下。一里，抵麓，得前所见翳路，瞰川崖而南。半里，即横脊之东垂也。前误入南洞，在脊南绝顶，此洞在脊北穷峡。洞门东向，与东峰夹束螳川，深嵌峡底，洞前惟当午一露日光，洞内之幽阻可知也。洞内南半穹然内空，北半偃石外突。偃石之上，与洞顶或缀或离。其前又竖石一枝，从地内涌起，踞洞之前，若涌塔然。此洞左之概也。穹入之内，崆峒窈窕[78]，顶高五六丈，多翱翔卷舒之势。五丈之内，右转南入，又五丈而窅然西穹，阒黑莫辨矣。此洞右之概也。余虽未穷其奥，已觉幽奇莫过，次第滇中诸洞，当与清华、清溪二洞，相为伯仲[79]。而惜乎远既莫闻，近复荒翳，桃花流水，不出人间，云影苔痕，自成岁月而已！

出洞，遂随川西岸遵故道，七里，至桥头，又北一里馀，入富民县南门，出北门，无城堞，惟土墙环堵而已。盖川流北向，辟为大坞，县治当西坡之下，其北有馀支掉臂而东，以障下流。武定之路，则从此臂逾坳北去，川流则湾此臂而东北下焉。

时顾仆及行李不知待何所，余踉跄而前[80]，又二里，及之坳臂之下，遂同上峡中，平逾其坳。三里，有溪自西南山峡出，其势甚遥，乃河上洞西高峰之后，夹持而至，东注螳川者。其流颇大，有梁南北跨之。北上坡，又五里，饭于石关哨。逾坳北下，日色甚丽，照耀林壑。西有大山曰白泥塘，其山南北横耸，如屏插天。土人言东下极削而西颇夷，其上水池一泓，可耕可庐也。山东之水，即由石关哨北麓而东去。共二里，涉之，即缘东支迤逦北上，其支从白泥东北环而南下者。其腋内水亦随之南下，合于石关北麓，路溯之北，八里，又逾其坳。坳不甚峻，田塍叠叠环其上，村居亦夹峙，是为二十里铺。又四里，为没官庄，又三里，为者坊关。其处坞径旁达，聚三流焉。一出自西南峡中者最大，即白泥塘山后之流也，有石梁跨其上。梁南居庐，即者坊关也。越梁西北上一里，复过一村庐，又一小水自西峡来，又一水自西北峡来，二水合于村庐东北，稍东，复与石梁下西南峡水合而东北去，当亦入富民东北螳川下流者。过村庐之西北，有平桥跨西峡所出溪上，度其北，遂西北上岭。其岭盖中悬于西北两涧之中，乃富民、武定之界也。盘曲而上者三里，有佛宇三楹，木坊跨道，曰“滇西锁钥”，乃武定所建，以为入境之防者。又西上一里馀，当山之项，有堡焉，其居庐亦盛，是为小甸堡。有歇肆在西隘门外，遂投之而宿。

十一日

自小甸堡至武定府歇。

季会明曰：“此后共缺十九日。询其从游之仆，云武定府有狮子山，丛林甚盛，僧亦敬客。留憩数日，遍阅武定诸名胜。后至元谋县，登雷应山，见活佛，为作碑记，穷金沙江。由是出官庄，经三姚（三姚：大姚县、姚安府、姚州）而达鸡足。此其大略也。余由十二月记忆之，其在武定、元谋间无疑矣。夫霞客虽往，而其仆犹在，文之所缺者，从而考之。是仆足当霞客之遗献云。”

注释

[1] 笃：厚实；诚挚。

[2] 赆（jìn）：赠送，赠予。

[3] 榼（kē）：酒器。泛指盒类容器。

[4] 昧爽：黎明之际。

[5] 梳栉：梳理头发的工具。

[6] 髹（xiū）：即“髤”，赤黑漆。

[7] 绻（quǎn）：心意相通。

[8] 丁艰：即丁忧，又称丁家艰，遭父母之丧。

[9] 惴惴（zhuìzhuì）：恐惧之貌。

[10] 蜗居：形容窄小的住所。多作谦称。

[11] 倏（shū）：倏忽。指快速、极短的时间。

[12] 青蚨：传说中的虫名。传说以母血涂八十一钱，以子血涂八十一钱。以其钱互市，置子用母。置母用子，钱皆自还。详见《太平御览》卷九五〇引汉刘安《淮南万毕术》。后借指钱。

[13] 三昧：佛教名词。文中犹诀窍、奥妙。

[14] 不忝（tiǎn）：无愧于。

[15] 昆季：犹兄弟。长为昆，幼为弟。

[16] 鸿濛：亦作“鸿蒙”。宇宙形成前的混沌状态。文中喻迷漫广大。

[17] 繻（xū）：又读 rú。彩色缯帛。一说细密的罗。

[18] 肸蠁（xìxiǎng）：亦作“肹蚃”。喻灵感通微。

[19] 祧（tiāo）祀：祖庙、祠堂的祭祀。

[20] 凄其：形容风雨寒凉。

[21] 秣马：犹饲马。俗曰喂马。

[22] 觥（gōng）：酒器、酒具。
[23] 操戈介胄：执戈披甲戴盔。
[24] 蜻蛉（líng）：蜻蜓之别称。一说极似蜻蜓，惟前翅较短不能远飞。
[25] 昃（zè）：日西斜。
[26] 屐（jī）：木制的鞋。底大多有二齿，以行泥地。
[27] 畏途：亦作“畏塗”。艰险可怕的道路。
[28] 逆旅：旅馆；客舍。
[29] 容与：水波起伏动荡貌。
[30] 圩（wéi）：围子。
[31] 蒸霞焕彩：犹云蒸霞蔚，彩云满天。
[32] 爝（jué）火：小火，炬火。
[33] 良畴（chóu）：已耕作的田地。
[34] 崆峒（tóng）：山高峻貌。
[35] 漷漷（guó）：水流声。
[36] 巑岏（cuánwán）：又作“岏巑”。峻峭之山峰。
[37] 负扆（yǐ）：喻如门窗之间的屏风。
[38] 舠舫（fǎng）：并连似舠的船只。
[39] 鱼罾（zēng）：鱼网。
[40] 前途：亦作“前塗”、“前涂”。将行经的前方。
[41] 岨（jū）：戴土的石山。阂（hé）：阻碍；界限。
[42] 阛阓（huánhuì）：古代称商业市区。阛为市垣，阓为市门。
[43] 巉（chán）：高险貌。
[44] 考槃（pán）：《诗经·卫风》有《考槃》篇。朱熹《集传》：“槃，槃桓之意，言成其隐处之室也。”
[45] 烨（yè）然：光彩鲜明貌。
[46] 米盎（àng）书簏（lù）：盎，瓦器，腹大口小，盛米，故曰米盎。簏，竹箱，较高。因装书而谓之书簏。
[47] 窞（dàn）：坑穴中小坑。“坎中小穴曰窞”。引申为坑穴。
[48] 僧寮：本同官为寮。此为僧舍，乃后起义。
[49] 优昙：即优昙钵花。即昙花，如莲花十二瓣，一开即敛。
[50] 斸（zhǔ）：砍，斫。
[51] 鬏（jiū）：脑后头发盘成的髻。
[52] 姣（jiāo）：貌美。同“佼”，好也。
[53] 轩爽：形容殿宇轩敞高爽。
[54] 洵（xún）：确实、诚然。
[55] 舁（yú）：扛，抬。
[56] 旁午：又作“旁迕”。本交错、纷繁，文中犹到处、四面八方。
[57] 阒寂：犹寂静。
[58] 陲（chuí）：边疆；边境。
[59] 庖（páo）脍：指脍、炙等佳肴。
[60] 醴：甜酒。

[61] 斝（jiǎ）：亦作“斚”。古代青铜贮酒器，供盛酒、温酒用。

[62] 襆（fú）：用以覆盖或包裹衣物的布单，犹言行李。

[63] 清供：清雅的供品。

[64] 简阅：察看；考察。

[65] 裾（jū）：衣服之前襟。

[66] 诚切：真诚恳切。

[67] 肩：用为动词，以肩背、挑。

[68] 迥（jiǒng）：远也。

[69] 骈（pián）列：并列。引申义。

[70] 耦（ǒu）语：相对私语。

[71] 垂幄悬帔（pèi）：下垂的篷帐悬吊的披肩，极言华美。

[72] 缨络：本颈饰。形容似缨络一样。

[73] 腠（còu）理：本中医名词。文中指条理、途径。

[74] 少（shǎo）：稍；略。

[75] 奔湍（tuān）：奔腾的流水。

[76] 觇（chān）：侦察，窥视。

[77] 青冥：形容青幽高远。

[78] 窈窕（yǎotiǎo）：叠韵联绵字，形容山洞幽深貌。

[79] 伯仲：犹兄弟。古代兄弟排行，伯为行一。

[80] 踉跄（liàngqiàng）：叠韵联绵字，行走跌撞不稳貌。

◎滇游日记六

题解

滇指当时云南布政使司所辖之地，即今云南省。

此为徐霞客于崇祯十一年（1638）53岁至崇祯十二年（1639）54岁游滇所写日记。内容既丰富，篇幅又长。这里只选游鸡足山日记。

己卯正月初一日

在鸡山狮子林苹野静室[1]。是早天气澄澈，旭日当前，余平明起，礼佛而饭。乃上隐空、兰宗二静室，又过野愚静室，野愚已下兰宗处。遂从上径平行而西，入念佛堂，是为白云师禅栖之所，狮林开创首处也。先是有大力师者，苦行清修，与兰宗先结静其下，后白云结此庐与之同栖，乃狮林最中，亦最高处。其地初无泉，以地高不能刳木以引[2]，二师积行通神，忽一日，白云从龛后龙脊中垂间，劚石得泉[3]。其事甚异，而莫之传。余入龛，见石脊中峙为崖，崖左有穴一龛，高二尺，深广亦如之。穴外石倒垂如檐，泉从檐内循檐下注，檐内穴顶中空，而水不从空处溢，檐外崖石峭削，而水不从削处坠，倒注于檐，如贯珠垂玉。穴底汇方池一函，旁皆菖蒲茸茸，白云折梅花其间，清泠映人心目。余攀崖得之，以为奇，因询此龙脊中垂，非比两腋，何以泉从其隆起处破石而出？白云言："昔年剜石得之，至今不绝。"余益奇之，后遇兰宗，始征其详。乃知天神供养之事，佛无诳语，而昔之所称卓锡、虎跑，于此得其征矣。龛前编柏为栏，茸翠环绕，若短屏回合。阶前绣墩草，高圆如叠，跏趺其上，蒲团锦茵，皆不如也。龛甚隘，前结松棚，主供佛礼忏。白云迎余茶点，且指余曰："此西尚有二静室可娱，乞少延憩，当瀹山蔬以待也。"余从之。

西过竹间，见二僧坐木根曝背，一引余西入一室，其室三楹，乃新辟者，前甃石为台，势甚开整，室之轩几，无不精洁，佛龛花供，皆极精严，而不见静主。询之，曰："白云龛礼忏司鼓者是。"余谓此僧甚朴，何以有此？乃从其侧，又上一龛，额曰“标月”，而门亦扃。乃返过白云而饭。始知其西之精庐，即悉檀体极师所结，而司鼓僧乃其守者。

饭后，又从念佛堂东上，蹑二龛，其一最高，几及岭脊，但其后纯崖无路，其前则旋崖层叠，路宛转循之，就崖成台，倚树为磴，山光悬绕，真如蹑鹫岭而上也。龛前一突石当中，亦环倚为台，其龛额曰“雪屋”，为程远笔。号二游，昆明人，有才艺。而门亦扃。盖皆白云礼忏诸静侣也。

又东稍下，再入野愚室，犹未返。因循其东攀东峡，其峡自顶下坠，若与九重崖为分堑者，顶上危岩叠叠，峡东亘岩一支，南向而下，即悉檀寺所倚之支也。其东即九重崖静室，而隔此峰峡，障不可见。余昔自一衲轩登顶，从其东攀岩隙直上，惟此未及经行，乃攀险陟之。路渐穷，抵峡中，则东峰石壁峻绝，峡下颓壑崩悬，计其路尚在其下，甚深。乃返从来径，过帘泉翠壁下，再入兰宗庐，知兰宗与野愚俱在玄明精舍[4]，往从之。

玄明者，寂光之裔孙也。其庐新结，与兰宗静室东西相望，在念佛堂之下，莘野山楼之上。余先屡过其旁，翠条菴映，俱不能觉。今从兰宗之徒，指点得之，则小阁疏棂，云明雪朗，致极清雅。阁名雨花，为野愚笔。诸静侣方坐啸其中，余至，共为清谈瀹茗。

日既昃，野愚辈乃上探白云，余乃下憩莘野楼，薄暮兰宗复来，与谈山中诸兰若缘起[5]，并古德遗迹，日暮不能竟。

初二日

饭于莘野，即再过兰宗，欲竟所征，而兰宗不在。爱玄明雨花阁精洁，再过之，仍瀹茗剧谈。

遂扶筇西一里，过望台岭。此岭在狮林之西，盖与旃檀岭为界者，亦自岭脊南向而下，即大觉寺所倚之冈也。自狮林西陟其岭，即可望见绝顶西悬，故以“望”名。与其西一岭，又夹壑为坞，诸静室缘之，层累而下，是为旃檀岭。先是鸡山静室，只分三处：中为狮子林，西为罗汉壁，东为九重崖。而是岭在狮林、罗汉壁之间，下近于寂光，故寂光诸裔，又开建诸庐，遂继三而为四焉。盖其诸庐在峡间，东为望台岭，西为旃檀岭，此岭又与罗汉壁为界者。又自岭脊南向而下，即寂光寺所倚之支也，是为中支。盖罗汉壁之东，回崖自岭脊分隤南下，既结寂光；由其前又南度东转，为观音阁、息阴轩，峙为瀑布东岭；于是又度脊而南，为牟尼庵，又前突为中岭，若建标于中；而大士阁倚其端，龙潭、瀑布二水口交其下；一山之脉络，皆以兹为绾毂云。

逾望台岭西三里，由诸庐上盘壑而西，三里，又盘岭而南，北转一里，北崖皆插天盘云，如列霞绡，而西皆所谓罗汉壁也。东自旃檀岭，西至仰高亭峡，倒插于众壑之上。当其东垂之褶者，幻空师结庐处也。真武阁倚壁足，其下曲径纵横，石级层叠。师因分箐为篱，点石为台，就阁而憩焉。其下诸徒辟为丛林，今名碧云者也。

余前已访幻空，返忆阁间有陈郡侯天工诗未录，因再过录之，师复款谈甚久，出果饷之榻间。阁两旁俱有静室旁通，皆其徒所栖，而无路达西来寺，必仍下碧云。由山门西盘崖坡，又一里半，北上半里，抵壁足，则陕西僧明空所结庵也，今名西来寺。

北京、陕西、河南三僧，俱以地名，今京、陕之名几并重。以余品之，明空犹俗僧也。其名之重，以张代巡凤翮同乡，命其住持绝顶迦叶殿，而沐府又以中和山铜殿移而畀之，故声誉赫然。然在顶而与河南僧不协，在西来而惟知款接朝山男妇，其识见犹是碧云诸徒流等，不可望幻空后尘也。然其寺后倚绝壁，云幕霞标，屏拥天际，巍峭大观，此为第一。寺西有万佛阁，石壁下有泉一方，嵌崖倚壁，深四五尺，阔如之，潴水中涵，不盈不涸。万峰之上，纯石之间，汇此一脉固奇。但不能如白云龛之有感而出，垂空而下，为神异耳。观其水色，不甚澄澈，寺中所餐，俱遥引之西峡之上，固知其益不如白云也。寺东有三空静室，亦倚绝壁。三空与明空俱陕人，为师兄弟，然三空颇超脱有道气。留余饭其庐，已下午矣。自西来寺东至此，石壁尤竦峭，寺旁崖迸成洞，其中崆峒，僧悉以游骑填驻其中，不可拦入，深为怅恨。又有峡自顶剖洼而下，若云门剑壁，嵌隙于中，亦为伟观。僧取薪于顶，俱自此隙投崖下，留为捷径，不能藉为胜概也。

既饭，复自寺西循崖而去。二里，崖尽而为峡，即仰高亭之上也。先是余由绝顶经此下，遂从大道入迦叶寺，不及从旁岐东趋罗汉壁。然自迦叶寺回眺崖端，一径如线痕，众窦如云盖，心甚异之，故不惮其晚，以补所未竟。然其上崖石虽飞嵌空悬，皆如华首之类，无可深入者，乃返从西来、碧云二寺前，东过旃檀，仍入狮林，至白云龛上，寻玄明精舍，误入其旁，又得一龛，则翠月师之庐也悉檀法眷。前环疏竹，右结松盖为亭，亦萧雅有致，乃少憩之。遂还宿莘野楼，已暮矣。

初三日

晨起，饭，荷行李将下悉檀，兰宗来邀，欲竟山中未竟之旨。余乃过其庐，为具盒具餐，遍征山中故迹。既午，有念诚师造其庐，亦欲邀过一饭，兰宗乃辍所炊，同余过念诚，路经珠帘、翠壁下，复徙倚久之。盖兰宗所结庐之东，有石崖傍峡而起，高数十丈，其下嵌壁而入，水自崖外飞悬，垂空洒壁，历乱纵横，皆如明珠贯索。余因排帘入嵌壁中，外望兰宗诸人，如隔雾牵绡，其前树影花枝，俱飞魂濯魄，极罨映之妙。崖之西畔，有绿苔上翳，若绚彩铺绒，翠色欲滴。此又化工之点染，非石非岚，另成幻相者也。崖旁山木合沓，琼枝瑶干，连幄成阴，杂花成彩。兰宗指一木曰："此扁树，曾他见乎？"盖古木一株，自根横卧丈馀，始直耸而起，横卧处不圆而扁，若侧石偃路旁，高三尺，而厚不及尺。余初疑以为石也，至是循视其端，乃信以为树。盖石借草为色，木借石为形，皆非故质矣。

东半里，饭于念诚庐。别兰宗，南向下"之"字曲。半里，又入义轩庐。义轩，大觉之派，新构静室于此，乃狮林之东南极处也。其上为念诚庐，最上为大静室，即野愚所栖，是为东支。莘野楼为西南极处，其上为玄明精舍，最上为体极所构新庐，是为西支。而珠帘之崖，当峡之中，傍峡者为兰宗庐，其上为隐空庐，最上为念佛堂，即白云师之庐也，是为中支。其间径转崖分，缀一室，即有一室之妙，其盘旋回结，各各成境，正如巨莲一朵，瓣分千片，而片片自成一界，各无欠缺也。

从义轩庐又南向"之"字下，一里馀，过天香静室。天香，幻住庵僧也，其年九十，余初上觅莘野庐，首过此问道者。又南一里，过幻住庵，其西即兰陀寺也。分陇对衡，狮林之水，界于左右，而合于其下焉。又南下一里馀，二水始合，渡之即为大乘庵。由涧南东向循之，半里，水折而南，复逾涧东南下。一里，过无我、无息二庵，其下即为小龙潭五花庵，已在悉檀寺右廓之外，而冈陇间隔。复逾涧南过迎祥寺，乃东向随涧行，一里，抵寺西虎砂，即前暗中摸索处也，其支自兰陀南来，至迎祥转而东，横亘于悉檀寺之前，东接内突龙砂，兜黑龙潭于内，为悉檀第一重案。其内则障狮林之水，东向龙潭，其外则界旃檀之水，合于龙潭下流，而脉遂止于此焉。

于是又北逾涧，半里，入悉檀寺，与弘辨诸上人相见，若并州故乡焉。前同苹野乃翁，由寺入狮林时，寺前杏花初放，各折一枝，携之上。既下，则寺前桃亦缤纷，前之杏色，愈浅而繁，后之桃靥，更新而艳，五日之间，芳菲乃尔。睹春色之来天地，益感浮云之变古今也。

初四日

饭于悉檀，即携杖西过迎祥、石钟二寺。共二里，于石钟、西竺之前，逾涧而南，即前山所来大道也。余前自报恩寺后渡溪分道，误循龙潭溪而上，不及过大士阁出此，而行李从此来，顾仆言大士阁后有瀑布甚奇，从此下不远，从之。即逾脊，脊甚狭而平，脊南即瀑布所下之峡，脊北即石桥所下之涧，脊西自息阴轩来，过此南突而为牟尼庵，尽于大士阁者也。脊南大路从东南循岭，观瀑亭倚之。

瀑布从西南透峡，玉龙阁跨之。由观瀑亭对崖瞰瀑布从玉龙阁下陨，坠崖悬练，深百馀丈，直注峡底，峡逼箐深，俯视不能及其麓。然踞亭俯仰，绝顶浮岚，中悬九天，绝崖颓雪，下嵌九地，兼之霁色澄映，花光浮动，觉此身非复人间。天台石梁，庶几又向昙花亭上来也。时余神飞玉龙阁，遂不及南下问大士阁之胜，于是仍返脊南循峡端，共一里，陟瀑布之上，登玉龙。

其阁跨瀑布上流，当两山峡口，乃西支与中支二大距凑拍处，水自罗汉华严来，至此陨空下捣，此一阁正如石梁之横翠，鹊桥之飞空，惜无居人，但觉杳然有花落水流之想。阁为杨冷然师孔所题，与观瀑亭俱为蒋宾川尔弟所建。有一碑卧楼板，偃踞而录之。

遂沿中支一里，西上息阴轩。从其左北逾涧，又北半里，入大觉寺，叩遍周老师。师为无心法嗣，今年届七十，齿德两高，为山中之耆宿。余前与之期以新旦往祝，而狮林迟下，又空手而前，殊觉怏怏，师留餐于东轩。轩中水由亭沼中射空而上。沼不大，中置一石盆，盆中植一锡管，水自管倒腾空中，其高将三丈，玉痕一缕，自下上喷，随风飞洒，散作空花，前观之，甚奇。即疑虽管植沼中，必与沼水无涉，况既能倒射三丈，何以不出三丈外？此必别有一水，其高与此并，彼之下，从此坠，故此上，从此止，其伏机当在沼底，非沼之所能为也。至此问之，果轩左有崖高三丈馀，水从崖坠，以锡管承之，承处高三丈，故倒射而出亦如之，管从地中伏行数十丈，始向沼心竖起，其管气一丝不旁泄，故激发如此耳。雁岩小龙湫下，昔有双剑泉，其高三尺，但彼则自然石窍，后为人研窍，而水不涌起，是气泄之验也。余昔候黄石斋于秣陵，见洪武门一肆盆中，亦有水上射，中有一圆物如丸，跳伏其上，其高止三尺，以物色黄君急，不及细勘，当亦此类也。

既饭，录碑于西轩，轩中山茶盛开，余前已见之，至是折一枝。别遍周，西半里，过一桥，又北上坡，一里，入寂光寺。寺住持先从遍周东轩同餐，至此未返。余录碑未竟，暝色将合，携纸已罄，乃返悉檀。又从大觉东一探龙华、西竺二寺，日暮不能详也。

初五日

暂憩悉檀寺。苹野乃翁沈君，具柬邀余同悉檀诸禅侣，以初六日供斋狮林。是日遂不及出。

初六日

悉檀四长老饭后约赴沈君斋。沈君亦以献岁周花甲，余乃录除夕下榻四诗为祝。仍五里，至天香庐侧，又蹑峻二里，而登苹野楼，则白云、翠月、玄明诸静侣皆在。进餐后，遂同四长老遍探林中诸静室，宛转翠微间，天气清媚，茶花鲜娇，云关翠隙，无所不到。先过隐空，为留盒茗。过兰宗、野愚，俱下山。过玄明，啜茗传松实。过白云，啜茗传茶实。茶实大如芡实，中有肉白如榛，分两片而长，入口有一阵凉味甚异，即吾地之茗实，而此独可食。闻感通寺者最佳，不易得也。问有油者棘口。过体极静庐，预备茶盒以待。下午，仍饭于苹野楼。四长老强余骑，从西垂下二里，过兰陀寺西，从其前东转，乃由幻住前下坡。四里，归悉檀。

初七日

晨起，大觉寺遍周令其徒折柬来招。余将赴之，适艮一、兰宗至，又有本寺复吾师自摩尼寺至，复吾，鹤庆人，以庠士为本，无高徒。今主摩尼，间归本刹，乃四长老之兄行也。有子现在鹤庠，野愚师又至，遂共斋本刹。

下午，野愚、兰宗由塔盘往大士阁，余赴大觉之招。小食后，腹果甚，遂乘间往寂光，录前所未竟碑。仍饭于大觉，而还悉檀宿。

初八日

饭后，四长老候往本无塔院，盖先期以是日祭扫也，余从之。由寺左龙潭东下，一里，又过一东腋水南行，半里，则龙砂内支，自东而西突，与中支大士阁之峰，夹持于悉檀之前，其势甚紧。悉檀左右前后诸水，俱由此出。路由峰坳南度，余同弘辨、莘野特西探其岭，隔峡西眺，中支南突，至此而尽，大士阁倚其下，乃天然锁钥，为悉檀而设者也。仍还由大路循东岭而南，半里，为静闻瘗骨处，乃登拜之。又南一里，则龙砂外支又自东岭分突而西，与西支传衣之峰对，亦夹持于悉檀之前，其势甚雄。大士阁东龙潭诸水，阁西瀑布诸水，悉由此而出。此岭为一山之龙砂，而在悉檀为尤近，即鸡足前三距中之东南支也。其脉自绝顶东亘，屏立空中，为罗汉壁、狮子林、点头峰、九重崖后脊。中支由罗汉壁下坠而止于大士阁。东支由九重崖东南环为此岭，若臂之内抱，先分一层为内砂，与中支大士阁对，又纡此层为外砂，与西支传衣后峰对，其势自东而西突，其度脊少坳如马鞍，故昔以马鞍岭名之。余初入鸡山，抵大觉，四顾山势，重重回合，丛林净室，处处中悬，无不恰称，独此处欠一塔，为山中缺陷。及至悉檀，遥顾此峰尤奇，以为焉得阿育王大现神通于八万四千中，分一灵光于此。既晤弘辨，问："仙陀何在？"曰："在塔盘。"问："塔盘何在？"则正指此山也。时尚未竖塔心，不能遥瞩，自后则瞻顾如对矣。

人谓鸡山前伸三距，惟西支长而中、东二支俱短，非也。中支不短，不能独悬于中，令外支环拱，西支固长，然其势较低，盖虎砂正欲其低也。若东支之所谓短者，自其环抱下坠处言之则短，自其横脊后拥处言之，则甚长而崇，非西支之可并也。盖西支缭绕而卑，虎砂也，而即以为前案。东支夭矫而尊，龙砂也，而兼以为后屏。皆天造地设，自然之奇，拟议所不及者也。塔盘当峰头，在马鞍中坳之西，有大路在马鞍之间，则东南下鸡坪关者。有岐路在马鞍之东，则东北向本无塔院者。时塔盘工作百馀人，而峰头无水，其东峰有水甚高，以中坳不能西达，乃竖木柱数排于坳中，架桥其上以接之。柱高四丈馀，刳木为沟，横接松杪。昔闻霄汉鹊桥，以渡水也，今反为水渡，抑更奇矣。大觉则抑之地中以倒射，此则浮之空中使交通，皆所谓颠倒造化也。

由坳东向循峰，则鸡山大脊之南尽处也。其前复开大洋，分支环抱，又成一向，可谓灵山面面奇矣。共二里，登谒本无塔。塔甚伟，三塔并峙，中奉本公舍利，左右则诸弟子普、同二塔也。左为塔院，有亭有庑，而无守者，可憩可栖。诸静侣及三番僧皆助祭，余则享馂焉。时同祭者四长老外，则白云、复吾、沈公及莘野诸后裔俱集。若兰宗、艮一，则本公雁行，故不至云。祭后，仙陀、纯白又携祭品往祭马鞍岭北三塔，遂及静闻。下午，还过塔盘，叩仙陀，谢其祭静闻也。

初九日

晨餐后，余即携杖西行，三里，过息阴轩，轩在中支之脊，大觉寺之前案也，为本无师静摄处。额为佥宪冯元成叶可所书。筇竹轩，亦曰息阴，以本无从筇竹披剃也。其前有三岐：从左渡涧，趋大觉、寂光；从右渡涧，趋传衣，下接待；从后直上，则分渡右涧，或由慧林而上圣峰，或陟西支，而抵华严焉。

余乃先半里从右渡，转而东上南岭，半里，盘其东崖之上，即瀑布之西峰也。于是循之南行，东瞩中支之大士阁在其下，东支之塔盘岭对其上。平行三里，乃东转随坡下，一里，则传衣寺东向倚山之半。其北先有止止庵。嘿庵真语所建，传衣大机禅师之友也。又南为净云，彻空真炳所建。又南有弥陀、圆通、八角三庵，皆连附于传衣寺者，而八角之名最著，以昔有八角亭，今改创矣。八角开创于嘉靖间，为吉空上人所建。其南即为传衣寺。寺基开爽，规模宏拓，前有大坊，题曰“竹林清隐”，乃直指毛堪苏州毛具茨也所命，颇不称。上又一直指大标所题古松诗，止署曰“白岳”。古松当坊前，本大三围，乃龙鳞，非五鬣也。山间巨松皆五鬣，耸干参天。而老龙鳞颇无大者，遂以纠挐见奇。干丈五以上，辄四面横枝而出，枝大侔于干，其端又倒垂斜攫，尾大不掉，干几分裂。今筑台拥干，高六七尺，又植木支其横枝，仅免于裂，亦幸矣。由梯登台，四面横枝倒悬于外，或自中跃起，或自巅垂扬，其纷纠翔舞之态，不一而足，与天台翥凤，其一类耶？坊联曰：“花为传心开锦绣；松知护法作虬龙。”为王元瀚聚洲笔。门联曰：“峰影遥看云盖结；松涛静听海潮生。”为罗汝芳近溪笔，差可人意。然罗联“涛”“潮”二字连用，不免叠床之病，何不以“声”字易“涛”字乎？寺昔为圆信庵，嘉靖间，李中溪元阳为大机禅师宏创成寺，其徒印光、孙法界，戒律一如大机。万历辛丑元日，毁于火。法界复鼎建之，视昔有加。

先是余过止止庵，一病僧留饭，坐久之，见其方淅米，乃去。饭于净云僧觉心处，遂入参寺中，入其西藏经阁。阁前山茶树小而花甚盛，为折两枝而出。乃东北下峡中，一里，有垣围一区，浚山为池，畜金鱼于中，结茅龛于上者，亦传衣之裔僧也。云影山光，以一泓印之，不觉潭影空心。又东北下半里，抵峡底，则瀑布之下流也。去瀑布已一曲。昔从瀑上瞰，不见其底，今从峡底涉，亦不见其瀑。峡西有草庐菜畦，则犹传衣之蔬圃也。峡中水至是如引丝，反不如悬瀑之势巨矣。渡涧，乃东上坡，一里而至大道，则大士阁之侧也。阁倚中支南突之半，其前有坊有楼，历级甚峻，后为阁，飞甍叠栋，上供大士，左右各有楼，其制亦敞。乃万历丙午，直指沈公所建，选老僧拙愚者居之，命曰“三摩寺”。余录碑阁下，忽一僧殷勤款曲，问之，乃拙公之徒虚宇也。虚宇又为兰宗之派，今拙公没，虚宇当事。昨野愚、兰宗宿此，想先道余，故虚宇一见拳拳，且留宿。余以日暮碑长，许之。令顾仆返悉檀，乃下榻于西楼之奥室。

初十日

晨起盥栉，而顾仆至，言弘辨师遣僧往丽江已行，盖为余前茅者。余乃候饭，即从寺右大道北上。二里，陟中支之脊，有庵踞其上，曰牟尼庵。其前松影桃花，恍有异致。庵后即观瀑亭，回瞰瀑布，真有观不足之意。仍溯中支二里，过息阴轩，从其后直西一里，又南下渡涧西行，已在大觉寺蔬圃之南矣。盖大觉蔬圃当中支之后，中支至是自北转东，其西有二流交会，即瀑布之上流也。一自罗汉壁东南下，一自华严东北流。二水之交，中夹一支，其上为慧林庵，乃西南支东出之旁派，圣峰白云寺所倚者也。

华严之路，又从圃东渡其下流。乃从涧南溯之西上，一里半，渐逾支脊。其南复有一涧与西支东走之脊隔。又从其涧北溯之西上，一里馀，见脊上有冢三四，后有轩楼遗构，与冢俱颓。此脊乃西支馀派，直送而出，无有环护，宜其然也。由冢西复下峡，其峡复有二：在南者，自西支法照寺南发源，东下经华严寺北，至此而与北涧合。在北者，自西支法照寺北发源，东下经毗卢寺北，至此而与南涧合。二水之交，中夹一支，为华严寺北向之案，亦西南支东出之旁派，毗卢、祝国二寺所倚者也。涉北涧，有二岐随涧西行者，为祝国、毗卢道。由支端登脊而上，溯南涧之北西行者，为华严道。

余乃登脊，瞰南涧行。一里，有亭桥横跨涧上，乃华严藉为下流之钥也。度桥，始为西南本支，又西半里，而得华严寺。寺当西南支之脊，东北向九层崖而峙，地迥向异，又山中一胜也。盖鸡山中、东二支，及绝顶诸刹，皆东、南二向，曾无北拱者，惟此寺回首返照，北大山诸林刹，历历倒涌，亦觉改观。规模亦整，与传衣伯仲。嘉靖间，南都古德月堂开建。其徒月轮，以讲演名。万历初，圣母赐《藏》。后遭回禄。今虽重建，绀宇依然，而法范寂寥矣。寺东有路，东行山脊，乃直达传衣者。由寺前峡上西行，半里，复有亭桥横跨涧上，即东桥上流也。寺左右各有桥有亭，山中之所仅见。

过桥，又陟其北向馀支，蹑冈半里，旋冈脊，过毗卢寺，寺前为祝国寺，俱东向踞冈。寺北有涧东下，即前所涉之北涧也。又由其南崖溯之西上，一里半，有寺踞冈脊，是为法照寺。盖西南支自铜佛殿下南坠，至此东转，当转折处，又东抽一支，以为毗卢、祝国之脉，而横亘于华严之前者也。是为西南馀支之第一。法照之北，又分一冈相夹，无住庵倚之，即下为颓冢之支，是为西南馀支之第二。

屡有路直北逾冈度峡而横去，皆向圣峰、会灯之大道。余欲析其分支之原，遂从峡中溯之而上，于是南舍法照，北绕无住之后，峡路渐翳，丛箐横柯，遂成幽阒，然已渐逼绝顶之下矣。时路无行人，随一桃花箐村氓行。一里，北循峡中，又一里，北蹑坠脊，又一里，遂逾脊而西。乃西见香木坪之前山外拥，华首门之绝壁高悬，桃花箐之过腋西环，而此脊上自铜佛殿，下抵法照寺，转而东去，界此脊西一壑，另成一境，则放光寺所倚也。逾脊，更西北盘壑上行，又一里半，而得大路，已直逼华首门下崖矣。

其路东自圣峰来，西由放光出桃花箐，抵邓川州，为大道。余西随之，半里而放光寺在焉。其寺南向，后倚绝壁，前临盘壑，以桃花箐为右关，以西南首支为左护，其地虽在三距之外，而实当绝顶之下，发光钟异，良有以也。余初自曹溪华首门下瞰之，见其寺沉沉直坠壑底，以为光从窅阒中上腾，乃鼯栖虺伏之窟，及至而犹然在万壑盘拱之上。而上眺华首，则一削万仞，横拓甚阔，其间虽有翠纹烟缕，若绣痕然，疑无可披陟。孰知其上乃西自曹溪，东连铜佛殿，固自有凌云之路，横缘于华首之前也。然当身历华首时，止仰上崖之穹崇，不觉下壁之峻拔，至是而上下又合为一幅，其巍廓又何如也？然则鸡山虽不乏层崖，如华首、罗汉、九重诸处，其境界固高，而雄杰之观，莫以逾此矣。

寺前以大坊为门，门下石金刚二座，镂刻甚异，狰狞之状，恍与烟云同活。其内为前楼，楼之前，有巨石峙于左，高五丈而大如之，上擎下削，构亭于上，蒋宾川题曰“四壁无然”。其北面正可仰瞻华首，而独为楼脊所障。四壁之中，独翳此绝胜一面，不为无憾。寺建于嘉靖间，陕西僧圆惺所构。万历初，毁而复兴。李元阳有碑，范铜而镌之，然镌字不能无讹。其后嗣归空更建毗卢阁，阁成而神庙赐《藏》。余录铜碑，殿中甚暗，而腹亦馁。时主僧俱出，止一小沙弥在，余畀之青蚨，乃爇竹为炬，煮蔬为供。

既饭，东遵大道一里，逾垂支之脊。又一里余，盘坠峡之上，得分岐焉：一过峡直东者，为圣峰路；一蹑岭北上者，为会灯路，始为登顶正道。余乃北蹑上岭，数曲而至会灯寺。寺南向，昔为廓然师静室，今其嗣创为寺。由寺西更转而北上，复数曲一里馀，而过迦叶寺。寺东向，此古迦叶殿也。今张按君建迦叶殿于绝顶，因改此为寺。由其前北向入峡，其峡乃西自绝顶，东自罗汉壁两崖相夹而成，中垂磴道。少上有坊，为罗、李二先生游处。罗为近溪先生汝芳。李为见罗先生材。皆江西人，同为司道游此。又上有亭，为仰高亭，中有碑，为万历间按君周懋相所立，纪登山及景仰二先生意。周亦江西人也。余前过此，见亭中额，不及录其文而去，故此来先录之。风撼两崖间，寒凛倍于他处，文长字冗，手屡为风所僵。录竟，日色西倾。

望其上兜率庵，即前所从下，而其东横缘之路出罗汉壁者，前又曾抵此而返顶头，未了之事，未可以馀晷尽也。乃返步下，仍过迦叶寺前，见有岐东下壑中，其壑底一庵在圣峰北者，必补处庵也。乃取道峡中随壑下，盖缘脊下经会灯者为正道，随壑东下趋补处者为间道。下二里，过补处庵。亦稍荒落，恐日暮不入。由其前渡涧峡南，遂上坡，过圣峰寺。寺东向，前有大坊。由坊外东行里馀，冈脊甚狭，南北俱深坑逼之。度脊又东里馀，有寺新构，当坡之中垂，是为白云寺。余欲穷此支尽处，遂东下行南涧之上，二里，则慧林庵踞坡尽处。缘庵前转下北涧，渡之。始陟中支行，北涧与南涧乃合于路南，其东即大觉蔬圃矣。东半里，过蔬圃北，又东一里，过息阴轩南，又东一里，过瀑布北。遂去中支，北涉西竺寺涧，而行中、东二支盘壑中矣。又二里，薄暮，入悉檀寺。

二十四日

昧爽，饭于松桧，北向入山峡。松桧之南，山盘大壑而无水，沟涧之形，似亦望东南去。松桧之北，山复渐夹为坞，小水犹南行。五里登坂，为波罗庄，山从此自西大山度脊而东，脊不甚高而水分南北。又北五里，望北坞村落高下，多傍西大山。是为山庄。于是北下，随小溪北行。五里间，聚庐错出，桃杏缤纷。已而直抵北山下，有倚南山居者，是为三庄河底村。村北溪自西而东，其水一自三庄西谷来，一自河底村南谷来，皆细流。一自西北大山夹中来，俱合于河底村北，东流而去。亭桥跨之，桥北即龙珠山之南麓矣。

龙珠山者，今名象眠山，自西大山之东，分支东亘，直接东大山之西麓。其北之西大山，即老龙之脊，皆自北而南。其北之东大山，即峰顶山，亦皆自北而南。中夹成南北大坞，漾共之江，亦自丽江南下，潆鹤城之东，而南至此为龙珠所截，水无从出，于是自峰顶之麓，随龙珠西转，搜得龙珠骨节之穴，遂捣入其中，寸寸而入，凡百零八穴而止。土人云：昔有神僧倔多尊者，修道东山峰顶，以鹤川一带，俱水汇成海，无所通泄，乃发愿携锡杖念珠下山，意欲通之。路遇一妇人，手持瓢，问："师何往？"师对以故。妇人曰："汝愿虽宏，恐功力犹未。试以此瓢掷水中，瓢还，乃可得；不然，须更努力也。"师未信，携瓢弃水中，瓢泛泛而去。已而果不获通。复还峰潜修二十年，以瓢掷水，随掷随回。乃以念珠撒水中，随珠所止，用杖戳之，无不应手通者，适得穴一百零八，随珠数也。今土人感师神力，立寺众穴之上，以报德焉。《一统志》作"倔多"，土人作"摩伽陀"。众水于山腹合而为一，同泄于龙珠之东南麓。

大路过河底桥，即逾龙珠而北，与出入诸水洞，皆不相值，以俱在其东也。余乃欲从桥北，随流东下，就小径穷所出洞[6]，令通事及担者从大路往。担者曰："小径难觅，不若同行。"盖其家在入水洞北，亦便于此也。余益喜，遂同东向随溪行龙珠山之南。一里，反越溪南。半里，又渡溪北。其路隘甚，而夹溪皆有居者。又东半里，枫密河东南泻峡去，路东北逾龙珠支岭，两下两上，东北盘岭，共四里，其路渐上。俯瞰东南深峡中，有水破峡奔决，即合并出穴之水也。其水南奔峡底，与枫密之水合，而东南经峰顶山之南峡以出。下金沙大江。然行处甚高，水穴在重崖下出，俯视不见其穴。令通事及担者坐待道旁，余与顾仆坠壑东南下。

下半里，不得路，踯躅草石间，转向东箐半里，又南迂半里，始下至涧底。乃西向溯流披棘入，共半里，则巨石磊落，堆叠涧中，水从石隙，泛溢交涌。余坐巨石上，止见水与石争隙，不见有馀穴，雪跃雷轰，交于四旁，而不知其所从来也。久之，复迂从旧道，一里馀，迂上既近，复攀石乱跃，又半里，登大道。遂东北上，半里，转一峡，见后有呼者，乃通事与担夫也。于是北半里，上攒石间，北过脊，始北望两山排闼，一坞中盘，漾共江络其东，又一小水纬其西北，皆抵脊下而不可见。其两山之北夹而遥接于东北隅者，是为丽府邱塘关所踞，漾共水所从出也。乃北下山，一里馀而及其麓，有寺悬麓间，寺门北向，其下即水之穴也。不及入寺，急问水，先见一穴，乃西来小流所入，其东又有平土丈馀隔之，东来之漾共江，屡经穴而屡分坠，至是亦遂穷，然则所谓一百八穴者，俱在东也。余因越水北东向溯流，见其从崖下遇一穴，辄旋穴下灌，如坠瓮口，其声呜呜，每穴远者丈馀，近者咫尺而已。既而复上寺前，乃北下渡西来小流，有小石梁跨之。北一里，有村当平冈间，是曰甸尾村，担者之家在焉。入而饭于桃花下。

既乃西北行，三里馀而入南来大道，即河底桥北上逾岭者。于是循西山，又北五里，为长康铺坊。有河流自西南峡来，巨石桥跨之，有碑在桥南，称为鹤川桥。盖鹤川者，一川之通名，而此桥独擅之，亦以其冠一川也。桥北有岐，溯流西南为大理府大道，故于此设铺焉。过桥不半里，为长康关，庐舍夹道，是日街子，市者交集。自甸尾至此，村落散布，庐舍甚整，桃花流水，环错其间。其西即为朝霞寺峰，正东与石宝山对。

于是路转东北，又八里馀而入鹤庆南门。城不甚高，门内文庙宏整。土人言其庙甲于滇中，亦丽江木公以千金助成。由其东北行半里，稍东为郡治。由其西，又北行半里，出一鼓楼，即新城之北门也。其北为旧城，守御所在焉。又北半里，而出旧城北门，稍西曲而北一里，复东曲而北四里，为演武场，在路东。

从其西，又北五里，过一村，又五里，为大板桥。桥下水颇大而潴，乃自西而东下漾共江者。时所行路，当甸坞之中。东山下，江随沿之；西山下，村庐倚之。自此桥之北，甃路石皆齿齿如编，仰管之半，砾趾难措。又北六里，为小板桥。桥小于前，而流亦次之，然其势似急。又北七里，为小板桥。又北七里，为甸头村之新屯，居落颇盛。稍转而东，有王贡士家，遂入而托宿。王贡士今为四川训导。其孙为余言："其西北山半，有青玄洞甚妙。下有出水龙潭，又北有黑龙潭。若沿西山行，即可尽观。"是日欲抵冯密宿，以日暮遂止此云。

二十五日

昧爽，饭而行。北二里，为冯密村，村庐亦盛。甸头之村止此矣。盖西北有高冈一支，垂而东南下，直逼东山文笔峰下，江流亦曲而东。高冈分支处，其腋中有黑龙潭之水，亦自西大山出，南流而抵冯密，乃沿高冈之南而东注漾共江，鹤庆、丽江以此为界云。冯密之西，有佛宇高拥崖畔，即青玄洞也。余望之欲入，而通事苦请俟回日[7]。且云："明日逢六，主出视事，过此又静摄不即出。"余乃随之行，即北上冈，四里，有路横斜而成叉字交，是为三岔黄泥冈。其西南腋中，松连箐坠，即黑龙所托也。于是西北之山，皆荒石濯濯[8]，而东北之山，渐有一二小村倚其下，其冈脊则一望皆茅云。

又北一里，为喷房，四五家当冈而踞，已为丽江所辖矣。又北行冈上八里而下，其东北坞盘水曲，田畴环焉。下一里，有数家倚西山，路当其前，是为七和南村。又北二里，有房如官舍而整，是为七和之查税所。商货出入者，俱税于此。七和者，丽江之地名。有九和、十和诸称。其北又有大宅新构者，乃木公次子所居也。由其前北向行，又盘一支岭而北，七里，乃渐转西北，始望见邱塘关在北山上，而漾共之水已嵌深壑中，不得见矣。于是路北有石山横起，其崖累累，虽不高，与大山夹而成峡，遂从峡间西北上，一里，逾其东度之脊。又西北二里馀，乃北下枯壑，横陟之，半里，复北上冈，西北行冈上半里。又北半里，度一小桥，半里，乃北上山，其山当西大支自西东来，至此又横叠一峰，其正支转而南下，其馀支东下而横亘，直逼东山，扼丽江南北山之流，破东山之峡，而出为漾共江。此山真丽之锁钥也[9]。丽江设关于岭脊，以严出入，又置塔于东垂，以镇水口。

山下有大道稍曲而东，由塔侧上，小道则蹑崖直北登。余从其小者，皆峻石累垂，锋棱峭削，空悬屈曲。一上者二里，始与东来大道合，则山之脊矣。有室三楹，东南向而踞之，中辟为门，前列二狮，守者数家居其内。出入者非奉木公命不得擅行。远方来者必止，阍者入白[10]，命之入，乃得入，故通安诸州守，从天朝选至，皆驻省中，无有入此门者。即诏命至，亦俱出迎于此，无得竟达。巡方使与查盘之委，俱不及焉。余以其使奉迎，故得直入。入关随西山北行，二里，下一坑。度坑底，复登坡而北。一里，稍东北下山。又东北横坡间者，二里，始转而北。二里，过木家院东，又北二里，度一小桥，则土冈一支，西南自大山之脊，分冈环而东北，直抵东山之麓，以扼漾共江上流。由冈南陟其上，是为东圆里。北行岭头，西南瞻大脊，东南瞰溪流，皆在数里之外。六里乃下。陇北平畴大开，夹坞纵横冈下，即有一水，西自文笔峰环坞南而至，有石梁跨其上，曰三生桥。过桥有坊二，在其北，旁有守者一二家。于是西北行平畴间矣。北瞻雪山，在重坞之外，雪幕其顶，云气郁勃，未睹晶莹。西瞻乌龙，在大壑之南，尖峭独拔，为大脊之宗，郡中取以为文笔者也。

路北一坞，窈窕东北入，是为东坞。中有水南下，万字桥水西北来会之，与三生桥下水同出邱塘东者也。共五里，有柳径抱耸立田间，为土人折柳送行之所。路北即万字桥水，潆流而东。水北即象眠山，至此南尽。又西二里，历象眠山之西南垂，居庐骈集，萦坡带谷，是为丽江郡所托矣。于是半里，度石梁而北，又西半时，税驾于通事者之家。其家和姓，盖丽江土著。官姓为木，民姓为和，更无别姓者。其子即迎余之人，其父乃曾奉差入都，今以居积番货为业。坐余楼上，献酪为醴，余不便沾唇也。时才过午，通事即往复命，余处其家待之。

东桥之西，共一里为西桥，即万字桥也。俗又谓之玉河桥。象鼻水从桥南下，合中海之水而东泄于东桥。盖象鼻之水，土人名为玉河云。河之西有小山兀立，与象眠南尽处，夹溪中峙。其后即辟为北坞，小山当坞，若中门之标，前临横壑，象鼻之水夹其东，中海之流经其西，后倚雪山，前拱文笔，而是山中处独小，郡署踞其南，东向临玉河，丽江诸宅多东向，以受木气也。后幕山顶而上，所谓黄峰也，俗又称为天生寨。木氏居此二千载，宫室之丽，拟于王者。盖大兵临，则俯首受绁[11]，师返则夜郎自雄，故世代无大兵燹[12]，且产矿独盛，宜其富冠诸土郡云。

二十六日

晨饭于小楼。通事父言，木公闻余至甚喜，即命以明晨往解脱林候见。谕诸从者，备七日粮以从，盖将为七日款也。

二十七日

微雨，坐通事小楼，追录前记。其地杏花始残，桃犹初放，盖愈北而寒也。

二十八日

通事言木公命驾，下午向解脱林。解脱林在北坞西山之半，盖雪山南下之支，本郡诸刹之冠也[13]。

二十九日

晨起，具饭甚早。通事备马，候往解脱林。始过西桥，由郡署前北上，挟黄峰东麓而北，中北坞而行，五里，东瞻象眠山，始与玉河上流别。又五里，过一枯涧石桥，西瞻中海，柳崖波潆，有大聚落临其上，是为十和院。其后即十和山，自雪山南下之脉也。又北十里，有大道北去者，为白沙院路。西北度桥者，为解脱林路。桥下涧颇深而无滴沥。既度桥，循西山而行，五里，为崖脚院。其处居庐交集，屋角俱插小双旗，乃把事之家也[14]。院北半里，有涧自西山峡中下，有木梁跨其上。度桥，西北陟岭，为忠甸大道。由桥南溯溪西上岭者，即解脱林道。乃由桥南西向蹑岭，岭甚峻，二里，稍夷，折入南峡，半里，则寺倚西山上，其门东向，前分一支为案，即解脱林也。寺南冈上有别墅一区，近附寺后，木公憩止其间。通事引余至其门，有大把事二人来揖，俱姓和。一主文，尝入都上疏，曾见陈芝台者。一主武，其体干甚长，壮而面黑，真猛士也。介余入。

木公出二门，迎入其内室，交揖而致殷勤焉。布度地平板上，主人坐在平板下，其中极重礼也。叙谈久之，茶三易，余乃起，送出外厅事门，令通事引入解脱林[15]，寓藏经阁之右厢。寺僧之住持者为滇人，颇能体主人意款客焉[16]。

注释

[1] 鸡山：即鸡足山，在今云南大理宾川县西北、洱海东北。由于山前分三支，后又伸出一支，故名。明清之际，在山上广修佛寺，乃西南一大佛教圣地。

[2] 刳（kū）木：挖空木头。

[3] 劖（chán）：凿也。

[4] 精舍：学舍；书舍。文中指僧道修炼居住之所。

[5] 兰若：兰草、杜若两种香草。文中指寺院，梵文“阿兰若”之简称。

[6] 穷（qióng）：终极；尽头。

[7] 俟（sì）：等候。

[8] 濯濯（zhuózhuó）：光明清朗貌。

[9] 锁钥：比喻出入要道。

[10] 阍（hūn）：本看守宫门者，引申为宫门。

[11] 绁（xiè）：同“缧”，系也，泛指绳索。

[12] 兵燹（xiǎn）：战火焚烧。

[13] 刹：梵语音译。文中指佛寺。

[14] 把事：少数民族的小头目。

[15] 通事：官职名。文中指掌管接待的僧人。

[16] 款客：款待宾客。

◎滇游日记十

题解

本文是徐霞客于明崇祯十二年（1639）游云南的日记，原文篇幅较长，此选其中精彩部分。

己卯五月初一日

平明起，店主人言："自往尖山后，参府吴公屡令把总来候，且命店中一至即入报。"余不知其因，令姑缓之，且游于市，而主人不听。已而吴君令把总持名帖来，言："欲躬叩，旅肆不便，乞即枉顾为幸。"余颔之，因出观街子。此处五日一大街，在南门外大街来凤山麓。是日因旱，断屠祈雨，移街子于城中。旱即移街，诸乡村皆然。遂往晤潘捷余。捷余宴买宝舍人，留余同事。余辞之，入城谒参府。一见辄把臂入林，款礼颇至。是日其子将返故乡，内简拾行囊。余辞之出。吴，四川松潘人。为余谈大江自彼处分水岭发源，分绕省城而复合。且言昔为贵州都阃，与陈学宪平人士奇同事，知黄石斋之异。下午还寓。集鹰山宝藏徒径空来顾，抵暮别去。

初二日

余止寓中。云峰山即尖山老师法界来顾。州庠彦李虎变昆玉来顾[1]。李居绮罗。

初三日

参府来候宴。已又观音寺天衣师令其徒来候，余以参府有前期辞之。上午赴参府招。所陈多腊味，以断屠故也。腊味中始食竹鼦。下午别之出。醉后过万寿寺拜法界，不在。出西门，半里，过凌云桥。又西半里，由玉泉池南堰，上西山之麓，则观音寺在焉。寺东向临玉泉池。寺南有古刹并列，即玉泉寺矣。天衣师拜经观音寺，三年不出，一见喜甚，留余宿。余辞以他日，啜其豆浆粥而返，已昏黑矣。

初四日

参府令门役以《州志》至。方展卷而李君来候。时微雨，遂与之联骑，由来凤山东麓循之南，六里，抵绮罗，入叩李君家。绮罗，《志》作“矣罗”。其村颇盛，西倚来凤山，南瞰水尾山，当两山夹凑间。盖罗汉冲之水，流经大洞、长洞二小阜间，北曲而注于平坞，乃分为二流：北为饮马河，而抵城东；南为绮罗水，而逼南山下，又西逼来凤东南麓，乃南捣两山夹间。是村绾其谷口，竹树扶疏，田塍纡错，亦一幽境云。是夜宿李君家。

余初望腾越中坞，东为球玶、矣比，西为宝峰、毗卢，南为来凤、罗生，北为干峨、飞凤，西北则宠炊最耸，而龙潭、清海之水溢焉。东南则罗汉冲最深，而罗生、黄坡之流发焉。东北则赤土山最远，而罗武、马邑之源始焉。大盈江惟西南破龙光台来凤西麓而去。则是州之脉，盖西北由集鹰山分脉：南下者，为宝峰、毗卢，而尽于龙光台；东曲者，一峙为笔峰，再耸为宠炊，遂东下而度干峨之岭，又东南而纡为永安、乱箐之哨。其曲而西也，余初疑南自罗生、水尾，而北转为来凤，至是始知罗汉冲水又南下于罗苴冲；则来凤之脉，不南自罗生、水尾，而实东自黄坡、矣比二坡也。但二坡之西皆平坞，而南抵罗生，脉从田塍中西度。郡人陈懿典进士《文星阁记》云：“嘉靖壬子，城外周凿城隍，至正南迤东，窾地丈许[2]，有络石，工役斫截之。其石累累如脊骨，穿地而来，乃秀峰之元龙正脉也。”其说可与余相印证。土人不知，乃分浚罗汉冲水一支，北流为饮马河而抵于城东。是此脉一伤于分流，再凿于疏隍，两受其病矣。土人之为之解者曰，脉由龙光台潜度于跌水河之下。不知跌水河虽石骨下亘，乃大水所趋，一壑之流交注焉。饮马河本无一水两分之理，乃人工所为，欲以此掩彼，不可得也。

初五日

晨餐后，即从李君循南山之麓东向行，先半里过水应寺。又东二里，两逾南山北下之支，有寺在南峡中北向峙，即天应寺也。其后即罗生主峰，仰之甚峻。《志》称其条冈分布，不诬也。又东半里，上一北下之支，随之北下。共一里，冈东尽处，竹树深密，绿荫袭人，披映心目。其前复起一圆阜，立平畴中，是为团山，与此冈断而复续。冈东村庐连络。余从竹中下，一老人迎入其庐，具腊肉、火酒献，盖是日端午，而老人与李君有故，遂入而哺之。

既午，复东向循南山行。半里，其北复起一长阜，如半月横于前，是为长洞山。又东二里，遂入山峡。有溪中贯而出，是为罗汉冲。溪南北皆有村夹峙峡口。由南村溯溪而东，又二里，越溪之北，有大路倚北山下，乃东逾岭趋猛连者，从其北坞中觅温泉。其泉不热而温，流不急而平，一大石突畦间，水汇其旁，浅不成浴。东山下有"大洞温泉"，为八景之一，即在其北岭峡中，与此隔一支岭，逾而北颇近。而李君急于还家，即导余从大路西出。二里，过溪南村，出峡口，随溪西行。一里，过一桥，从溪南又西一里，过长洞北麓。北望大洞之阜，夹溪而峙，余欲趋之，浴其温泉。李君谓泉在东峡中，其入尚远，遂强余还。又西一里，过团山北麓，又西三里而还李君家。

初六日

晨饭，令顾仆携卧具，为杨广哨之游。先是李君为余言，此地东南由罗汉冲入二百里，有滃吕山，东南由罗生四十里，有马鹿塘，皆有峰峦可观。余乃先其近者，计可从硫磺塘、半个山而转也。

东三里，从水应、天应二寺之间，南向上山，愈上愈峻。七里，登绝顶，北瞰即天应寺悬其坑麓，由州坞而北，惟宠炊山与之对峙焉。西瞰则旁峡分趋，势若赘旒，皆下坠于绮罗南向之峡，有龙井出其下焉。惟东眺则本峰颉颃自掩；而南眺则浓雾弥沦，若以山脊为界，咫尺不可见。于是南从岭上盘峡，俱行氤氲中，茫若蹈海，半里南下。下二里馀，山半复环一壑，其脊自东南围抱而西，中藏圆坞，有小水西去。其内雾影稍开，而雨色渐逼，虽近睹其田塍，而不免远罹其沾湿矣。复上南坡，蹑坡脊而南，五里，一岐随脊而西南，一岐坠坡而东向。余漫从脊上直南，已而路渐东下而穷。二里，有村倚东坡下，披雾就讯之，乃清水屯也。按《志》，城南三十里为清水朗，此其地矣。然马鹿塘之径，当从北岐分向而东，此已逾而过南。屯人指余从坡北东下，当得大路，从之。

半里，东北涉一坑甚深。雾影中窥其东南旋壑下盘，当时不知其所出何向，后乃知其南界高峰，反西自竹家屯而东突，为陈播箕哨也。复东北上坡，半里，见有路东向下，辄随之行，不意马鹿塘正道尚在其北。雾漫不辨，踉跄东下。一里馀，有峡自北而南，溪流贯之，有田塍嵌其底，而绝无人居。塍中插禾已遍，亦无一人。抵塍而路绝，塍狭如线，以杖拄畦中，东行抵溪，而溪两岸蒙翳不可渡，复还依西坡南向，一里得小径，渡溪东上。一里，路伏草间，复若断若续，然其上甚峻。三里，东向登岭头，复从岭上东南，再陟一岭。半里，始见岭北有坳，自北南度，中伏再起，其东则崩崖下坠，其势甚拓，其坠甚峭，若中剖其脊，并左右两帏而平坠焉。坳北有路，自崩崖北岭东行，南亦有微路，自崩崖南岭东上，而坳中独无北交之路。余遂循崖南路上。东一里，路为崩崖所坠，复岐而南，再陟南岭。半里，复东行岭脊。二里，始有南来之路。循之东，北瞰崩崖下陷，东向成坑，箐木深翳。又东半里，再陟岭，岭乃南去，微径始东北下坡。

曲折连下三里，余以为将及北坑之底，随之出，即马鹿塘矣。孰知一坡中环，路岐而东西绕之，未几遂绝，皆深茅丛棘，坑嵌其下甚深。余始从其南，不得道，转而东，复不得道，往返踯躅，茅深棘翳，遍索不前。久之，复从南坡下得微径，下一里馀而东抵坑底。则坑中有水潺潺，自崩崖东南流。坑两旁俱峭崖密翳，全无路影，而坑底甚平。水流乱砾间，时有平沙潆之，遂随之行。或东或南，仰眺甚逼，而终绝路影。二里稍开，俯见潆沙之上，虎迹甚明，累累如初印。随之，又东南一里馀，有小溪自西南来注，有路影南缘之，始舍坑而南陟坡。一里，越其上。余意将逾坡东下，而路反从坡脊南行。余心知其误，然其路渐大，时亦渐暮，以为从大道，即不得马鹿塘，庶可得栖宿之所。

乃蹑脊西驰二里，见西峰顶有峰特倚如覆钟，大道从此分歧：一自东南坡下而上，一向西北峰顶而趋，一从西南盘壑而行。未审所从，姑解所携饭啖之。余计上下二径，其去人必远，不若从盘壑者中行。于是又东南三里，遂坠坡而下，渐闻人声。下里馀，得茅二龛在峡间，投之，隘鄙不堪宿。望南坡上有数龛，乃下陟深坑，攀峻而上。共一里而入其龛，则架竹为巢，下畜牛豕，而上托爨卧，俨然与粤西无异。屈指自南丹去此，至今已阅十五月，乃复遇之西陲，其中数千里所不见也。自登崩崖之脊，即望见高黎工南亘之支，屏列于东，下有深峡，而莫见龙川，意嵌其下也。又西南二十馀里，至所宿之坡，下瞰南峡甚深，即与高黎贡遥夹者，意龙江从此去。西坞甚豁，远见重山外亘，巨壑中盘，意即南甸所托也，时雾黑莫辨方隅，而村人不通汉语，不能分晰微奥。即征其地名，据云，为凤田总府庄，南至罗卜思庄一日馀，东北至马鹿塘在二十里外，然无确据也。

夜以所携米煮粥，啜之而卧。

初七日

阴雨霏霏。饭后余姑止不行，已而村人言："天且大霁。"余乃谋所行。念马鹿塘在东北，硫磺塘在西北，北山之脊，昨已逾而来，西山之脊，尚未之陟，不若舍马鹿而逾西脊，以趋硫磺塘，且其地抵州之径，以硫磺塘为正道。遂从之。

土人指余从村后西北向大山行，余误由直北。一里馀，下涉一涧，溯之北上坡，一里馀，又下涉涧。其处一涧自西峡崩崖来，一涧自北峡崇山来。涉其西来者。又北上坡，半里，路复分岐，一向北峡，一向西峡，皆盘其上坡。余从其北峡者，二里，路渐湮。已北下，则其涧亦自西来，横堑于前，虽小而颇深，藤箐蒙塞，雨雾淋漓，遂不能入。乃复出，至岐口，转向西峡。一里，路亦渐湮，其南崩崖下嵌，即下流之所从出，而莫能逾焉。复出，从岐口南涉其涧，从涧南又得一岐西上，其路甚微。一里，北逾一坡，又北一里，即崩崖西对之坡也。其上皆垦崖，而仍非通道。蹑之行，一里，上西顶。顶高云黑，莫知所从，计返下山，乃转南，行莽棘中。湿茅壅箐，踯躅东南向，二里，渐有径。下眺凤田所宿处，相距止二三里间。更南半里，得大道西去，遂从之西循北山行。一里，得耕者在坡下，问之，始知其上有小寨，名摆图，即从杨广哨入州正道矣。乃亟西北上蹑坡。一里，有二茅当峡坪间，是为摆图寨。由寨后更蹑峻而北，半里登冈。西望盘壑下开，水田漠漠，有溪流贯其中。壑西复有崇山外峙，其南又起一崇山，横接而南，交接之中，似有水中贯而去。又北上一里半，遂凌大脊，北下回峡中半里，一村庐倚南坡，是为杨广哨。

从此西北下峡底，一里馀，有小溪自东北坠西南，其嵌甚深，乃从昨所度崩崖南岭分坠而成者。涉之，西北上，复一里馀而跻其脊。余以为即从此缘脊上北大峰矣，而孰意犹中界之支也。半里越脊，又即北下峡底。一里馀，有大溪自北南坠，皆从石崖中破壁而去，此即清水朗东溪也。水嵌峡底甚逼，横独木渡其上。余宁木下涉水，即西北上坡。始循崖石，继蹑陇脊，一里馀，转而东北上，一里跻峰头。由峰头西盘，半里，复随峡北行。其峡颇平，行其中，一里馀，当其东西分峡处，有村庐倚其中，是为陈播箕哨。从哨北即西北下，二里循南山而西。一里，有村庐当坡，是为竹家寨。由寨东向北行，寨后复起一峰，有峡横其中，路分为二：循北峰直去，为腾越、南甸大道；穿北峰南峡而西，为硫磺塘道。余乃舍大道从横峡西行。半里，忽坠峡西下，其峡甚逼，而下甚峻，坠级历坎，与水争隘。一里馀，望见西峡自北而南，一溪贯其中，即矣罗村之水，挟水尾山西峡而南者。溪西之山，崆岘南踞，是为半个山。按《一统志》有罗苴冲，硫磺塘在焉，疑即此山。然《州志》又两书之。岂罗苴冲即溪东所下之山耶？

又西下半里，直抵溪上，有二塘在东崖之下，乃温水之小者。其北崖之下，有数家居焉，是为硫磺塘村。有桥架溪上。余讯大塘之出硫磺处，土人指在南峡中。乃从桥南下流涉溪而西，随西山南行。时风雨大至，田塍滑隘，余踯躅南行，半里得径。又南一里，则西山南迸，有峡东注大溪。遥望峡中蒸腾之气，东西数处，郁然勃发，如浓烟卷雾，东濒大溪，西贯山峡。先趋其近溪烟势独大者，则一池大四五亩，中洼如釜，水贮于中，止及其半，其色浑白，从下沸腾，作滚涌之状，而势更厉。沸泡大如弹丸，百枚齐跃而有声，其中高且尺馀，亦异观也。时雨势亦甚大，持伞观其上，不敢以身试也。其东大溪，从南下环山南而西，合于大盈；西峡小溪从热池南，东注大溪。小溪流水中亦有气勃勃，而池中之水，则止而不流，与溪无与也。溯小溪西上，半里，坡间烟势更大，见石坡平突，东北开一穴，如仰口而张其上腭，其中下缩如喉，水与气从中喷出，如有炉橐鼓风煽焰于下，水一沸跃，一停伏，作呼吸状。跃出之势，风水交迫，喷若发机，声如吼虎，其高数尺，坠涧下流，犹热若探汤。或跃时，风从中卷，水辄旁射，揽人于数尺外，飞沫犹烁人面也。余欲俯窥喉中，为水所射，不得近。其龃腭之上，则硫磺环染之。其东数步，凿池引水，上覆一小茅，中置桶养硝。想有磺之地，即有硝也。又北上坡百步，坡间烟势复大，环崖之下，平沙一围，中有孔数百，沸水丛跃，亦如数十人鼓煽于下者，似有人力引水。环沙四围，其水虽小而热，四旁之沙亦热，久立不能停足也。其上烟涌处虽多，而势皆不及此三者。有人将沙圆堆如覆釜，亦引小水四周之。虽有小气而沙不热，以伞柄戳入，深一二尺，其中沙有磺色，而亦无热气从戳孔出，此皆人之酿磺者。时雨势不止，见其上有路，直逾西岭，知此为半个山道，遂凌雨蹑崖。其崖皆堆云骈瓣，崄岈嵌空，或下陷上连，或旁通侧裂，人从其上行，热气从下出，皆迸削之馀骨，崩坠之剥肤也。所云"半个"之称，岂以此耶？

蹑崖半里，从其南循岭西上一里，渐随峡南转。则其峡自南岭头坠，中有水悬而为瀑，作两叠坠北下，即峡水之上流也。又上半里，遂西逾瀑布之上。复从峡西更西南上，一里，渐转而西，半里，见大道盘西崖坠处，出南坳去，小径则西上峰顶，渐转北行。盖此即半个山之顶，至此南下为坳。入城之路，当在其东北，不应西去，遂舍大道，从小道西上。半里，随峰东向北行，二里馀，乃西北下，得竹坞村庐。时雨势甚大，避雨庐中，就火沸汤，瀹饭而食之。其处即半个山村也。昔置镇彝关于路次，此为屯哨，今关废而村存云。由其东下坡，随峡东行里馀，与南来大道合。随西山北转而行，于是水尾西溪即从此峡南下硫磺塘矣。北行二里馀，复陟东突之坡，行坡峡中，五里稍下，又一里而绮罗村在东坡下矣。时已薄暮，遂舍入州大道，东里馀，宿李虎变家。虎变以骑候于马鹿道中，不遇。甫返，煮竹鼯相待。

初八日

大雨，不成行。坐李君家作田署州《期政四谣》，以李君命也。

初九日

大雨，复不成行。坐李君家录《腾志》。

初十日

雨不止。既午稍霁，遂同李君联骑，由村西半里，横陟半个山、南甸大路，经南草场，半里，西上岭坡，乃来凤南度半个山之脊也。来凤至是南降而下伏，脊间中洼为平塘而不受水。洼之西为金银堆，即南度之脊。洼北半里，有坪倚来凤而南瞰半个山，乃昔王尚书骥驻营之处，《志》称为尚书营。陟坪北半里，有路横沿来凤峰南，西越金银堆，出芭蕉关。芭蕉关西通河上屯、缅箐之道，州西跌水河路，不若此之平，昔兵部郎中龚永吉从王公南征，有"狭转芭蕉关，难于橄榄坡"之句。从此复转骑循来凤东峰而北，八里，乃还官店。迨晚复雨。

十一日

雨不止，坐官店。上午李君来。下午雨少止，泞甚，跖泥往潘生家[3]，不遇。以书促其为余买物，亦不答。潘生一桂虽青衿而走缅甸，家多缅货。时倪按君命承差来觅碧玉，潘苦之，故屡屡避客。

十二日

雨，坐店中。李生以《期政四谣》私投署州田二府，不答。

十三日

雨时止时作，而泥泞尤甚。李生来，同往苏玄玉寓观玉。苏，滇省人，本青衿[4]，弃文就戎，为吴参府幕客。先是一见顾余，余亦目其有异，非风尘中人也。苏有碧玉，皆为簪，但色太沉，余择四枝携寓中，后为李生强还之。

十四至十八日

连雨不止,坐寓中,不能移一步。潘捷余以倪院承差苏姓者,索碧玉宝石,窘甚,屡促不过余寓,亦不敢以一物示人,盖恐为承差所持也。幸吴参府以程仪惠余,更索其“八关”并“三宣”“六慰”诸图,余一一抄录之,数日无暇刻,遂不知在寓中,并在雨中也。潘生送翠生石二块。苏玄玉答华茶竹方环。

十九日

晨,雨少止。觅担夫,以连日雨泞,贵甚。既而雨复作,上午乃止而行。店人欲措余罗一端,不遂,与之哄而后行。

由东街,始泞甚,已而渐燥。二里,居庐始尽,下坡行塍中。半里,连越二小桥。水皆自东南来,即罗汉冲所出分流之水也。又二里馀,为雷打田,有数家东向。从其前转而东行,里馀,又过一小亭桥。其流亦自东南向西北者,乃黄坡泉所溢也。又东里馀,抵东坡下,停担于酒家。问大洞温泉道,土人指在东南山坳中,此去尚有数里。

时天色已霁,令担夫与顾行待于其家,余即循东山而南。二里,过土主庙。庙倚山西向,前二柏巨甚。又南二里,路歧为二:一南循山麓,为黄坡道;一东南上坡,为趋温泉道。乃从上坡者,南一里,登坡嘴,西瞰山麓,有泉西向溢于下,即黄坡之发源处也。于是东转,有路颇大,横越之,就其东南小径。一里,渐上坡,折而东北,睨温泉之峡,当在其南,中亦有峡南下,第茅塞无径,遂随道西北上。一里,其道渐高,心知其误,有负刍者二人至,问之。曰:“此入山樵道,可通芹菜塘者。温泉在南,尚隔一峰。”遂与之俱返,一里下至茅塞之峡,指余南去。余从之,横蹈峡中,既渐得小径。半里,忽有峡从足下下坠而西,其上石崖骈突如门,从其东又南半里,逾坡而下,其峡始大,有水淙淙流其中,田塍交潆之,即大洞村之后峡也。有大道从峡中东上,又南下半里,从之东。半里上一坡,大道东北上,亦芹菜塘道,乃从坡东南下。半里,及溪,又东溯溪半里,则溪流奔沸盘石中,右一崖突而临之。崖下则就石为池,而温泉汇焉。其池与溪同峡,而水不关溪流也。崖石叠覆如累棋,其下凑环三面，成一小孔，可容一人坐浴，其后倒覆之石，两片下垂而中划，如所谓“试剑石”，水从片石中淙淙下注，此温泉之源也。池孔之中，水俱不甚热，正可着体。其上更得一亭覆之，遂免风雨之虑矣。时池上有十馀人共浴，余恐其旁有石洞，姑遍觅之，不得，乃还浴池中。又三里，随山之西嘴抵黄坡，转北一里，过麓间溢水之上。又北三里，乃入来时分岐处，又西北四里，至矣比坡之麓。促挑夫行，以晚辞，遂止。

二十日

晨起，饭而登坡，雨色复来。平上二里，峻上八里，抵岭头。又平行岭上四里，又稍下一里，过芹菜塘，复东上坡，半里而下。半里，过木厂。又下二里，过北下之峡，又东上三里，至坡脊。平行脊间，一里至永安哨，五六家当坡间而已。又东南半里，逾岭脊而下。一里，有水自北而南，路从之，半里，乃东陟坡，平行脊上，三里，至甘露寺饭。从寺东下，三里，至赤土铺桥。其下水自南而北，即大盈江水也。《一统志》谓大盈之源，出自赤土，其言不谬。桥东复上半里，有四五家当坡坳，为赤土铺。铺东又上半里，遂从岭脊东南行。一里，有岐南去，为猛柳道。余仍东南三里，乃东下。又十里而止于橄榄坡。时才午，雨时下时止，遂止不前。

二十一日

平明起饭，自橄榄坡东下。五里，抵龙川江西岸，过巡检司，即下渡桥。西岸峻若堵墙，乃循岸北向叠级，始达桥。桥东有阁，登之，可眺江流夭矫之势。又南向随东岸行，半里，东向平上者一里馀，始曲折峻上，五里过茶房。僧舍无一人。又峻上三里，过竹笆铺，又上七里馀，饭于小歇场。又上五里，过太平铺，又平行入坞。二里馀，有水自北涧来，涉之，遂东上。其上愈峻，两旁皆竹石深翳，而风雨西来，一天俱漫，于是行雨浪中。三里，逾一最高之岭，乃屡上屡下，屡脊屡坳，皆从密箐中行。七里，抵新安哨，两三家夹岭头，皆以劈藤竹为业。时衣湿透寒甚，就其家烧薪烘之。又二里馀，抵分水关，有五六家当关之东。余乃就火炙衣，贯烧酒饮四五杯乃行。天色大霁，路磴俱燥，乃知关名分水，实分阴晴也。于是东向下者八里，始就东行之脊，又二里过蒲满哨。又平行岭上，东十五里，宿于磨盘石之卢姓者家，有小房五六处，颇洁。

二十二日

平明饭而行。其下甚峻，曲折下者六里，及岭北之涧。是岭自蒲满哨分支东突，左右俱有深峡夹流。来时从南峡上行，至此坠北峡之口过，涉北涧，又越北岭东突之嘴，共一里馀而过八湾。八湾亦有数家居坡上，人谓其地暑瘴为甚，无敢置足者。于是东向行平坡间，十二里抵江，则怒流奔腾，势倍于来时矣。乃坐巨树下待舟，观洪流汹涌，竞渡者之纷纭，不啻从壁上观也。俟久之，乃渡而东上坡。三里，抵北山之麓，循坡东行。五里，逾南下之嘴，得一桥跨涧，是为箐口。于是渡涧入峡，循涧南崖东向上，二里，过一碑，即来时所见盘蛇谷碑也。又东三里，过一西来枯涧，又二里，南折而北，乃逾其北突之嘴而东，遂东南渐上。其峡遂曲折掩蔽，始不能西见高黎贡峰矣。又南六里，抵杨柳湾而饭。乃逾南来之峡，溯东来之流，二里，有桥跨涧，西渡之。从涧西溯箐上，又一里，为打板箐，有数十家当涧西。又东北四里，过平度之脊。其脊度峡中，乃自北而南，即从冷水箐西度蒲缥，又北过此，夹蒲缥之水北出而入潞江者也。

是日热甚，得一荫，辄止而延飔，数息树边，不复问行之远近矣。过脊东下，一里，止于落马厂。时才下午，以热甚，担夫不前也。

二十三日

平明，从落马厂东行。三里，逾东突之山嘴而南。又一里馀，有一庵倚西山之上。又南四里，过石子哨，始南下。二里馀，望温泉在东山下，乃从岐东南下。二里馀，转而北涉北流一涧。又半里，东从石山之嘴，得温泉焉。其水温而不热，浑而不澄，然无气焰，可浴。其山自东山横突而西，为蒲缥下流之案也。浴久之，从涧东溯流二里馀，抵蒲缥之东村蒲人、缥人乃永昌九蛮中二种。饭，以担夫不肯前，逗留久之。

乃东二里上坡，五里，迤逦上峰头，又平行岭夹，一里稍东下，有亭桥跨峡间。时风雨大至，而担夫尚后，坐亭桥待久之，过午始行。又东南上坡，逾坡一重，转而北，又逾坡一重，共六里，过孔雀寺。又东上坡五里，直蹑东峰南突之顶。此顶自北而南，从此平坠度为峡，一冈西迤，乃复起为崖，度为蒲缥后山，北去而夹蒲缥之涧，南去而尽于攀枝花者也。又东一里稍上，复盘一南突之嘴，于是渐转而北。二里，有公馆踞冈头。乃北下一里，而止于冷水箐。时方下午，以担不能前，遂止。见邸榻旁有卧而呻吟者，乃适往前途，为劫盗所伤，还卧于此。被劫之处，去此才六里。乃日才过午，而盗即纵横，可畏也。

二十四日

雨复达旦，但不甚大。平明饭而行。随东行之箐，上其北坡，三里，循嘴北转。二里渐下，一里下至坳，即昨被劫之商遇难处也。其北丛山夹立，穿其峡行三里，再过一东突之坡，其水始北下。随之北二里，下至坳洼中，乃东转而上。一里，过坳子铺，觅火把为芭蕉洞游计。又东半里，过冈头洼地，遂转北下。三里馀，越一坡脊，过洼中汇水之崖。崖石上插而水畜崖底，四面俱峻，水无从出而甚浑。

由其南再越脊而下，一里馀，至芭蕉洞，乃候火于洞门。担夫摘洞口黑果来啖，此真覆盆子也。其色红，熟则黑而可食，比前去时街子所鬻黄果，形同而色异，其熟亦异，其功用当亦不同也。黄者非覆盆。覆盆补肾，变白为黑，则为此果无疑。

火至，燃炬入洞。始向北，即转东下四丈馀，至向所入昏黑处即转北向，其下已平，两崖愈狭而愈高，六七丈更宽崇，一柱中悬，大如覆钟，击之声铉铉[5]。然其处盖不特此石有声，即洞底顿足，辄成应响，盖其下亦空也。又入五六丈，两崖石色有垂溜成白者，以火烛之，以手摩之，石不润而燥，纹甚细而晶。土人言："二月间石发润而纹愈皎茁，谓之'开花'。洞名石花以此。""石花"名颇佳，而《志》称为"芭蕉"，不如方言之妙也。更北路尽，由西腋透隙入，复小如门。五丈有圆石三叠，如幢盖下垂，又如大芝菌而三级累之者。从其下复转而北，其中复穹然宏耸。又五六丈，西北路尽，洞分两岐：一南上环为曲室，三丈而止；一北入降为坠道，七丈而止。是洞曲折而旁窦不多，宛转而底平不污，故游者不畏深入。使中有通明之处，则更令人恍然矣。

出至向所入昏黑北转处，今已通明，见直东又一岐。入，有柱中间之，以馀炬入探其中，亦穹然六七丈而止。出从洞门外以馀炬入探西崖间小窦。其窦北向悬壁间，其门甚隘，而中亦狭而深，秽气扑人，乃舍之。

出洞，下百馀步，抵坑峡，下观水洞。水洞者，即此洞之下层也。虽悬数丈，实当一所，前中入有声，已知其下之皆空矣。洞前亦东向，稍入，亦曲而自北来，与上洞同一格，但水溢其中，不能进也。

由此东折而北，共里馀，抵卧狮窝村。饭于村妇家。北三里，过一村，即东上堤，是为大海子。随海子南堤东行，二里下堤，又东一里，为沙河桥。其桥五巩，名众安桥。越桥东，即从岐西北循山行。二里，过胡家坟，为正统间指挥使胡琛墓。墓有穹碑，为王学士英所撰。又一碑，乃其子者，则王翰撰时之文，与吾家梧塍之陇，文翰规制颇相似，其额芜亦相似也。其一时崇尚，穷徼薄海，万里同风，至荆棘铜驼，又旷代无异，可慨也！其墓欲迎水作东北向，遂失下手砂，且偏侧不依九隆正脉，故胡氏世赏虽仅延，而当时专城之盛遂易。永昌，故郡也。胡氏时适改为司，独专其地。今复为郡，设流官，故氏遂微。土人言："胡氏墓法宜出帝王，为朝中所知，因掘断其脉。"余按：凿脉乃诸葛南征时所为，土人误耳。

更循山而北，一里，上一东盘之嘴，于是循冈盘垅，甃石引槽，分九隆池之水，南环坡畔，以润东坞之畦，路随槽堤而北。是堤隆庆二年筑。置孔四十一以通水，编号以次而及，名为"号塘"，费八百馀金。遇有峡东出处，则甃石架空渡水。人与水俱行桥上，而桥下之峡反涸也。自是竹树扶疏，果坞联络。又三里抵龙泉门，乃城之西南隅也。城外山环寺出，有澄塘汇其下，是为九隆池。由东堤行，见山城围绕间，一泓清涵，空人心目。池北有亭阁临波，迎岚掬翠，滟潋生辉。有坐堤垂钓者，得细鱼如指。亦有就荫卖浆者。惜有担夫同行，急于税驾，遂同入城。半里，北抵法明寺，仍憩会真楼。而崔君亦至。崔，江西人，寓此为染铺。前去时，从磨盘石同行，抵腾依依，后复同归。以担夫行迟，至蒲缥先返。余迟一日至，故复来此看余。遂与同入市，换钱畀夫，市鱼烹于酒家，与崔共酌，暮返楼。夜大雨。

二十五日

晓霁。崔君来候余餐，与之同入市，买琥珀绿虫。又有顾生者，崔之友也，导往碾玉者家，欲碾翠生石印池杯子，不遇，期明晨至。

二十六日

崔、顾同碾玉者来，以翠生石畀之。二印池、一杯子，碾价一两五钱，盖工作之费，逾于买价矣。以石重不便于行，故强就之。此石乃潘生所送者。先一石白多而间有翠点，而翠色鲜艳，逾于常石。人皆以翠少弃之，间用搪抵上司取索，皆不之用。余反喜其翠，以白质而显，故取之。潘谓此石无用，又取一纯翠者送余，以为妙品，余反见其黯然无光也。今命工以白质者为二池，以纯翠者为杯子。时囊中已无银，以丽江银杯一只重二两馀，畀顾生易书刀三十柄，馀付花工碾石。是午，工携酒肴酌于北楼，抵晚乃散。

二十七日

坐会真楼作记。

二十八日

花工以解石来示。

二十九日

坐会真楼。上午，往叩闪知愿，将取前所留翰札碑帖。闪辞以明日。还过潘莲华家，将入晤，遇鸡足安仁师丽江公差目把延至，求闪序文，与邱生邱，新添人，眇一目。以箕仙行术，前会于腾，先过此同行。万里知己，得之意外，喜甚，遂同过余寓，坐久之，余亦随访其寓，下午乃返。

三十日

晨餐后，往拜潘，即造闪知愿，犹不出。人传先生以腹泻，延入西亭相晤。余以安仁远来，其素行不凡，且赍有丽江《云莳全集》来至，并求收览。闪公领之。余乃出，往安仁寓，促其以集往，而余遂出龙泉门，观九龙泉。

龙泉门，城之西南门也，在太保山之南麓。门外即有涧自西山北夹而出，新城循之而上。涧之南有山一支，与太保并垂。而易罗池当其东尽处，周回几百亩，东筑堤汇之。水从其西南隅泛池上溢，有亭跨其上，东流入大池。大池北亦有亭。池之中则邓参将子龙所建亭也[6]。以小舟渡游焉。池之南，分水循山腰南去，东泄为水窦，以下润川田。凡四十馀窦，五里，近胡坟而止焉。由池西上山，北冈有塔，南冈则寺倚之。寺后有阁甚巨，阁前南隙地，有花一树甚红，即飞松之桐花也。色与刺桐相似，花状如凌霄而小甚。然花而不实，土人谓之雄树。

既而入城，即登城北，蹑其城侧倚而上。一里馀，过西向一门，塞而不开。乃转而北，又里馀，则山东突之坪也。其西宝盖山穹立甚高。东下而度一脊，其南北甚狭，度而东，铺为平顶，即太保之顶也，旧为寨子城。胡渊拓而包此顶于内，西抵度脊处而止，亦设门焉。塞而不开，所谓永定、永安二门也。旧武侯祠在诸葛营，今移于此顶。余入而登其楼，姜按君有诗碑焉。坪之前有亭踞其东，由此坠而下，甚峻。半里，即下临玉皇阁后，由其西转阁前，而入会真饭焉。

六月初一日

憩会真楼。

初二日

出东门，溪之自龙泉门灌城而东者，亦透城而出。度吊桥，遂随之东行田塍中。十里，至河中村，有石桥。北来之水遂分而为二：一由桥而东南注，一绕村而西南曲。越桥东一里馀，则其地中洼而沮洳。又里馀，越冈而东，一里，抵东山之麓。由岐东北，二里过大官庙，上山，曲折甚峻。二里馀，至哀牢寺。寺倚层岩下，西南向。其上崖势层叠而起，即哀牢山也。饭于寺。

由寺后沿崖上，一里转北，行顶崖西；半里转东，行顶崖北；一里转南，行顶崖东。顶崖者，石屏高插峰头，南北起两角而中平。玉泉二孔在平脊上，孔如二大屦并列，中隔寸许，水皆满而不溢，其深尺馀，所谓金井也。今有树碑其上者，大书为玉泉。按玉泉在山下大官庙前，亦两孔，而中出比目鱼。此金井则在山顶，有上下之别，而碑者顾溷之，何也？又一碑树北顶，恶哀牢之名，易为安乐焉，益无征矣。南一里至顶，南一里东南下，又一里西南下。其处石崖层叠，盖西北与哀牢寺平对，俱沿崖而倚者也。

又南下里馀，为西来大道。有茅庵三间倚路旁，是为茶庵。由此东向循峡而入，五里过一坳，坳中有庙西向。东一里，度中洼之宕，复东过坳，又从岭上二里馀，盘北突之嘴。其北峡之底，颇见田形。于是东南下，二里，越一峡而东，一里东上冈。又里馀，逾坳东南行，见其东有南北峡，中干无水，峡东其山亦南北亘，有一二家倚之，是为清水沟。沟中水不成流，以从峡底东度脉者。随峡南行一里，复度而东上冈，始望见南壑中洼，其南有峰危耸中立，即笔架山之北峰也。前从水寨西南盘岭时，所望正南有峰双突如马鞍者，即此峰也。其峰在郡城东南三十馀里，即清水西山南下之脉，至此而尽，结为此山，南北横亘。西自郡城望之，四顶分尖。北自此临之，只见北垂一峰如大柱。从冈上东盘北峰，三里降而下洼，始有小水自北峡下，一里，涉之。又东循北山一里馀，过一脊坳，又西稍降一里，始见东山渐豁，山冈向东南下，中路因之。又一岐东北分趋瓦渡，又一岐西南下坑，坑中始闻水声。有三四家倚西山崖下，是为沈家庄，其下有田塍当坑底焉。已暮，欲投之宿，遂西南下一里馀，及坑底，渡小水，西南半里，投宿村家，暮雨适来。

初三日

雨潺潺不止，饭而登途。稍霁，复南下坑底。半里渡坑涧，复东南上坡。一里馀，得北来大路，随之南行冈脊三里，其冈在垂坞中，遂随之下一里，南行坞中。其中有小水唧唧，乃穿壑西南，逼近笔架东北之麓，合北来沈庄水，同东而绕于闪太史墓前者也。路又南一里，逾一小坳。一里稍下，遂沿坞东行，其坞始溪而东向去。水从其西南濒笔架山之北冈，亦随之东折。一里馀，逾一小冈而下，即闪墓之虎砂也。北望有茔当中坡之嘴，乃涉壑而登之，即闪太史夫人马氏之冢，太翁所择而窆者，已十馀年矣。其脉西北自昨所度沈家庄东岐之脊东南下，又峙为一巨山下坠。自西而东者为虎砂，即来道所再逾者；自东而南者为龙砂，即庄居外倚者，而穴悬其中，东南向。外堂即向东之坞，水流横其前，而内堂即涉壑而登者，第少促而峻泻。当横筑一堤，亘两砂间，而中畜池水，方成全局。虎砂上有松一圆，独耸，余意亦当去之。其庄即在龙砂之东坡上，又隔一小坞，亦有细流唧唧，南注外堂东下之水。从墓又东半里，逾小水，抵庄。庄房当村庐之西，其门南向。前三楹即停太翁之柩者，钥之未启。后为庐居，西三楹差可憩。时守者他出，止幼童在。余待久之，欲令其启钥，入叩太翁灵几不得。

遂从村东问所谓“落水坑”者，其言或远或近，不可方物。有指在东北隅者，趋之。逾冈脊而北，二里馀，得一中洼之潭，有水嵌其底，四面皆高，周遭大百亩，而水无从出。从洼上循其北而东上坡，又里馀，而得俘俘寨，数十家分踞山头。其岭亦从北而亘南，东南接天生桥者，为闪庄东障之山。余时不知其为天生桥，但求落水坑而不得，惟望闪庄正东，其山屏起下陷，如有深穴，意此中必有奇胜，然已随土人之指而逾其北矣。遍叩寨中俘俘，终无解语者。

遂从东岭西南下，仍抵洼潭之东，得南趋之道，乃随之循东岭而南。二里，见有峡东自屏山下陷处出，峡中无水，而水声甚沸。乃下，见有水西自壑底，反东向腾跃，而不见下流所出，心奇之不能解。乃先溯旱峡，遵北岭东入，二里，抵下陷处，见石崖骈列，中夹平底。半里，峡分两岐：一北向入者，峡壁双骈而底甚平，中无滴水，如抉堑而入，而竟无路影；一南向入者，东壁甚雄，峡底稍隆起，而水与路影亦俱绝。路则直东蹑岭而上，余意在穷崖，不在陟岵，乃先趋北向峡中。底平若嵌，若鸿沟之界，而中俱茅塞，一里，未有穷极。复转，再趋南向峡中，披茅而入。半里，东崖突耸，路辄缘西崖上。俯瞰峡中，其南忽平坠而下，深嵌数丈。东崖特耸之下，有洞岈然，西向而辟于坑底。路亦从西崖陡下坑中，遂伏莽而入洞。洞门高数丈，阔止丈馀，水痕尚湿，乃自外入洞中者。时雨甫过，坑源不长，已涸而无流。入洞二丈，中忽暗然下坠，其深不测。余乃以石块掷之，久而硿然，若数十丈不止。然有声如止洞底，有声如投水中，固知其下有水而又不尽水也。出洞南眺，其坑亦南夹，不知穷极，然或高或洼，底亦无有平准。

乃从旧路北出，半里，复随大路行峡底，半里，复随北岭小径。二里，西抵闻水声处，其坡在闪墓正东。二里，逾横峡而南，有寨数家，乃西通山窠，南通落水寨总道。大路自山窠走天生桥，出枯柯、顺宁，即从此寨沿南岭而入者。余时尚不知所入岭即天生桥也，惟亟西下绝壑，视西来腾跃之水。一里，抵壑之悬绝处，则水忽透石穴下坠。其石皆磊落倚伏，故水从西来，捣空披隙而投之，当亦东合天生桥之下者也。其水即沈家庄西北岭坳诸水，环闪墓、闪庄之前，又东盘冈嘴，始北曲而东入于此。此所谓“小落水坑”也，即土人所谓近者。余求之而不得，不意过而遇之。

时已过午，遂南越一冈，又西下一里，仍南渡其水曲，复西逾坡，一里，再至闪庄。余令顾奴瀹水餐饭。既毕，而其守者一人归，觅匙钥不得，乃开其外门而拜于庭，始询所为天生桥、落水洞之道。乃知落水有二洞，小者近，即先所遇者，为本坞之水；大者远，在东南十里之外，乃山窠南道所经，为合郡近城诸流。又知天生桥非桥也，即大落水洞透穴潜行，而路乃逾山陟之。其山即在正东二里外。

余随其指，先正东寻天生桥。二里，至横峡南岭之寨，将由南岭大路东入。再执途人问之，始知即前平底峡中东上之坡，是为天生桥，逾之即为枯柯者。余乃不复入，将南趋落水寨。一土人老而解事，知余志在山水，曰：“是将求落水洞，非求落水寨者。此洞非余不能指，若至落水寨而后回，则迂折多矣！”遂引余从其寨之后东逾岭，莽苍无路，姑随之行。二里，越岭东下，即见一溪西南自落水寨后，破石门东出，盘曲北来，至此岭东麓，即捣入峡。峡东即屏山下陷之南峰，与所逾之岭，夹成南北峡。水从南入峡，悬溜数丈，汇为潭。东崖忽迸而为门，高十馀丈，阔仅数尺，西向峙潭上，水从潭中东捣而入之，其势甚沸。余从西崖对瞰，其入若饮之入喉，汩汩而进，而不知其中之崆峒作何状也。余从西崖又缘崖石而北，见峡中水虽东入，而峡犹北通，当即旱峡，南或高或洼，南出之峡，由此亦可北趋，峡底西向旱壑洞，固知两洞南北各峙，而同在一峡中，第北无水入，而南吸大川耳。其中当无不通，故前投石有水声，而上以桥名也。从西崖俯瞰久之，仍转南出。

土老翁欲止余宿，余谓日尚高，遂别之。遵南路可以达郡，惟此处犹不得路，盖沿大溪而南，抵西山峡门，即落水寨。西越坡，溯小溪而西上岭，盘笔架山之南，即郡中通枯柯大道。余乃西从之。沿坡涉坞，八里抵西坡下，有傈傈寨数家。遂西上坡，层累而上八里，其山北盘为壑，而南临下嵌之涧，有四五家倚北峡而居，上复成田焉。又西盘西峰南嘴而上，三里，其上甚峻。又平行峰头二里，余以为此笔架南峰矣，而孰知犹东出之支也。其西复下坠为坑，与笔架尚隔一坞，乃下涉坑一里，越坑西上，始为笔架南垂。有数十家即倚南崖而居，是为山寨。当从投宿，而路从树底行，不辨居址，攀树丛而上，一里，遂出村居之后。意西路可折而转，既抵其西，复无还岐，竟遵大路西北驰。二里馀，下涉一涧，复西北上坡。二里馀，越坡，复下而涉涧。共三里，又上逾一坡，乃西向平下。二里出峡门，已暮，从昏黑中峻下二里，西南渡一溪桥，又西北从岐逾坡，昏黑中竟失路。踯躅二里，得一寨于坡间，是为小寨。叩居人，停行李于其侧，与牛圈邻，出橐中少米，为粥以餐而卧。

初四日

其家插秧忙甚，竟不为余炊。余起问知之，即空腹行，以为去城当不及三十里也。及西行，复逾坡两重，共八里，有庐倚山西向而居，始下见郡南川子。又随坡西向平行五里，越一西下小峡，复上一西突之冈，始逼近西川。下瞰川中之水，从坡西环坡足，东南抱流而入峡，坡之南有堰障之。此即清水关沙河诸水，合流而东南至此，将入峡东向而出落水寨者也。于是东北一里馀，下至坡麓。循嘴北转，半里，始舍山而西北行平陆间。二里，西及大溪，有巨木桥横其上，西渡之。西北行川间，屡过川中村落，十六里而及城之东南隅，度小桥。由城南西向行，一里而入南门，始入市食馒面而饱焉。下午返会真楼。

初五、初六日

憩会真楼。

初七日

闪知愿来顾，谢余往叩灵几，礼也。知愿馈饼二色。

初八日

知愿又馈猪羊肉并酒米甚腆[7]。

初九日

闪太史招游马园。园在龙泉门外，期余晨往。余先从法明寺南，过新建太翁祠。祠尚未落成，倚山东向，与法明同。其南即方忠愍公祠，名政，征麓川，死于江上者，亦东向，正室三楹，俱守者栖止于其中，两庑祀同难者，俱倾倒，惟像露坐焉。出祠，遂南出龙泉，由池东堤上抵池南，即折而西入峡。

半里，园临峡西坡上，与龙泉寺相并。园之北，即峡底也，西自九隆山后环峡而来。有小水从峡底东出，仅如线不绝。而园中则陂池层汇。其北一池，地更高，水从其底泛珠上溢。其池浅，而水独澄映有光，从此遂潺潺泻外池。外池中满芰荷，东岸旧有菜根亭，乃马玉麓所建者，并园中诸榭俱颓圮。太史公新得而经始之，建一亭于外池南岸，北向临流。隔池则龙泉寺之殿阁参差，冈上浮屠，倒浸波心。其地较九龙池愈高，而陂池罨映，泉源沸漾，为更奇也。盖后峡环夹甚深，其水本大，及至峡口，此园当之，峡中之水，遂不由溪而沁入地中，故溪流如线，而从地旁溢如此，池与九龙池，其滔滔不舍者，即后峡溪中之流也。

余至，太史已招其弟知愿相待。先同观后池溢泉。遂饭于池南新亭，开宴亭中，竟日欢饮，洗盏更酌，抵暮乃散。是日始闻黄石翁去年七月召对大廷，与皇上面折廷诤，后遂削江西郡幕。项水心以受书帕，亦降幕。刘同升、赵士春亦以上疏降幕。翰苑中正人一空。东省之破，传言以正月初二，其省中诸寮，无不更易者。虽未见的报[8]，而颜同兰之被难可知矣。

初十日

马元中、刘北有相继来拜，皆不遇，余往玉工家故也。返楼知之，随拜马元中，并拜俞禹锡。二君襟连也，皆闪太翁之婿，前于知愿席相会而未及拜。且禹锡原籍苏州，其祖讳彦，中辛丑进士中时犹李时彦，后复俞姓，名彦，移居金陵大功坊后。其祖、父年俱壮，闪太翁寓金陵时，欲移家南来，遂以季女字俞。前年太翁没，俞来就婚，拟明春偕返云。时禹锡不在，遂返会真。闪太史以召对报来示。

十一日

禹锡招宴。候马元中并其内叔闪孩识、孩心等同饮，约同游卧佛。

十二日

禹锡馈兼金。下午元中移酌会真楼，拉禹锡同至。雷风大作，既暮乃别。

十三日

禹锡以他事不及往卧佛，余遂独行。东循太保山麓，半里出仁寿门。仁寿西北倚太保山北麓，城随山西叠而上，与龙泉同。出城，即有深涧从西山悬坑而下，即太保山顶城后度脊所分之水也。逾桥循西山直北半里，有岐东北行平川中，为纸房村间道。其循山直北者，乃逾岭而西，向青蒿坝通干海子者。

余乃由间道二里，北过纸房村，又东一里馀出大道，始为拱北门直向卧佛寺者。又北一里；越一东出小涧，其北有庙踞冈头，乃离城五里之舍也。大道中川而行，尚在板桥孔道之西。又北五里，再过一庙，在路之西。其西又有巨庙倚西山，村落倚之，所谓红庙村也。又北八里，有一涧自西山东出，逾之而北，是为郎义村。村庐联络，夹道甚长，直北二里，村始尽。缘村西转，有水自北堰中来，即龙王塘之下流也。溯流沿坡西北行，三里，有一卷门，东向列路旁，其北即深涧缘坡下，乃由卷门西入，缘南坡俯北涧西入。

半里，闻壑北水声甚沸，其中深木丛箐，亏蔽上下，而路乃缘壑北转。不半里，穿门北上，则龙王祠巍然东向列，其前与左，皆盘壑蒙茸，泉声沸响。乃由殿左投箐而下，不百步，而泓泉由穴中溢。东向坠坑。其北坑中，又有水泻树根而出，亦坠壑同去。其下悬坠甚深，而藤萝密蔓。余披蔓涉壑求之，抵下峡则隔于上，凌上峡则隔于下，盖丛枝悬空，密蔓叠幕，咫尺不能窥，惟沸声震耳而已。已乃逾其上，从棘蔓中攀西北崖而上。按《统志》谓龙王岩断崖中劈，兀立万仞。余望双岩上倚山顶，谓此有路可达，宛转上下，终不可得，乃返殿前而饭。仍出卷门，遂北下度涧桥。见桥北有岐，缘涧西入，而山顶双岩正峙其西，余遂从之。始缘涧北，半里，遂登坡西上。直上者三里，抵双岩之下，路乃凌北岩之东，逾坳而西北去。

余瞰支峰东北垂，意卧佛当在其西北峰下，遂西北逾支峰，下坑盘峡，遵北坡东行。二里，见有路自北坡东来，复西北盘坳上，疑以为此即卧佛路，当从山下行，不登山也，欲东下。土人言东下皆坑崖，莫可行，须仍转而南，随路乃下。从之转南，又二里，随前东来之路下坡。二里，从坡麓得一村，村之前，即沿麓北行之大道。沿之北，又五里，稍西向入谷，则卧佛寺环西谷中，而谷前大路，则西北上坡矣。盖西山一支，至是东垂而出，北峡为清水关，南抱为卧佛岩，但清水深入，而卧佛前环耳。入谷，即有池一围当寺前，其大不及九隆池，而回合更紧。池东有一亭绾谷口，由池北沿池入，池尽，其西有官房三楹临其上。北楹之下，泉汩汩从坳石间溢入池中。池甚清浅。

官房之西历砌上，即寺门也，亦东向临之。其内高甍倚岩，门为三卷，亦东向。卷中不楹而砖，亦横巩如桥，卷外为檐，以瓦覆石，连属于洞门之上壁。洞与巩连为一室，巩高而洞低，巩不掩洞，则此中之奇也。其洞高丈馀，而深入者二丈，横阔三丈。其上覆之石甚平，西尽处，北有门，下嵌而入，南有台，高四尺，其上剜而入。台如胡床横列，而剜有石像，曲肱卧台上，长三丈，头北而足南。盖此洞横阅止三丈，北一丈嵌为内洞之门，南二丈犹不足以容之，自膝以下，则南穴洞壁而容其足。其像乃昔自天成者，自镇守内官巩其前轩，又加斧琢而贴之金，今则宛然塑像，失其真矣。内洞门由西北隅透壁入，门凹而下，其内渐高，以觅炬未入。

时巩殿有携酒三四生，挟妓呼僧，团饮其中。余姑出殿，从北庑厢楼下觅睡处，且买米而炊焉。北庑之西，亦有洞，高深俱丈五尺，亦卷其门，而南向于正洞之北隅，其中则像山神以为护法者。是夜卧寺中，月颇明，奈洞中有嬲子，寺中无好僧，恹恹而卧。

十四日

早饭于僧舍，觅火炬入内洞。初由洞门西向直入，其中高四五丈，阔二丈，深数丈，稍分岐辄穷，无甚奇也。仍出，从门内南向，觅旁窦而上，入二丈，亦穷而出，笑此洞之易穷。有童子语于门外曰："曾入上洞乎？余今早暗中入，几坠危窦。若穿洞而上，须从南不可从北也。"余异其言，乃益觅炬再入。

从南向旁窦得一小穴，反东向上，其穴圆如甑。既上，其穴竖而起，亦圆如井。从井中攀南崖，则高而滑，不可上，乃出。取板凳为梯以升。既上，其口如井栏，上有隙横于井口之西。复盘隙而北，再透出一口，则有峡东西横峙。北向出峡，则渊然下坠，其深不可睹，即前内洞直入之底也，无级可梯，故从其东透层穴而上耳。南向下峡丈馀，有洞仍西向入，其下甚平，其上高三四丈，阔约丈五，西入亦五六丈，稍分为岐而止，如北洞之直入者焉。此洞之奇，在南穿甑穴，层上井口，而复得直入之洞。盖一洞而分内外两重，又分上下二重，又分南北二重，始觉其奇甚也。

既出，仍从池左至谷口大路。余时欲东访金鸡温泉，当截大川东南向板桥，姑随大路北瞰之。半里，稍西北上坡，见其路愈西上，乃折而东，随旁岐下坡。盖西北上者为清水关道，乃通北冲者；川中直北五里，为章板村，为云龙州道；川东蹑关坡而上，为天井铺道。从此遥望，皆相对也。下坡一里，其麓有一村。从此由田塍，随小溪东南行，二里，始遇清水关大溪，自北而南流川中，随之南行。半里，渡横木平桥，由溪东岸又东，半里，过一屯，遂从田塍中小径南行。半里，稍折而西，复南就一小水，随之东下，遂无路。莽苍行草畦间，东南一里半，始得北来小路，随之南，又得西来大路，循之。其东南一里，又有溪自北而南，其大与清水溪相似，有大木桥架其上。度桥东，遂南行。二水俱西曲而合，受龙王塘之水，东折于板桥之南焉。路南行塍中，又二里半而出板桥街之中，由街稍南，过一小桥，则沿小溪东上。半里，越溪上梗。东南二里半，渐逼东山，过一村，稍南，又东半里，有小溪东北流西南，涉之。从溪东岸又东南二里，直逼东山下，复有村倚之。从村南东向入，有水舂踞冈上。冈之南，即有涧自木鼓山北峡来，绕冈南西去，有亭桥跨其上，此大道也。小径即由北脊入峡，盘冈东下。遂溯溪岸东行。一里，有小木桥平跨上流，乃南度之。又东上坡，一里而至金鸡村，其村居庐连夹甚盛，当木鼓山之东南麓。

村东有泉二池，出石穴中，一温一寒。居人引温者汇于街中为池，上覆以屋，又有正屋三楹，临池之南，庭中紫薇二大树甚艳，前有门，若公馆然。乃市酒餐于市，而后浴于池。池四旁石甃，水止而不甚流，亦不甚热，不甚清，尚在永平温泉之下，而有馆有门则同也。

从村后东南循峡上岭数里，自金鸡村逾岭东下，通大寨瓦渡之路也；从村后直东，上木鼓西南峰，二十里，有新建宝顶寺。余不及登，遂从村西南下。三里北折，度亭桥北，随溪西南行塍中。五里，西值大溪，溪之东有村傍之。乃稍溯之北，度大木桥而西行塍中。又四里，而至见龙里。其南有报功祠甚巨，门西向，而祠楼则南面。入其中，祠空而楼亦空。楼上止文昌一座当其中。寺僧云："昔有王靖远诸公神位，觅之不见也。"由此又十里，入拱北门。又二里，而返会真。令人往讯安仁，已西往腾越矣。

注释

［1］昆玉：称别人兄弟的敬词。

［2］竁（cuì）：挖地造穴。

[3] 跖（zhí）：踩，踏。
[4] 青衿：明清科举时代指秀才，后指读书人。
[5] 铉（hóng）：古器名。文中形容声音。
[6] 邓子龙：江西丰城人，御敌有功，曾任广东把总署都指挥佥事。
[7] 腆（tiǎn）：丰厚。
[8] 的报：准确信息

◎附　录

徐霞客年谱简编

明神宗朱翊钧万历十四年（丙戌 1586），一岁

阴历十一月二十七日生（即 1587 年 1 月 5 日）于江阴。

其友人华亭陈继儒（字眉公）二十九岁。同时名士董其昌（号思白）三十二岁，常熟钱谦益（号牧斋）五岁。

父有勉、母王氏均四十一岁，长兄弘祚二十岁。

万历二十一年（癸巳 1593），八岁

李时珍、徐渭卒。兄子亮采生。

陈函辉《墓志》："童时出就师塾，矢口即成诵，搦管即成章，而膝下孺慕依依，其天性也。"

万历二十八年（庚子 1600），十五岁

《墓志》："特好奇书……搜古人逸事与丹台石室之藏，靡不旁览。遇酒人词客，与亲故过从，觞咏流连，动辄达旦。"

《游嵩山日记》云："余髫年蓄五岳志，而玄岳出五岳上，慕尤切。"

万历三十一年（癸卯 1603），十八岁

六月，泰安大水，溺死者八百馀人。

七月，京畿雨雹成灾。

其父有勉与弟弘禔居冶坊桥别墅，遇盗受伤，奔赴侍疾。

万历三十二年（甲辰 1604），十九岁

父有勉卒，陈眉公为有勉作传云："自负亢直，龉龁于群豪。病气厥病舌。"

《墓志》云："毕力丧葬后外侮叠来，视之如白衣苍狗，愈复厌弃尘俗，欲问奇于名山大川。"

万历三十五年（丁未 1607），二十二岁

七月，京师大水。

服阕，与许氏完婚。

始"泛舟太湖"。其母王孺人为制远游冠，以壮其行。

万历三十七年（己酉 1609），二十四岁

"历齐、鲁、燕、冀"，登泰岱，拜孔林，谒孟庙，北入京。

万历四十一年（癸丑 1613），二十八岁

入浙，由绍兴、宁波渡海，上落迦山，返游天台山、雁宕山。游记自三月晦至四月十五日。

万历四十二年（甲寅 1614），二十九岁

冬游金陵。《墓志》云："……秣陵为六朝佳丽地……二十四桥明月，三十六曲浊河，岂可交臂失之？"

万历四十四年（丙辰 1616），三十一岁

偕浔阳叔翁游白岳、黄山、武夷九曲。自浙入皖，自浙入闽道中。游记自正月二十六日至二月十一日，又二月二十一日至二十三日。

上年长子屺（qǐ）生。《牡丹亭》作者汤显祖卒。

万历四十五年（丁巳 1617），三十二岁

家居。

妻许氏卒。

万历四十六年（戊午 1618），三十三岁

同族兄雷门、白夫游庐山，旋即再游黄山。游记自八月十八日至二十三日，又自九月三日至六日。

是年续娶罗济之女。翌年生次子岘（xiàn）。

明光宗朱常洛泰昌元年（庚申 1620），三十五岁

是岁游福建仙游县九鲤湖。游记五月二十三日，又六月七日至十一日。"是行也，往返凡六十三日。"

是年其母王孺人病疽几殆。愈后为作"晴山堂"，取"晴转南山"之义。并与族兄遵汤（仲昭）搜求先世遗墨题赠。得倪瓒、杨维桢、高启、宋濂、解缙、杨士奇、李东阳、文徵明、吴宽所绘图、诗文、记序、墓志、手迹、贺诗、贺序等，是为《晴山堂帖》之始。

明熹宗朱由校天启元年（辛酉 1621），三十六岁

家居。

后金攻陷沈阳、辽阳。

天启二年（壬戌 1622），三十七岁

家居。

五月，追复张居正官，恤方孝孺后代。

九月，初行武举殿试。

天启三年（癸亥 1623），三十八岁

二月，御史周宗建疏诋司礼秉笔太监魏忠贤。

游嵩山、太华山及太和山。游记自二月十九日至三月十五日。

天启四年（甲子 1624），三十九岁

游荆溪、勾曲。无游记。

其生母王孺人年八十。由闽人王琦海介绍，始识陈眉公（继儒），乞寿文。

其三子屿（gǒu）生（妾金氏生）。

奉母游宜兴。奉母命置祭田。

天启五年（乙丑 1625），四十岁

九月，生母王孺人卒。事母至孝，丧母后，“毁几灭性”。

武进孙慎行以得罪魏忠贤家居。

乞墓志于董其昌等人。

天启六年（丙寅 1626），四十一岁。

家居。

魏忠贤用事，高攀龙自投水死，缪昌期死狱中。

与高往来甚密。缪孙女为其长子妇。

明思宗朱由检崇祯元年（戊辰 1628），四十三岁

游闽，南至广东罗浮山。游记自三月十一日至四月五日。

游罗浮，无记。

四子寄生。

崇祯二年（己巳 1629），四十四岁

游北京及盘山。无游记。

崇祯三年（庚午 1630），四十五岁

再次游闽。游记自七月三十日至八月十八日。

其先曾游邑中桃花洞，有诗。

是年，张大复卒。误信后金反间计，杀袁崇焕。

崇祯四年（辛未 1631），四十六岁

家居。

五月，访文震孟于清瑶屿。

六月，起义军王嘉胤死，其部下推王自用为帅，号紫金梁，结高迎祥、张献忠等三十六家会于山西，米脂李自成参与策划。

九月，以洪承畴总督三边军务。

官兵攻山西、陕北义军。

崇祯五年（壬申 1632），四十七岁

再游天台山、雁宕山。游记自三月十四日至二十日，四月十六日至十八日，又自四月二十八日至五月八日。

七月十五日，与黄道周“泛舟洞庭，还宿楞伽山”，又以“孤云独往还”为韵，各作五律五首。

八月，洪承畴连败义军于平凉、甘泉、铜川桥、延水关等地。

崇祯六年（癸酉 1633），四十八岁

七月，北上游五台山、恒山。游记自七月二十八日至八月十一日。

后自北回，三赴闽、漳，无记。

崇祯七年（甲戌 1634），四十九岁

家居。

为长子屺娶缪昌期孙女。

三月，山陕大旱，人相食。

六月，高迎祥等为陈奇瑜、卢象升、洪承畴所败，损失惨重，避入兴安之车箱峡。

七月，李自成定计伪降，义军遂出车箱峡。

崇祯八年（乙亥 1635），五十岁

家居。

孙建枢生（屺之子）。

为次子岘娶黄氏。

三月，张献忠等以洪承畴来，西入陕，与李自成合。

崇祯九年（丙子 1636），五十一岁

七月，高迎祥为陕西巡抚孙传庭所败，被俘磔死，部下拥李自成为闯王。

与僧静闻及顾仆游浙江、江西。游记十月初二至十二月三十日（中缺十月三日至十一月八日）。

是年初，“为万里遐征计”。于九月十九日与江阴僧静闻放舟赴浙。

是年谊友陈仁锡、文震孟卒。其交游，大半与文、陈有关。交游多文学之士。

崇祯十年（丁丑 1637），五十二岁

是年自湖南入广西。静闻病卒于广西。游记缺八月二十五日至九月二十日。

五月，李自成为孙传庭所败，走秦州。

九月，洪承畴屡败义军，李自成南走。

崇祯十一年（戊寅 1638），五十三岁

是年游广西、贵州、云南。由黔入滇，穷南盘江源流，在鸡足度岁。游记缺五月十日至八月六日，又缺十一月十二日至十一月三十日。

正月，洪承畴败李自成于临潼。

三月，左良玉败张献忠于南阳。

七月，南京复社黄宗羲等攻击阮大铖。

十二月，清兵已攻破四十馀城。征洪承畴入卫京师。

是岁，黄道周忤旨下狱。

崇祯十二年（己卯 1639），五十四岁

游云南。游记缺二月二十五日至月末，又缺三月三十日至四月九日，又缺九月十五日至岁终。谋入缅不果。其游记言山水之源流，明晰详尽。观察之精确，录不胜录。

正月，清兵连下临邑诸县，破济南，俘德王朱由枢等。以洪承畴为蓟辽总督。

九月，清遣将略锦州、宁远。

是岁，陈继儒卒。

崇祯十三年（庚辰 1640），五十五岁

自滇东归，返回江阴。无游记可考。

《墓志》云："病足不良于行。留修《鸡足山志》，三月而志成。"按修《鸡足山志》当在去年正月至六月。

生平最崇拜黄道周。《游记附录》："至人惟一石斋（黄道周号），其字画为馆阁第一，文章为国朝第一，人品为海内第一，其学问直接周、孔，为古今第一！"

是年其兄子亮工中进士。

崇祯十四年（辛巳 1641），五十六岁

正月，卒于江阴老宅。三月九日，葬于江阴之马湾。

卒之前几日，遣长子屺致书靖江令陈函辉（木叔）。陈为之撰《墓志》。

明年四月，黄道周遣奠于家，遗书其长子屺云："缙绅倾盖白头者多矣，要于皭然物表，死生不易，割肝相视者，独有尊公。"

《游记》乃其一生精力所聚，惜今本颇残缺。残缺共一百四十日，较现存一千零七十馀日，大约占百分之十四。叶廷甲所谓"今之所刻，不过六分之一耳"。得之于传闻，殆不足信也。

以上据丁文江(1887—1936)《徐霞客先生年谱》，并参以笔者考证。

《徐霞客游记》主要版本

季会明钞本《徐霞客西游记》（北京图书馆）

徐建极清代钞本《徐霞客西游记》（谭其骧藏本）

徐镇据杨名时、陈泓校本初刊乾隆本《徐霞客游记》

叶廷甲补编本《徐霞客游记》（嘉庆十三年）

1928 年丁文江本（增入《徐霞客先生年谱》）

集成图书公司印本

扫叶山房印本
《万有文库》本
《国学基本丛书》本
上海古籍出版社 1982 年刊本

《徐霞客游记》名言警句

△云散日朗，人意山光，俱有喜态。（第 001 页）

△雨后新霁，泉声山色，往复创变，翠丛中山鹃映发，令人攀历忘苦。（第 001 页）

△山腋两壁，峭立亘天，危峰乱叠，如削如攒，如骈笋，如挺芝，如笔之卓，如幞之欹。（第 006 页）

△有亭有竹，四面悬崖，凭空下眺，真仙凡夐隔。（第 020 页）

△石旁峰突起，作仰企状，鹤模石在峰壁罅间，霜翎朱顶，裂纹如绘。（第 021 页）

△路宛转峰罅，下瞰绝涧诸峰，在铁船峰旁，俱从涧底矗耸直上，离立咫尺，争雄竞秀，而层烟叠翠，澄映四外。其下喷雪奔雷，腾空震荡，耳目为之狂喜。（第 024 页）

△山形三尖攒立如覆鼎，众山环之，秀色娟娟媚人，涧底乱石一壑，作紫玉色。两崖石壁宛转，色较缜润。想清流汪注时，喷珠泄黛，当更何如也。（第 029 页）

△有流铿然，下坠石峡中。两旁峡色，氤氲成霞。溯流造寺后，峡底矗崖，环如半规，上覆下削。飞泉堕空而下，舞绡曳练，霏微散满一谷，可当武彝之水帘。（第 030 页）

△风怒起，滴水皆冰。风止日出，如火珠涌吐翠叶中。（第 040 页）

△甫至峰头，适当落日沉渊，其下恰有水光一片，承之滉漾不定，想即衢江西来一曲，正当其处也。夕阳已坠，皓魄继辉，万籁尽收，一碧如洗，真是濯骨玉壶，觉我两人形影俱异，回念下界碌碌，谁复知此清光？即有登楼舒啸，酾酒临江，其视余辈独蹑万山之巅，径穷路绝，迥然尘界之表，不啻霄壤矣。（第 047 页）

△岭忽乱石森列，片片若攒刃交戟，雾西攫其尖，风东捣其膊，人从其中溜足直下，强攀崖踞坐，益觉自豪。（第 059 页）

△两壁石质石色，光莹欲滴，垂柱倒莲，纹若镂雕，形欲飞舞。（第 062 页）

△其洞西向，高而不广，其内垂柱擎盖，骈笋悬莲，分门列户，颇幻而巧。（第 082 页）

△其处石片分列，如张幕，如裁云，如透月，幻极纷纭，间以采泽，不啻削芙蓉、缀蛱蝶也。（第 092 页）

△忽山雨复来，乃奔憩崖下，跻隙坐飞石上，出胡饼啖之。雨帘外窥，内映乳幕，仙仙乎有凌云餐霞之想。（第 094 页）

△从其上东俯宫衢，晚烟历历，西瞰濛渚，荷叶田田。近则马留山倒影，远则侯山诸峰列翠，虽无诸葛遗踪，亦为八桂胜地。（第 097 页）

△有大石幢，盘叠至顶，圆若转轮，累若覆莲，色碧形幻，何造物之设奇若此也。（第 101 页）

△洞顶滴沥，下注水池，如杂珮繁弦，铿锵远近。（第 114 页）

△岭头峰石涌起，有若卓锥者，有若夹门者，有若芝擎而为台，有若云卧而成郭者。（第 137 页）

△峰顶耸石一丛，不及晋宁将军峰之伟杰，及抵其处，而阖辟曲折，层沓玲珑，幻化莫测，钟秀独异。信乎灵境之不可以外象求也。（第 138 页）

△坐茅中，上下左右，皆危崖缀影，而澄川漾碧于前，远峰环翠于外。隔川茶埠，村庐缭绕，烟树堤花，若献影镜中。而川中凫舫贾帆，鱼罾渡艇，出没波纹间。棹影跃浮岚，橹声摇半壁，恍然如坐画屏之上也。（第 138 页）

△以一花之微，而按天行之数，不但泉之能应刻，而物之能测象如此，亦奇矣。（第 149 页）

△寺门东向，斜倚所踞之坪，不甚端称，而群峰环拱，林壑潆沓，亦幽邃之境也。（第 150 页）

△仰见北崖之上，石壁盘突，其间骈列多门，而东一门高悬危瞰，势独雄豁，而蹬迹其微，棘翳崖崩，莫可著足。（第 154 页）

△坡间烟势更大，见石坡平突，东北开一穴，如仰口而张其上腭，其中下绾如喉，水与气从中喷出，如有炉橐鼓风煽焰于下，水一沸跃，一停伏，作呼吸状。跃出之势，风水交迫，喷若发机，声如吼虎，其高数尺，坠涧下流，犹热若探汤。（第 185 页）

图书在版编目（CIP）数据

徐霞客游记 /（明）徐弘祖著；杨文，李丽选注．—2版，—太原：三晋出版社，2008.4（2024.5 重印）
（中国家庭基本藏书·笔记杂著卷）
ISBN 978－7－80598－945－7－01

Ⅰ.徐… Ⅱ.①徐…②杨…③李… Ⅲ.①游记—中国—明代②历史地理—中国—明代③徐霞客游记—注释
Ⅳ.K928.9

中国版本图书馆 CIP 数据核字（2008）第 054780 号

徐霞客游记

著　　者：（明）徐弘祖　　选 注 者：杨　文　李　丽

责任编辑：朱　屹　　审 订 者：杨　文
封面设计：敬人工作室　　版式设计：敬人工作室
责任校对：朱　屹　　责任印制：李佳音

出版发行：山西出版集团·三晋出版社
地　　址：太原市建设南路 21 号
电　　话：（0351）4956036（咨询）　4922268（邮购）
传　　真：（0351）4922102
网　　址：www.sxskcb.com
邮　　编：030012

印刷装订：山西新华印业有限公司
（本书如有破损、缺页、装订错误，请与本社联系调换）

开　　本：787mm×960mm　1/16
字　　数：200 千字
印　　张：14
版　　次：2008 年 4 月第 2 版
印　　次：2024 年 5 月第 2 次印刷
书　　号：ISBN 978－7－80598－945－7－01
定　　价：54.00 元